〔英〕翟理斯 著

刘燕 译

中国文脉

A HISTORY OF CHINESE LITERATURE

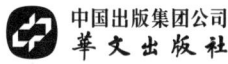
中国出版集团公司
华文出版社

图书在版编目（CIP）数据

中国文脉 /（英）翟理斯著；刘燕译. -- 北京：
华文出版社，2020.6
（华文全球史）
ISBN 978-7-5075-5289-8

Ⅰ.①中… Ⅱ.①翟… ②刘… Ⅲ.①文化史—研究
—中国 Ⅳ.①K203

中国版本图书馆CIP数据核字(2020)第053818号

中国文脉

作　者：	[英]翟理斯
译　者：	刘燕
选题策划：	盛世华章
插图供应：	029—85504182
责任编辑：	楼淑敏
出版发行：	华文出版社
社　址：	北京市西城区广外大街305号8区2号楼
邮政编码：	100055
网　址：	http://www.hwcbs.com.cn
电　话：	总编室010—58336239
	发行部010—58336212
经　销：	新华书店
印　刷：	三河市国英印务有限公司
开　本：	710×1000　1/16
印　张：	24.25
字　数：	300千字
版　次：	2020年6月第1版
印　次：	2020年6月第1次印刷
标准书号：	ISBN 978-7-5075-5289-8
定　价：	100.00元

版权所有　侵权必究

出版前言

随着中国开放的大门越开越大，关注世界各国尤其是西方国家文明的源流、发展和未来已经成为当下世界史研究的一个热点。为了成系统地推出一套强调"史源性"且在现有世界史出版物中具有拾遗补阙价值的作品，我们经过认真论证，推出了"华文全球史"系列，首次出版约为一百个品种。

"华文全球史"系列从书目选择到译者的确定，从书稿中图片的采用到人名地名的规范，都有比较严格的遴选规定、编审要求和成稿检查，目的就是要奉献给读者一套具有学术性、权威性和高质量的世界史系列图书。

书目的选择。本系列图书重视世界史学科建设，视角宽阔，层级明晰，数量均衡，有所突出。计划出版的华文全球史中，既有通史，也有专题史，还有回忆录，基本上是世界历史著作中的上乘之作，填补了国内同类作品出版的空白。

人名地名规范。本系列图书中人名地名，翻译规范，重视专业性。同时，在人名翻译方面，我们坚持"姓名皆全"的原则，加大考据力度，从而实现了有姓必有名，有名必有姓，方便了读者的使用。另外，在注释方面，书中既有原书注，完整地保留了原著中的注释；也有译者注，体现了译者的研究性成果。

书中的插图。本系列图书的一个重要特点是书中都有功能性插图，这些插图全方位、多层次、宽视角反映当时重大历史事件，或与事件的场景密切相关，涉及政治、军事、经济、社会、外交、人物、地理、民俗、生活等方面的绘画作品与摄影作品。功能性插图与文字结合，赋予文字视觉的艺术，增加了文字的内涵。

译者的确定。本系列图书的翻译主要凭借的是一个以大学教师为主的翻译团队，团队中不乏知名教授和相关领域的资深人士。他们治学严谨，译笔优美，为确保质量奉献良多。

"华文全球史"系列作为一套具有较高学术价值的优秀的世界历史丛书，对增加读者的知识，开阔读者的视野，具有积极的意义。同时要看到，一方面很多西方历史学家的观点符合事实，另一方面不少西方历史学家的观点是错误的，对于这些，我们希望读者不要不加分析地全盘接受或全盘否定，而是要批判地吸收外国文化中有益的东西。

华文出版社

2019年8月

前 言

用英文撰写中国文学史本身是一个创举。此前,还没有用包括中文在内的其他语言撰写的中国文学史。

中国的学者们不停地评论或者赏析一个个单独的文学作品,却从来没有编撰过一本完整的文学史。从中国学者的角度来说,仅从宏观历时方面比较研究漫长的中国史中的文学作品无疑毫无成功的希望。公元前6世纪,中国文学领域已经拥有数量庞大的文人。此种兴旺之势一直延续未曾间断,这使想要完成撰写中国文学史的尝试多次被编撰者们放弃。如果说我撰写的《中国文脉》不太能满足中国大众,那么对处在完全不同文化环境的外国学生来说,这部著作将是他们打开中国文学宝库的钥匙。我想这种说法毫不为过。

埃德蒙·戈斯先生曾向我提出许多宝贵的建议。这次也是他建议我投入大量精力亲自翻译中国文学作品,以期让中国文人为自己发声。在此,我深表感谢。当然,我更希望我的翻译可以达成这一目的。我还在相应各处添加了中国评论家们的话,从而帮助英语世界的读者了解中国评论家如何看待他们自己的文学作品。

本书中大量作品的翻译都是我独立完成的，仅有一小部分引自理雅各的《中国经典》。在此，我对理雅各先生致以深深的敬意。

翟理斯

于剑桥大学

目 录

第一部分　分封时期（公元前600年—公元前200年） ············· 001

 第1章　上古时期的中国文明——早期中国文明——文字
    的起源 ··· 003

 第2章　孔子与《五经》 ·· 007

 第3章　《四书》及孟子 ·· 029

 第4章　诸子百家 ··· 037

 第5章　诗歌与铭文 ·· 043

 第6章　道家思想及《道德经》 ···································· 049

第二部分　两汉文脉（公元前200年—公元200年） ·············· 065

 第1章　秦始皇焚书及杂文家 ······································ 067

 第2章　两汉诗歌 ··· 087

 第3章　史学著作与辞典编纂 ······································ 093

第 4 章　佛教文学 ············· 099

第三部分　汉末魏晋南北朝时期（公元200年—公元617年） ········ 105

　　第 1 章　汉末魏晋南北朝时期的诗歌与散文 ············· 107

　　第 2 章　汉末魏晋南北朝时期的经学 ············· 127

第四部分　唐代（公元618年—公元907年） ············· 131

　　第 1 章　唐　诗 ············· 133

　　第 2 章　唐代的经学和散文 ············· 169

第五部分　两宋（公元907年—公元1279年） ············· 181

　　第 1 章　活字印刷术的发明 ············· 183

　　第 2 章　两宋史学、经学和散文 ············· 185

　　第 3 章　两宋诗歌 ············· 203

第4章 两宋的辞典、百科全书与法医学 ………………………… 209

第六部分 元代（公元1271年—公元1368年） ……………… 213

第1章 元代杂文与诗歌 ………………………………………… 215

第2章 元代戏曲 ………………………………………………… 223

第3章 元代小说 ………………………………………………… 239

第七部分 明代（公元1368年—公元1644年） ……………… 255

第1章 明代杂文、中药学及农业典籍 ………………………… 257

第2章 明代的小说和戏曲 ……………………………………… 269

第3章 明代诗歌 ………………………………………………… 283

第八部分 清代（公元1644年—公元1900年） ……………… 289

第1章 《聊斋》与《红楼梦》 ………………………………… 291

第 2 章　康乾盛世时的文学 ………………………………… 329

第 3 章　清代经学、杂学和诗歌 …………………………… 337

第 4 章　清代墙上文学、新闻文学、幽默文学和名言警句 ……… 363

参考文献注释 ………………………………………………………… 377

第一部分

分封时期

公元前 600 年—公元前 200 年

第1章

上古时期的中国文明——早期中国文明——文字的起源

中国天文学家可以准确推算出万事发生的确切时日。最初,万物都不存在,唯有无极,但有些狂热之徒仍然试图找到一个更早的时代。无极逐渐获得形态和边界,并且由圆心表示。随后,人们对圆心的叫法不止一种,如大道、太极、太初、太一……

多年后,道又分裂成对立的两极:一个活跃,一个沉静;一个积极,一个被动;一个光明,一个黑暗;一阴,一阳。两百多万年前,阴阳两极互相作用,生出万物,即我们看见的世界。一言以蔽之,这是中国的宇宙起源学说。

中国的历史学家虽然具有理性精神,但将历史的起源追溯到一位十分神秘的帝王,即黄帝。在耶稣基督诞生两千八百多年前,黄帝已经统治中国。在位期间,黄帝播百谷草木,大力发展生产,始制衣冠、建舟车、制音律、创医学……对不熟悉中国历史的欧洲学生来说,黄帝统治时期是一个神秘且颇具传奇性的时代。实际上,其背后折射的真相是西方人对这一时代知之甚少。甚至就历史本身而言,西方人对这两千多年出现的大量帝王一概不知,哪怕是这些帝王的名字或者在历史记录出现的时间。直到公元前8世纪初,西方人才开始了解中国历史。

事实上，公元前6世纪才是欧洲学生们了解中国文学的一个很好的起点，原因将在随后说明。

此时，中国北起黄河，南临长江，仅囿一隅。没人知道中国人的祖先来自何处。有一种理论认为中国人从古巴比伦王国的阿卡迪亚迁徙而来，另一种观点认为中国人是古以色列国失踪的部落。似乎没人相信中国人的祖先土生土长于他们脚下那片肥沃的土地。这符合人种学的既有公理之一，即每个民族肯定从其现有居住疆域之外迁移过来。不管中国人的祖先来自哪里，公元前8世纪，中国分裂成多个诸侯国。各诸侯国的首领效忠一个中央集权，他们称呼这个最高统治者为王。臣服的外在表征是向王宣誓效忠和缴纳贡品，但这种忠诚更多只是名义上的。实际上，每个诸侯国是一个独立王国。这种状况直接导致各诸侯国间的猜忌，甚至经常演化成血流成河的战争。诸侯国间仇恨的深度如同古希腊雅典和斯巴达城邦之间仇恨的深度那般。

当时，中国境内古老的诸侯国已经拥有可观的物质文明。他们的臣民虽然受命征战厮杀，但平日里尽享安宁与富足。他们住在结实的房子内，穿着丝绸或者自己纺织的布，脚上穿着兽皮做的鞋子，下雨打着雨伞，坐着凳子，用着桌子。外出时，中国人乘的车有马车或者战车，并且划舟行船。吃饭时，中国人用陶瓷盘子进食。陶瓷盘子虽然粗糙，但比欧洲人使用的历史久远的木盘先进很多。中国人用日晷测量时间，并且在远古时代拥有两种纪年树。纪年树的形象通过雕塑作品传到欧洲的时间可以追溯到公元150年左右。其中一种纪年树在前十五天每天长出一片树叶，后十五天每天掉落一片树叶。另一种纪年树前半年每个月长出一片树叶，后半年每个月掉落一片树叶。这两种纪年树长在院子内，我们瞥一眼就知道是第几个月第几天。然而，文明的发展没能保住这两种纪年树的生命。事实上，这两种纪年树早已消失。

公元前6世纪，中国人已经拥有自己的文字，可以充分表达复杂多变的思想，并且当时的文字与现代汉字有着内在一致性。此后，纸张代替竹简，毛笔代替刻刀，导致文字形式改进，但中国文字依然延续这种古今一致性。至于创造中国文字的具体时间，目前已无从知晓。中国的卡德摩斯①叫仓颉，生活在远古时代。根据传说，仓颉有四只眼睛，其创造文字的灵感来自鸟爪在沙地留下的印记。仓颉造字伟绩达成之时，天空降下谷雨，鬼神彻夜哀号。此前，人类只能通过原始的方法，如结绳或者刻记号记事与远方的同伴交流。

在科学方面，中国文字的起源和创造过程已经不再是谜。远古时期，中国人很有可能跟别的民族一样，先是画出十分简单的太阳、月亮、星星、人、树、火、雨等自然物的形状，并且这些简单图像很多都

仓颉

---

① 卡德摩斯，希腊神话人物，腓尼基王子，传说中将腓尼基字母传入希腊。——译者注（本书中除原注外，均为译者注，不再另行说明）

充满浓浓的表意性。但这种表意性能延续多久,人们只能推测。实际上,两千年前的象形文字和表意文字其实是比较少的。然而,英国驻烟台领事金璋先生已经完成的调查指出,文字由象形符号系统演化而来的推测很快将被证实。可以肯定的是,在结绳和刻记号记事后的漫长时期,即象形符号已经出现但尚未占据主导地位之时,一些聪明的头脑注意到语言中的表音原则。那时,书面文字快速发展且形态各异,西方人使用的表音文字也逐渐成形。

第2章

孔子与《五经》

公元前551年,孔子诞生,并且被尊为中国文学的伟大奠基者。无论从政、传道授业,或者周游列国,孔子都会挤出时间研读史书,并且为后人整理保存了不少珍贵的文学素材。此外,孔子还创作了至少一部作品。目前,很难确定在孔子之前是否有其他中国先人创作出普遍意义的文学作品,但可以肯定的是,文字此时更多服务于统治阶层的行政目的。除了神话传说作品,早期文字记录的对象多是君主的言行。仅存的这类文字只能在一本书中找到,即《书经》,也称为《尚书》。《书经》全是孔子不辞艰难整理和编纂的。据传,当初编纂这本书的资料多达百种,横跨公元前24世纪到公元前8世纪的漫长历史时期。事实上,《书经》的真实时间跨度没有传说的那么长,但这部著作让后人有机会了解到孔子所在时代以前漫长的历史时期。《书经》前两章是关于尧帝和舜帝的,他们的统治时期大约在公元前2357年到公元前2205年之间,被认为是中国历史上的黄金时代。关于尧的统治,《书经·虞书·尧典》有这样的记载:"钦明文思安安,允恭克让,光被四表,格于上下。克明俊德,以亲九族;九族既睦,平章百姓;百姓昭明,协和万邦。黎民於变时雍。"最后,尧让位给舜,一位十分聪明、智慧、真诚的领袖。舜被选中还因为他十分孝顺,一直与他心术不正的父亲、说话

孔子

尧

舜

不诚的继母和傲慢的同父异母弟弟和谐相处。舜甚至还用自己的德行感化他的家人做出不少改变。

紧接着介绍的著名人物是大禹，他于公元前2205年①建立了中国历史上第一个封建王朝——夏。在舜帝统治时期，大禹成功地治理了一场大洪水。这场洪水几乎可以跟《圣经》中诺亚时代的洪水相提并论。关于

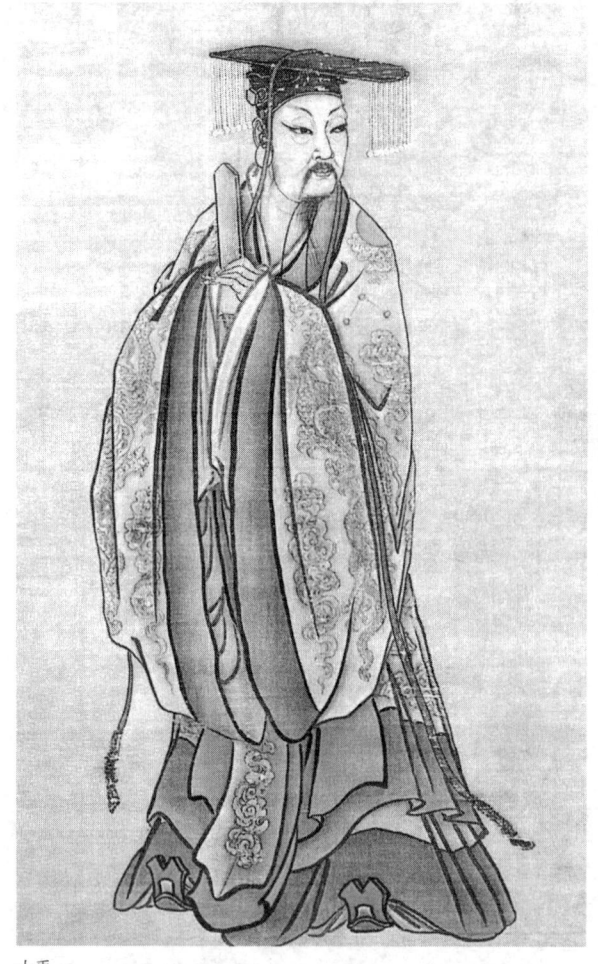

大禹

---

① 现在一般认为夏朝大约在公元前2070年建立。

这次治水,《左传·昭公元年》中有这样的记载:"美哉禹功,明德远矣。微禹,吾其鱼乎。"

以下是《书经·虞书·益稷》中大禹的自述:"洪水滔天,浩浩怀山襄陵,下民昏垫。予乘四载,随山刊木,暨益奏庶鲜食。予决九川距四海,浚畎浍距川。暨稷播,奏庶艰食鲜食。懋迁有无化居。烝民乃粒,万邦作乂。"

《书经》中还有一些歌赋片段描述当时社会生活的状况:

譬如,《书经·夏书·五子之歌》中的"民可近,不可下。民惟邦本,本固邦宁""内作色荒,外作禽荒。甘酒,嗜音,峻宇,彤墙。有一于此,未或不亡"。

夏朝建立后,王位的更迭不再是注重德行的禅让,而是父子相传的家天下。《书经》第四部分记载了夏朝统治者的腐朽堕落,以及公元前1776年①夏朝被商朝的建立者汤一举歼灭的历史事件。公元前1122年②,在经历了前期创建者的英明伟岸到后期统治者的衰败腐化后,商朝的统治者落得与夏朝一样灭亡的结局。商末出现了中国古代史上一位很受尊敬的君主,这位君主被人们尊称为文王。文王本身是商朝一块世袭封地的首领,其领地在当今陕西境内。公元前1144年③,商朝统治者谴责他对政权构成威胁,将他抓起来,并且在大牢里将他关了两年。在监牢里,文王苦心研读《易经》两年。《易经》是一本我们之后会再次谈起的奇书。屈服于臣民的哀求,在收到文王部下贿赂的美女和骏马后,商纣王最终将文王释放,并且命令他前往边疆与当地部落开战。直到去世前,文王都没有停止抗争商纣王的残暴统治和腐化堕落。因此,他的名字在中国历史上一直是光荣和正直的象征。文王死后,他的儿子武王最终推

---

① 现在一般认为商朝大约建立于公元前1600年。
② 现在一般认为商朝大约在公元前1046年灭亡。
③ 此处时间有误,现在认为周文王大约生于公元前1152年。

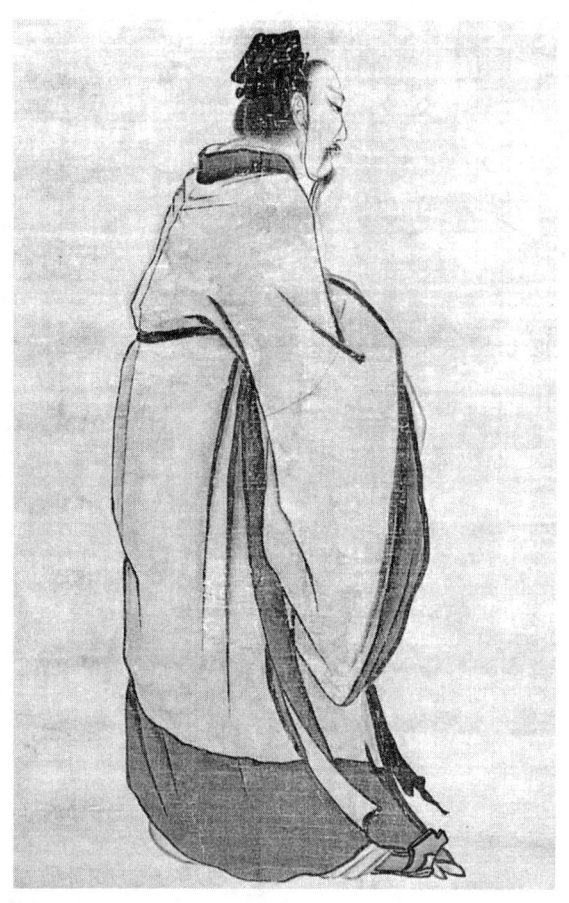

武王

翻商朝的统治，成为下一个统治中国长达八个世纪的王朝——周朝的第一位统治者。以下是武王在公元前1133年[①]召集反商将士后的一次战前动员，这次动员和别的讲话一道记录在《书经·周书·泰誓》中：

> 惟天地万物父母，惟人万物之灵。亶聪明，作元后，元后作民父母。

---

① 现在一般认为武王伐纣的时间约为公元前1046年，这年也被视为周王朝建立之年。作者提到的周王朝建立有误，后面不再一一说明。

> 今商王受，弗敬上天，降灾下民。沉湎冒色，敢行暴虐，罪人以族，官人以世，惟宫室、台榭、陂池、侈服，以残害于尔万姓。焚炙忠良，刳剔孕妇。皇天震怒，命我文考，肃将天威，大勋未集。
>
> 肆予小子发，以尔友邦冢君，观政于商。惟受罔有悛心，乃夷居，弗事上帝神祇，遗厥先宗庙弗祀。牺牲粢盛，既于凶盗。乃曰："吾有民有命！罔惩其侮。"天佑下民，作之君，作之师，惟其克相上帝，宠绥四方。有罪无罪，予曷敢有越厥志？
>
> 同力度德；同德度义。受有臣亿万，惟亿万心；予有臣三千，惟一心。商罪贯盈，天命诛之。予弗顺天，厥罪惟钧。予小子夙夜祗惧，受命文考，类于上帝，宜于冢土，以尔有众，厎天之罚。天矜于民，民之所欲，天必从之。尔尚弼予一人，永清四海。时哉弗可失！

《书经》中有两篇明确反对奢侈和酗酒，广大人民也惧怕这两大暴行，皆因这两大暴行差点让文王殒命。文王曾下令酒只能在祭祀场合使用，并且要处在严格的监管之下。酗酒会导致一个朝代的全部灾祸，甚至会导致其败落。这已经被古代中国人当作真理普遍接受。

《诗经》是另一本保存完好的孔子编纂的作品。它收集了大禹统治时期到公元前6世纪各种形式的歌谣，最常见的是四言诗歌。《诗经》又被称为"诗三百"，准确的数字应该是三百零五首。据传，《诗经》中的诗歌是孔子从三千多首诗歌中精心挑选汇编而成。在内容方面，《诗经》可以分为如下四部分：第一部分是风，选自各国百姓的歌谣，由贵族们定期筛选献给他们的君主。大臣们甄别这些作品的风格并据此判断时下诸侯国的民风和风俗，然后再向君主谏言诸侯国的治理状况。很多歌谣也会送到宫廷乐师手中，由他们谱曲。第二部分是行乐颂歌，即君王在日常娱乐中听到的歌谣。第三部分是典礼颂歌,是贵族们在正式场合聚会时使用的歌谣。第四部分是祭祀颂歌,在祭祀场合使用。

孔子十分重视诗歌搜集工作。一次他问自己的儿子孔鲤有没有学过这些歌谣,孔鲤表示没有。孔子立即告诉孔鲤只有学过这些歌谣后,才能成为一名真正的有识之士。孔子关于"智者"的言论跟17世纪苏格兰政治家,来自索尔顿的安德鲁·弗莱彻的观点有类似之处。后者认为"一个民族的歌谣不需要考虑其当权者"。或许正由于孔子对这些歌谣的推崇引起广大读书人对歌谣的重视。早期的读书人可能看不出包含无尽俗语和大量日常表达方式的诗歌中的朴素与自然之美,但他们无法忽略孔子对这些诗歌的溢美之词,只能埋头研究乡间小调背后深藏的道德和政治意义。《诗三百》中一首简单的诗歌都被赋予相应的内涵或者指向一定的道德意义。如果一位少女告诫她的情人不要鲁莽,如《国风·郑风·将仲子》中的"将仲子兮,无逾我里,无折我树杞。岂敢爱之?畏我父母。仲可怀也,

清代《诗经》插图

父母之言，亦可畏也"，那么评论家们很快会发觉这首诗的诉说对象其实是一位贵族子弟。这位贵族子弟的兄弟对他有所图谋，起因是这位贵族子弟没有拜访他。因此，这位贵族子弟的兄弟要惩戒他。

在《国风·郑风·褰裳》中，另一位女士这样唱道：

> 子惠思我，褰裳涉溱。子不我思，岂无他人？狂童之狂也且！

评论人士照样不会从字面上理解直白的诗句，而是认为它表达的是一个小国民众的愿望，他们希望某个大国终结本国统治阶级间的争斗。在鉴赏《诗经》时，中国学者们可能由于长期的评论传统变得保守僵化。相反在赏析这些诗歌时，欧洲的学生们由于没有传统的束缚会向诗歌内部寻找意义，可能会理解更到位。

上述荒谬的解读有助于歌谣的保存和流传，不然后世的评论家们会认为它们的题材过小而予以忽视。对这些歌谣，中国一流的学者们烂熟于心，并且每一篇诗都被仔细研读，直到无法解读出新的含义。《国风·邶风·谷风》中一句有名的诗行"泾以渭浊，湜湜其沚"，被普遍解读成"泾水使渭水变浊，泾水虽浑河底清"。1790年，乾隆皇帝对这种解释不甚满意，并且派专人前去查看。派去的人回来禀报，泾河水清渭河水浊。因此，这句诗的正确解释应是泾河因渭河而浊。

接下来的例子是整个《诗经》中最长的歌谣之一——《国风·卫风·氓》的节选。与别的诗歌一样，它被赋予了一些不太准确的政治意义。在此，我们不予评论。

> 氓之蚩蚩，抱布贸丝。匪来贸丝，来即我谋。送子涉淇，至于顿丘。匪我愆期，子无良媒。将子无怒，秋以为期。

乘彼垝垣，以望复关。不见复关，泣涕涟涟。既见复关，
载笑载言。尔卜尔筮，体无咎言。以尔车来，以我贿迁。

桑之未落，其叶沃若。于嗟鸠兮，无食桑葚。于嗟女兮，
无与士耽。士之耽兮，犹可说也。女之耽兮，不可说也。

桑之落矣，其黄而陨。自我徂尔，三岁食贫。淇水汤汤，
渐车帷裳。女也不爽，士贰其行。士也罔极，二三其德。

三岁为妇，靡室劳矣。夙兴夜寐，靡有朝矣。言既遂矣，
至于暴矣。兄弟不知，咥其笑矣。静言思之，躬自悼矣。

及尔偕老，老使我怨。淇则有岸，隰则有泮。总角之宴，
言笑晏晏。信誓旦旦，不思其反。反是不思，亦已焉哉！

多数诗歌的主题与战争，或者夫妻别离有关。剩下少数主题与农业生产、求爱、婚礼或者盛筵有关。《诗经》大量表现生活中常见的苦难，其中不少是控诉各地官员的暴政。一位哭诉者甚至希望自己变成一棵没有意识的大树，没有家人的牵绊。吃喝享乐的古老主题在《国风·唐风·山有枢》中也有所表现：

山有枢，隰有榆。子有衣裳，弗曳弗娄。子有车马，弗驰
弗驱。宛其死矣，他人是愉。

山有栲，隰有杻。子有廷内，弗洒弗扫。子有钟鼓，弗鼓
弗考。宛其死矣，他人是保。

山有漆，隰有栗。子有酒食，何不日鼓瑟？且以喜乐，且
以永日。宛其死矣，他人入室。

这些颂歌对人们洞察孔子以前时代中国的民风、民俗，以及信仰等都具有十分珍贵的价值，虽然创作的确切时间无从知晓。一次日食发生

的确切日期在《诗经》的《十月之交》中被提及。当时，日食被称作凶兆。这一天是公元前775年8月29日，现代天文学家证实那一天确实发生过日食。

原诗来自《小雅·节南山之什·十月之交》，节选的诗句如下："日月告凶，不用其行。四国无政，不用其良。彼月而食，则维其常；此日而食，于何不臧。"

虽然彩虹不被当成邪恶的征兆，但被看作是自然界中两种力量的冲突。女人被认为是这种冲突的始作俑者，如在《国风·鄘风·蝃蝀》中的"蝃蝀在东，莫之敢指"。

那时，女性的地位与今天相比有天壤之别。《诗经》中的《小雅·鸿雁之什·斯干》一诗描述了一位古代王子的宫殿，并且详细介绍他的众多房间，如"……君子攸芋……君子攸跻……君子攸宁……"。

介绍他的寝殿时，这首诗写他从梦中醒来，唤来首席占卜师为他解析刚刚出现熊和蛇的梦。

> 乃生男子，载寝之床。载衣之裳，载弄之璋。其泣喤喤，朱芾斯皇，室家君王。乃生女子，载寝之地。载衣之裼，载弄之瓦。无非无仪，唯酒食是议，无父母诒罹。

生男生女待遇的不同是明显的，我们没有必要像一些中国文人那样比较弄璋弄瓦的不同，好像瓦这种脏兮兮的东西对女孩子很好似的。瓦在早期是指纺车上的零件，用在这首诗中是指明女子以后以女红为业。

在《大雅·荡之什·瞻卬》中，女性更加不堪的地位一目了然。这首诗提出女性干预朝政导致君主暴政横行，更进一步指出女性参与政治活动是有违妇道的：

哲夫成城，哲妇倾城。懿厥哲妇，为枭为鸱。妇有长舌，维厉之阶！乱匪降自天，生自妇人。匪教匪诲，时维妇寺。

《诗经》中提到大约七十种植物，约三十种树木，约三十种动物，约三十种鸟类，约十种鱼，约二十种昆虫。此外，《诗经》中出现大约十种乐器，大约五种金属，大约十种战场上用到的武器弹药……

在《诗经》中，至高无上的上帝存在于世的观点记录得清清楚楚，如《大雅·荡之什·荡》中的"荡荡上帝……疾威上帝……"，以及《大雅·文王之什·皇矣》中"皇矣上帝，临下有赫……"。

这位上帝还曾以人的面目显现，这是因为其中一处提到他的脚印。上帝厌恶大国的压迫，便有《大雅·鲁颂·駉之什·閟宫》的记载，"上帝是依，无灾无害"。

神灵慰藉受伤的灵魂。他即真理，却难以让人们追寻。罪恶会使神灵震怒，但祭品能平息他的愤怒，如《周颂·清庙之什·我将》中的"我将我享，维羊维牛，维天其右之"。

由于篇幅所限，在此仅补充《小雅·甫田之什·大田》的一个例子，以示古代农夫们在丰收时的喜悦之色，"有渰萋萋，兴雨祈祈。雨我公田，遂及我私。彼有不获稚，此有不敛穧，彼有遗秉，此有滞穗，伊寡妇之利"。

另一本孔子生活时代以前的著作是《易经》，它可能是六经中最古老的一部经书。《易经》的成书还要归功周朝的实际创立者文王。他的儿子武王是从公元前1122年到公元前249年的漫长王朝——周朝的第一位君王。《易经》中包含一套神奇的哲学体系。这一体系衍生自八卦，起源是三组阴（"--"）阳（"—"）的不同排列组合方式。阴阳中的任意一个图案必然重复两次，有两卦是阴阳各自重复三次。因此，八卦中便有阳的组合、阴的组合，以及阴阳相间的组合，共计八种。相传八卦

伏羲

是三皇五帝之首的伏羲创造的,他生活在公元两千多年前。根据传说,伏羲从龟背上抄下八卦的图形。随后,他进一步研究八卦的组合方式,最终衍生出六十四种新的排列方式。这也是《易经》哲学推断的前提。每一卦都代表自然界中的某种物质,如火、水、雷、土……

《易经》共由六十四篇短文组成,表达神秘抽象的意义,其主题基本都与道德、社会、政治人物有关。《易经》又称易经六十四卦,每一卦都由阴("--")阳("—")组成。不过,八卦在三线的基础上演变成六线,并且产生六十四种不同的排列方式。《易经》的每篇卦辞后都有相应的评论,称为《十翼》。《十翼》被认为是孔子添加的。孔子曾宣称如果能再活些年,那么会认真研读《易经》。

(天泽履)乾上兑下

《履》:履虎尾,不咥人,亨。

初九,素履,往无咎。

九二,履道坦坦,幽人贞吉。

六三,眇能视,跛能履,履虎尾咥人,凶;武人为于大君。

九四,履虎尾,愬愬,终吉。

九五,夬履,贞厉。

上九,视履考祥,其旋元吉。

《易传》的解释:履,柔履刚也。说而应乎乾,是以履虎尾,不咥人,亨。刚中正,履帝位而不疚,光明也。①

从以上引述可以窥见人们很难读懂《易经》中深奥晦涩的语言。这一点已经深得所有专家学者们的共识。不过,与此同时,他们坚定认为能读懂《易经》文本的含义,就可以洞悉其文字背后神秘的意义。国外学者也动用各种理论研读《易经》文本。理雅各博士曾宣称找到破解《易经》意义的关键处,但结果到现在已经很明白,其深意仍无人能完全破解。随后,汉学家阿尔贝·泰里安·德拉克伯里更是在没跟任何中国学者合作的情况下断言自己在《易经》中发现古代两河流域地区巴克部落的语言。与此相反,另有学者只把《易经》看作一种阴历纪年法……

---

① 履,阴柔践履阳刚。悦而顺应于乾。因此,"踩了老虎尾巴,老虎不咬人,亨通"。九五以刚健中正之德居帝王之位,不负疚后悔,盛德光明正大。——原注

戴德

《礼记》的编纂者是生活在西汉的一对叔侄，史称大戴小戴。公元前2世纪和公元前1世纪，他们享誉盛名。据传，《礼记》所编资料源自孔子及其他弟子收集的材料。大戴名为戴德。依据上述资料编成含有八十五篇本的《礼记》，史作《大戴礼记》。小戴，即戴德侄子戴圣将其压缩到四十六篇本，即《小戴礼记》[①]。公元2世纪末，后世学者郑玄为《小戴礼记》做了注疏，延续至今的《礼记》正式成形。之后，《礼记》被称为"记"，而不是"经"。"经"特指孔子所著并被奉为儒家经典的作品。

---

① 《礼记》原本四十六篇，始于《曲礼》，终于《丧服四制》。但由于《曲礼》《檀弓》《杂记》三篇内容过长，所以大多数版本将这三篇分为上下篇，故有《礼记》四十九篇之说。——原注

第2章 孔子与《五经》 | 021

《礼记·曾子问》这样记载,"孔子曰:'昔者吾从老聃助葬于巷党,及堩,日有食之。老聃曰:'丘!止柩,就道右,止哭以听变。'既明反而后行。曰:'礼也。'反葬,而丘问之曰:'夫柩不可以反者也。日有食之,不知其已之迟数,则岂如行哉?'老聃曰:'诸侯朝天子,见日而行,逮日而舍奠;大夫使,见日而行,逮日而舍。夫柩不早出,不暮宿。见星而行者,唯罪人与奔父母之丧者乎'"。

老聃

《礼记》的《檀弓上》和《檀弓下》篇有很多丧葬礼节的记载。

直到公元1368年的明代，《礼记》和《周礼》一同被列入儒家经典系列"六经"，后者是一部历史更古老的有关周朝官制的著作。除了这两部著作，古代华夏民族礼乐文化的"三礼"还有一本未曾提到的《仪礼》。这是一部礼仪制度的章程，详细记载古代中国人日常应该践行的礼节。

接下来介绍"五经"的最后一部著作《春秋》。《春秋》是由鲁国史官记载的公元前722年到公元前484年各国大事的编年体史书。鲁国是孔子的家乡。随后，孔子对《春秋》加以整理修订，并且将其列入儒家经典系列。《春秋》文风简洁，内容多是对诸侯攻伐、胜利、兵败、死亡、篡弑、盟会和一些特异自然现象的记载。

现摘录部分如下：

> 《鲁昭公七年》春王正月，暨齐平。三月，公如楚。叔孙婼如齐莅盟。夏四月甲辰朔，日有食之。
>
> 《鲁庄公七年》夏四月辛卯，夜恒星不见，夜中星陨如雨。

《春秋》一书得名于其中每篇都以年月日季节记录的古老传统。《春秋》的注释者曾解释春包含夏，秋包含冬，春秋即一年四季。孔子在鲁国史官创作的基础上编选的这本《春秋》，让人们记住并赞誉他。孟子认为孔子的这一功劳如同大禹治水一样重要。孟子曾说，"世衰道微，邪说暴行有作，臣弑其君者有之，子弑其父者有之。孔子惧，作《春秋》"。与《诗经》一样，中国本土学者仔细研读《春秋》文本时，试图读出其潜藏的所有含义。他们认为《春秋》中每篇的内容或褒或贬，此种方法最后发展成政治批评理论。

此乃《春秋》一书。如果该书仅关乎褒贬历史人物，那么很难看出孔子的付出如何能最终发扬光大。但该书的意义显然不止于此，从中人们还能了解很多信息。那么，《春秋》中还有未尽的内容。与《春秋》关系密切甚至已经与其融为一体的是《左传》。《左传》的作者左丘明，人称散文之父，也被认为是《国语》的作者。此外，人们对左丘明所知不多，只知道他曾与孔子交往，因为《论语·公冶长》中曾提到左丘明，"子曰：巧言、令色、足恭，左丘明耻之，丘亦耻之。匿怨而友其人，左丘明耻之，丘亦耻之。"不过，左丘明闪光的文采被保留下来，而且作为珍贵的财富会一直保存下去。

左丘明的贡献是保存编年史的残存部分，并且为每个事件或多或少加入完整的背景，使记录更丰富翔实。左丘明描述古人的爱恨、征战、盟约、宴请、死亡……文风华丽。一些小人物的境遇被描述成有趣

左丘明

的事件，并且不时穿插的俗语和谚语使《左传》的文笔更流畅。鲁僖公二十一年，《春秋》中仅有如下简单的描写：

夏大旱。

《左传》中却增加很多内容：

公欲焚巫兀。臧文仲曰："非旱备也。修城郭，贬食省用，务穑劝分，此其务也。巫兀何为？天欲杀之，则如勿生；若能为旱，焚之滋甚。"公从之。是岁也，饥而不害。

鲁宣公十二年，《春秋》这样记载：

十有二年春，楚子围郑。

据此，《左传》就这件事做了十分详尽的描述。我们仅摘录其中具有代表性的一段：

晋人或以广队不能进，楚人惎之脱扃，少进，马还，又惎之拔旆投衡，乃出。顾曰："吾不如大国之数奔也。"

《左传》中还有很多关于音乐的文字。孔子认为音乐是教育和政治活动中十分重要的部分，此话让我们联想到柏拉图在《理想国》第三篇中的相似观点。谈及音乐，《左传》有很多相关内容，大意是说古代君王用音乐规范一切事物，不凡的人不会听魅惑的曲调。听琵琶弹奏的乐曲，不是为了让自己活得喜悦，而是为规范自己的行为。

《左传》中散落着许多流传至今的格言,如"一日纵敌,数世之患""多行不义必自毙""毁则为贼""攻难守易"。

除了《左传》,为《春秋》做注解的还有另外两部成书于公元前5世纪的著作,《公羊传》和《穀梁传》。不过,这两部著作的影响力不可与《左传》同日而语。现举例如下:

在《春秋》的记载中,鲁僖公"十有六年,春,王正月戊申朔,陨石于宋五。是月,六鹢退飞,过宋都"。

对此,《穀梁传》的记载是,"先陨而后石何也?陨而后石也。于宋四竟之内曰宋。后数,散辞也。耳治也。是月,六鹢退飞过宋都。是月也,决不曰而月也。六鹢退飞过宋都,先数,聚辞也,目治也。子曰:石,无知之物,鹢,微有知之物。石无知,故曰之;鹢微有知之物,故月之。君子之于物,无所苟而已。石鹢且犹尽其辞,而况于人乎?故五石六鹢之辞不设,则王道不亢矣。民所聚曰都"。

《公羊传》的记载是,"曷为先言陨而后言石?陨石记闻,闻其磌然,视之则石,察之则五。是月者何?仅逮是月也。何以不日?晦日也。晦则何以不言晦?《春秋》不书晦也。朔有事则书,晦虽有事不书。曷为先言六而后言鹢?六鹢退飞,记见也,视之则六,察之则鹢,徐而察之则退飞。五石六鹢何以书?记异也。外异不书,此何以书?为王者之后记异也"。

有时,《穀梁传》与《公羊传》的记载与《左传》的记载出入很大。譬如,《春秋》中记载,公元前686年,即鲁庄公八年,"齐无知弑其君储儿"。《左传》解释这句话是说齐国国君迫于各种因素最终退位。《公羊传》的解释大相径庭,认为满目疮痍的齐国被对手打败,齐国人口大幅减少,因为齐国国君曾在公元前893年将对手以前的君主在齐国都城活活烹煮。对经典中的分歧,后世的考生烂熟于心,因为他们时常被要求讨论这些分歧,并且明确最正统和最普遍接受的注释。

下面节选自《公羊传》,跟《左传》中相同事件的记述方式完全不同:

在《春秋》的记载中,鲁宣公十五年"夏五月,宋人及楚人平"。

对此,《公羊传》的记载是,"庄王围宋,军有七日之粮尔,尽此不胜,将去而归尔。于是使司马子反乘堙而窥宋城,宋华元亦乘堙而出见之。子反曰:'子之国何如?'华元曰:'惫矣。'曰:'何如?'曰:'易子而食之,析骸而炊之。'司马子反曰:'嘻!甚矣惫!虽

楚庄王

然，吾闻之也，围者相马而秣之，使肥者应客，是何子之情也。'华元曰：'吾闻之，君子见人之厄则矜之，小人见人之厄则幸之。吾见子之君子也，是以告情于子也。'司马子反曰：'诺，勉之矣！吾军亦有七日之粮尔，尽此不胜，将去而归尔。'揖而去之，反于庄王。庄王曰：'何如？'司马子反曰：'惫矣！'曰：'何如？'曰：'易子而食之，析骸而炊之。'庄王曰：'嘻！甚矣惫！虽然，吾今取此然后而归尔。'司马子反曰：'不可。臣已告之矣，军有七日之粮尔。'庄王怒曰：'吾使子往视之，子曷为告之？'司马子反曰：'以区区之宋，犹有不欺人之臣，可以楚而无乎？是以告之也。'庄王曰：'诺。舍而止。虽然，吾犹取此然后归尔。'司马子反曰：'然则君请处于此，臣请归尔。'庄王曰：'子去我而归，吾孰与处于此？吾亦从子而归尔。'引师而去之，故君子大其平乎己也"。

第 3 章
《四书》及孟子

每个中国读书人都在掌握和熟记了《四书》中的内容后再去钻研《五经》。

按照古代读书人通常的学习顺序，《四书》中排第一位的是《论语》。这本书共分为二十个短小的部分，记述孔子对各类问题的见解，并且尽可能记录孔子的原话。《论语》向读者展现了孔子的方方面面，并且很有可能是在孔子去世百年内才汇集成册。从《论语》中，我们可以窥见孔子的思想。他在世的使命是教会他的学生和国人勇于担当，并且说出宇宙中的一个黄金准则——"己所不欲，勿施于人"。

大家都知道很多人曾以否定形式表达此种意义。实际上，这句话与基督教给我们并以肯定形式表达的相似内容①在意义上是有出入的，但这两句话的内在逻辑是一致的。

孔子的学生要他解释何为仁慈，他只简短回答，"仁者爱人"。当被问到如何看待老子提出的"以德报怨"时，孔子答道："何以报德？以直报怨，以德报德。"

孔子一直强调美和真理的重要性，即"人而不信，不知其可也"。

---

① 即《马太福音》7：12中的"无论何时，你们愿意人怎样待你们，你们也要怎样待人"（do to other people whatever you would like them to do to you.）。

子曰:"主忠信,徙义,崇德也。"

子曰:"丧,与其易也,宁戚。"

子曰:"人之生也直,罔之生也幸而免。"

子曰:"富与贵是人之所欲也;不以其道得之,不处也。"

孔子无疑相信有一位永恒存在的看不见的神明,他称之为天,即"获罪于天,无所祷也"与"不怨天"。儒学集大成者朱熹解释"天"即"理",这已经被历代研究者接受。与此同时,孔子极力反对探究超自然,并且建议我们的责任是研究活着而不是死的事物。

孔子首推孝道,并且教导人天生应该正直坦诚,但后天环境可能让人变得虚伪狡诈。

《论语·乡党第十》记录了孔子日常生活的细节和一些习惯,足以引起不是出自礼乐之家的人对孔子的兴趣。最终,这些内容让更多中国人了解并喜欢孔子。

孔子于乡党,恂恂如也,似不能言者。其在宗庙朝廷,便便言,唯谨尔。

入公门,鞠躬如也,如不容。

摄齐升堂,鞠躬如也,屏气似不息者。

执圭,鞠躬如也,如不胜。

君子不以绀緅饰,红紫不以为亵服。

必有寝衣,长一身有半。

食饐而餲,鱼馁而肉败,不食。色恶,不食。臭恶,不食。失饪,不食。不时,不食,割不正。不食。不得其酱,不食。

不撤姜食。不多食。

食不语,寝不言。

虽疏食菜羹,瓜祭,必齐如也。

席不正，不坐。

厩焚。子退朝，曰："伤人乎？"不问马。

朋友之馈，虽车马，非祭肉，不拜。

寝不尸，居不客。

见齐衰者，虽狎，必变。见冕者与瞽者，虽亵，必以貌。

有盛馔，必变色而作。迅雷风烈，必变。

《四书》中排第二位的是《孟子》。该书共计七篇，记录孟子的言行。从《孟子》中反映出孟子的天分及其后天的努力可以预见儒学日后的兴盛。孟子生于公元前372年，距离孔子逝世已经过去一百多年。孟

孟子

子的成长离不开他寡居母亲的悉心栽培。事到如今,孟母三迁仍是中国一个家喻户晓的故事。孟子少时,他家居于墓园附近。结果,孟子耳濡目染,学了些祭拜之事,玩起办理丧事的游戏。随后,孟母将家迁到集市附近。不久,孟子忘了丧葬之事,却学做买卖。孟母再次下定决心搬家。这次,她将家搬到学堂边。让孟母欣慰的是,孟子很快学着书生们鞠躬行礼,并且学会进退的礼节。

随后,孟子授业于孔子的孙子孔伋。在深入学习和理解了孔子的思想后,孟子在四十五岁左右时成为齐宣王的客卿,但后者没有施行孟子的思想。于是,孟子辞官,开始像孔子一样周游列国。在各国,孟子竭

孔伋

力游说诸侯接受他的仁政主张，但没有一个诸侯国让孟子长久驻留。后来，孟子拜访梁惠王并待到公元前319年梁惠王去世。接下来，孟子回到齐国，并且官复原职。公元前311年，在感到受制于行政职务后，孟子再次辞官，开始讲学及成就他声望的著书生涯。孟子生活的时代，诸侯国沉溺于你争我夺、征战吞并。在这个百家争鸣却刀光剑影的黄金时代，孟子提出并推行仁政，只能是一种徒劳。孟子的目标和孔子一样，但其主张稍逊于孔子。孟子主张从政治经济角度提升人民的福祉。因此，孟子被东汉学者赵岐尊为亚圣，"命世亚圣之大才者也"。如今，孟子"亚圣"的称号早已被普遍接受。孟子坚定地继承和推行孔子的主张，甚至被认为有力地抑制了杨朱和墨翟等学派的发展。

孟子长于辩论，以下是从《孟子·告子章句上》中选取的例子，论辩的主题是大家熟知的人性：

> 告子曰："性，犹杞柳也；义，犹桮棬也。以人性为仁义，犹以杞柳为桮棬。"
>
> 孟子曰："子能顺杞柳之性而以为桮棬乎？将戕贼杞柳而后以为桮棬也？如将戕贼杞柳而以为桮棬，则亦将戕贼人以为仁义与？率天下之人而祸仁义者，必子之言夫！"
>
> 告子曰："性犹湍水也，决诸东方则东流，决诸西方则西流。人性之无分于善不善也，犹水之无分于东西也。"
>
> 孟子曰："水信无分于东西，无分于上下乎？人性之善也，犹水之就下也。人无有不善，水无有不下。今夫水，搏而跃之，可使过颡；激而行之，可使在山。是岂水之性哉？其势则然也。人之可使为不善，其性亦犹是也。"
>
> 告子曰："生之谓性。"
>
> 孟子曰："生之谓性也，犹白之谓白与？"

告子曰:"然。"

孟子曰:"白羽之白也,犹白雪之白;白雪之白,犹白玉之白与?"

告子曰:"然。"

孟子曰:"然则犬之性,犹牛之性;牛之性,犹人之性与?"

告子曰:"食色,性也。仁,内也,非外也;义,外也,非内也。"

孟子曰:"何以谓仁内义外也?"

告子曰:"彼长而我长之,非有长于我也;犹彼白而我白之,从其白于外也,故谓之外也。"

孟子曰:"异于白马之白也,无以异于白人之白也;不识长马之长也,无以异于长人之长与?且谓长者义乎?长之者义乎?"

告子曰:"吾弟则爱之,秦人之弟则不爱也,是以我为悦者也,故谓之内。长楚人之长,亦长吾之长,是以长为悦者也,故谓之外也。"

孟子曰:"耆秦人之炙,无以异于耆吾炙。夫物则亦有然者也,然则耆炙亦有外与?"

下面的例子是《孟子》中另一则十分有名的谈话,选自《孟子·离娄章句上·第十七节》,发生在孟子与当时一名诡辩家之间。后者试图将孟子绕进他的话题中:

淳于髡曰:"男女授受不亲,礼与?"
孟子曰:"礼也。"
淳于髡曰:"嫂溺则援之以手乎?"

孟子曰："嫂溺不援，是豺狼也。男女授受不亲，礼也；嫂溺援之以手者，权也。"

淳于髡曰："今天下溺矣，夫子之不援，何也？"

孟子曰："天下溺，援之以道；嫂溺，援之以手。子欲手援天下乎？"

《孟子》一书充盈着对话，这点跟《论语》相同。下面的例子选自《孟子·离娄章句上》，表明了孟子政治方面的主张，即"民为贵，社稷次之，君为轻"。

孟子曰："桀纣之失天下也，失其民也；失其民者，失其心也。得天下有道：得其民，斯得天下矣；得其民有道：得其心，斯得民矣；得其心有道：所欲与之聚之，所恶勿施尔也。"

下面的例子是孟子如何贬低前面提到的杨朱和墨翟等学派：

在《孟子·滕文公章句下》中，孟子批评杨朱和墨翟等学派，"杨朱、墨翟之言盈天下，天下之言，不归杨，则归墨。杨氏为我，是无君也；墨氏兼爱，是无父也。无父无君，是禽兽也"。

在《孟子·尽心章句上》中，孟子批判杨朱似乎要将其"自私"惠及全天下，却不愿为天下舍弃一丝毫发，"杨子取为我，拔一毛而利天下，不为也"。

《列子·杨朱》提到，"太古之人，知生之暂来，知死之暂往；故从心而动，不违自然所好；当身之娱，非所去也，故不为名所劝。从性而游，不逆万物所好，死后之名，非所取也，故不为刑所及。名誉先后，年命多少，非所量也"。

与杨朱相反，墨翟认为在"兼爱"的社会中，所有人类相互争夺带来的灾难都会消失，远古尧舜时代的喜乐和平又会出现。

《大学》一书原为《礼记》第四十二篇，字面意思是大的学问，是一本简短的政治经济教育著作。《大学》的作者不详，但有人认为是孔子所作，另有人认为是孔子的知名弟子曾参，即曾子所作。在《大学》首页有如下耳熟能详的文字：

> 古之欲明明德于天下者，先治其国；欲治其国者，先齐其家；欲齐其家者，先修其身；欲修其身者，先正其心；欲正其心者，先诚其意；欲诚其意者，先致其知；致知在格物。

《四书》的最后一部《中庸》也是一本短小的著作。《中庸》曾是《礼记》第三十一篇。《中庸》译成外语有多种译名①：法国汉学家儒莲将"中庸"译做"L'Invariable Milieu"，即"不变的道路"。英国汉学家理雅各将"中庸"译为"The Doctrine of the Mean"，即"均值原则"。《中庸》的作者是孔伋，孔子的孙子。他的成就在于扩大孔子倡导的人性和天道等基本原则的内涵。孔伋在《中庸》篇末适时颂扬了他的祖父孔子：

> 是以声名洋溢乎中国，施及蛮貊，舟车所至，人力所通，天之所覆，地之所载，日月所照，霜露所队，凡有血气者，莫不尊亲。故曰配天。

---

① "中"意为"中间"，中国人将之定义为"不偏不倚，适中"；"庸"意为"道路"，中国人将之理解为"平庸，无变化"。——原注

第4章

诸子百家

公元前600年到公元前200年是中国历史上的春秋战国时期。此时出现的文人多如牛毛,作品主题丰富多样。到如今,这一时期的很多著作都已经失传,还有一些作品被证实是伪造。如同在地球另一端的西方世界,公元1世纪和公元2世纪也出现伪造风潮。当时,有些文人乐于伪造古代作品。据此,后人写了很多相关研究著作,至于具体伪造的人和作品我们会在后面提及。

孙子,即孙武,生活在公元前6世纪。孙子的代表作是《孙子兵法》,共十三篇,其成书过程也留下不少奇谈。据传有一天,吴王阖闾面见孙子,问道:"我已经读过你的兵书了,想知道你书中的这些方法能否用在女子身上?"孙子做出肯定答复后,吴王阖闾从其后宫挑出一百八十名女子,让孙子像带兵一样操练她们。随后,孙子将这批女子分成两队,每队都由吴王阖闾最宠幸的妃子做头领。但操练的鼓声响起时,所有的女子都只笑不动。见状,孙子毫不迟疑地命令将两位头领斩首示众,如此得以恢复秩序。随后,这两位头领的尸体被悬挂在侧,从此操练的效率大大提高。

以下是《孙子兵法》中的节选:

选自《孙子兵法·谋攻篇》的"故用兵之法,十则围之,五则攻

孙子

之,倍则分之,敌则能战之,少则能逃之,不若则能避之。故小敌之坚,大敌之擒也"。

选自《孙子兵法·军争篇》的"故用兵之法,高陵勿向,背丘勿逆,佯北勿从,锐卒勿攻,饵兵勿食,归师勿遏,围师必阙,穷寇勿追,此用兵之法也"。

但现在,我们见到的孙子、管子、吴子、文子及其他中国早期文学家们在军事、政治、哲学及相关学科著作的真实性是很值得怀疑的。质疑的声音在古代医药类作品中也存在。这个部类作品总量较大,有些甚至可以追溯到上古时期,但其不少内容禁不起最简单的临床试验。

《尔雅》成书于公元前12世纪。该书是关于各种古词正确用法的指南,包含诸如动物名、鸟名、植物名……甚至还配上不少图片。《尔雅》最早由两晋时期的郭璞做出完整的注解。一些评论家试图让读者相信这些配图原本就存在，但这些图片是古已有之，还是后人添加，至今仍无定论。下面的例子出自《尔雅·释器》：

金谓之镂，木谓之刻，骨谓之切。

檀弓，活跃于公元前4世纪到公元前3世纪，他的残存作品比较有趣。其中一些内容已经收录进《礼记》。以下三个摘自《礼记·檀弓下》例子将为我们展现其作品风貌：

有子与子游立，见孺子慕者。有子谓子游曰："予壹不知夫丧之踊也，予欲去之久矣。情在于斯，其是也夫！"子游曰："礼有微情者，有以故兴物者，有直情而径行者，戎狄之

子游

道也。礼道则不然。人喜则斯陶，陶斯咏，咏斯犹，犹斯舞，舞斯愠，愠斯戚，戚斯叹，叹斯辟，辟斯踊矣。品节斯，斯之谓礼。人死，斯恶之矣；无能也，斯倍之矣。是故制绞、衾，设蒌、翣，为使人勿恶也。始死，脯、醢之奠；将行，遣而行之，既葬而食之。未有见其飨之者也。自上世以来，未之有舍也，为使人勿倍也。故子之所刺于礼者，亦非礼之訾也。

陈子车死于卫，其妻与其家大夫谋以殉葬，定而后陈子亢至。以告曰："夫子疾，莫养于下，请以殉葬。"子亢曰："以殉葬，非礼也。虽然，则彼疾当养者，孰若妻与宰？得已，则吾欲吾已；不得已，则吾欲以二子者之为之也。"于是弗果用。

孔子过泰山侧，有妇人哭于墓者而哀。夫子式而听之，使子路问之曰："子之哭也，壹似重有忧者。"而曰："然，昔者吾舅死于虎，吾夫又死焉，今吾子又死焉！"夫子曰："何为不去也？"曰："无苛政。"夫子曰："小子识之！苛政猛于虎也。"

公元前三世纪的哲学家荀子以他非正统的人性说扬名，他的人性论特别跟孟子——这位热心推崇孔子思想的哲人的人性观相左。如下片段选自《荀子·性恶》，虽然不能令人信服，但展示了他论辩的精髓：

人之性恶，其善者伪也。今人之性，生而有好利焉，顺是，故争夺生而辞让亡焉；生而有疾恶焉，顺是，故残贼生而忠信亡焉；生而有耳目之欲，有好声色焉，顺是，故淫乱生而

荀子

礼义文理亡焉。然则从人之性，顺人之情，必出于争夺，合于犯分乱理，而归于暴。故必将有师法之化，礼义之道，然后出于辞让，合于文理，而归于治。用此观之，人之性恶明矣，其善者伪也。

《孝经》据传是孔子的著作，但有传言说其作者是曾子。不过，事实上，该书成书时间明显比孔子和曾子的生活年代晚。孝顺被认为是中华文明品德的核心，但这本以倡导孝顺为名的书因苍白平淡的语言和死板教条的内容让人失望。或许这本书的功能仅为填补空缺，举一个选自《孝经·五刑》的例子就足够：

子曰："五刑之属三千，而罪莫大于不孝。要君者无上，非圣者无法，非孝者无亲。此大乱之道也。"

《家语》，又名《孔子家语》，其书名引人入胜。据传，这部著作的作者是孔子的弟子，但如今的研究者们普遍认为这部著作的作者应该是三国时期曹魏的著名经学家王肃。还有一本年代更久远的同名著作，但目前所知的《家语》跟它有多大联系，是否以它为基础撰写，都已经不得而知。

　　另一部名声欠佳的著作是《吕氏春秋》。吕氏即吕不韦，卒于公元前235年。据传，吕不韦是秦始皇的生父。《吕氏春秋》包含了很多中国早期历史，其不少内容已经被证明确有其事。

　　最后，我提一下一本虚构作品《穆天子传》。这是一本神话，讲述周朝君王的经历。书中故事发生在公元前1000年左右，不幸的是，这位君王的统治通过对其死后追加的谥号"穆"透露可能不够英明。①《穆天子传》成书于公元3世纪，《列子·周穆王》中也有关于周穆王到天宫畅游的描述，使人们对这位问题统治者的西天之旅深信不疑。

---

① 此处推测翟理斯认为"穆"是一个贬义的谥号，但其实"穆"意为布德执义，是一个褒义的谥号。

第 5 章

诗歌与铭文

诗歌作为孔子去世到公元前2世纪这段时间具有代表性的文学体裁，实可单独成类。在整个中国文学史中，没有哪种文学体裁的影响力能与诗歌比肩。在古代中国，诗歌创作经历多次创新，不然中国诗歌的创作艺术不会这样成熟。中国人将诗歌定义为"诗言志，歌永言"，这种定义比英国著名诗人威廉·华兹华斯对诗歌的定义"强烈感情的自然流露"似乎更贴切。中国人还认为诗歌无关律法，甚至在中国古人眼中最好的诗歌是诗意藏于字里，读者需要慎读才能知其含义的作品。之前提到的三种关于诗歌的权威定义，只有最后一种至今仍被人熟知。然而，公元前4世纪，屈原及其追随者们沉醉于一种能表达天马行空想法但不押韵的诗体。实际上，他们的诗是一种文风不羁的散文，极具暗示性和寓言性。除了一些专业研究者，普通读者感到他们的诗晦涩难懂。

屈原是位忠良之臣。在其政坛对手因忌妒而挑拨离间他和楚王的关系前，他一直受到楚王的信任。最终，屈原失去楚王的信任，并且被罢官。屈原在郁郁寡欢中创作了《离骚》——一首将近四百行的长诗。《离骚》描绘了从诗人出生到他对美德的苦苦追求，以及他努力尝试将德行运用于现实社会的过程。最后的失败驱使屈原来到舜帝陵前开始专注地祈祷，此时出现一驾凤凰车和许多条龙，将他接引到道德之地继续追寻他的理想。太阳神的马车一路缓行相伴，为屈原照亮前方的道路。月亮在前面引路，风儿也尾随其后，直到马车抵达神明的宫殿。由于不能获准入内，屈原寻到一位有名的占卜师。这位占卜师建议他屹立不动并坚持他的追求。于是，七彩祥云和美妙音乐将他乘坐的马车环绕，并且带他从银河出发，经过西极，最终抵达西海。不久，他的祖国再一次出现在他眼前，但他找寻不到要追求的东西。

屈原再一次饱受失败的打击，并且与楚王的关系更加疏远，屈原甚至完全丧失生的欲望。根据《史记·屈原列传》，屈原来到汨罗江边后，碰到一位渔夫跟他打招呼："子非三闾大夫欤？何故而至此？"

屈原回答："举世混浊而我独清，众人皆醉而我独醒，是以见放。"

渔夫说："夫圣人者，不凝滞于物，而能与世推移。举世混浊，何不随其流而扬其波？众人皆醉，何不铺其糟而啜其醨？何故怀瑾握瑜，而自令见放为？"

两人聊了一会儿，渔夫便划船离开了。屈原却在袖子里装上石块，跳进汨罗江，消失于江面。这件事发生在农历五月初五。此后，楚国人将这天定为节日以示纪念，并且将米装进竹筒投进江中祭奠屈原这位伟人。这便是端午节的由来，可能更多与找寻屈原的遗体相关。

在《山鬼》这首短诗中，我们可以很好地窥见屈原的诗风。《山鬼》是《九歌》中的一篇，与其他诗歌一道合成最终的作品《楚辞》。

　　若有人兮山之阿，被薜荔兮带女萝。
　　既含睇兮又宜笑，子慕予兮善窈窕。
　　乘赤豹兮从文狸，辛夷车兮结桂旗。
　　被石兰兮带杜衡，折芬馨兮遗所思。
　　余处幽篁兮终不见天，路险难兮独后来。
　　表独立兮山之上，云容容兮而在下。

《九歌图》（局部）

> 杳冥冥兮羌昼晦，东风飘兮神灵雨。
> 留灵修兮憺忘归，岁既晏兮孰华予。
> 采三秀兮于山间，石磊磊兮葛蔓蔓。
> 怨公子兮怅忘归，君思我兮不得闲。
> 山中人兮芳杜若，饮石泉兮荫松柏。
> 君思我兮然疑作。
> 雷填填兮雨冥冥，猨啾啾兮又夜鸣。
> 风飒飒兮木萧萧，思公子兮徒离忧。

宋玉是当时另一位代表性诗人。除了屈原弟子及政治家和诗人的身份，我们对他知之甚少。下面诗文节选自《九辩》，展示了跟《离骚》中的恸哭相似的心境：

> 却骐骥而不乘兮，策驽骀而取路。
> 当世岂无骐骥兮，诚莫之能善御。
> 见执辔非其人兮，故驹跳而远去。
> 凫雁皆唼夫梁藻兮，凤愈飘飘而高举。
> 圜凿而方枘兮，吾固知其鉏铻而难入。
> 众鸟皆有所登栖兮，凤独遑遑而无所集。

如前所述，屈原一派的诗歌在韵律方面是不规则的。事实上，他们的作品更接近自由体文学。屈原诗作诗行的音步没有和之前诗作的诗行保持一致，但音步的时长时短服务于诗人情感的强弱。同样地，这些诗行可能押韵，也可能没有。因此，读者对这些诗的创作技巧不甚在意，却被其语言流利度和想象连续性的成就折服。

此外，生活在公元前2世纪的诗人如贾谊和东方朔延续了这派诗歌的

屈原

风格，但他们的诗作不具有代表性。他们和屈原生活在差不多同一个时代，即一个产生全新风格而非延续旧诗的时代，一个创新的时代。

早期人类习惯将日常生活中各类文字篆刻成铭文，无论其内容是否是政治性的。如商朝奠基者商汤在他的澡盆刻上下列文字：

苟日新，日日新，又日新。

第 5 章 诗歌与铭文 | 047

同样地，铜镜等物品上也经常刻上文字。有的原文已不可考，其中一面铜镜有如下大意的文字，"人每天早晨梳头；为何不每天早晨梳理自己的心情呢"。

根据后世更严格的格律规范判断，这类铭文诗的韵律都是不规则的，其节奏也只适用于十分简单的短歌之类文字。

第 6 章

道家思想及《道德经》

让我们再次将目光聚焦于公元前6世纪。截至目前，我们的研究仅限于传统意义上的正统文学，即我们沿用儒家学派的标准界定的文学。本章我们将放弃儒家标准探寻另一类文学作品。这类文学可能相对于传统标准没有那么正统，但同样深奥难懂。这类文学作品首当其冲的代表是道家文学作品，即老子的作品。虽然道家跟儒家的作品处于对立面，但它成长和繁荣于儒家教条和规范之下。对道家作品，人们很难准确定义"道"具体包含哪些内容。用老子自己的话来说，"道可道，非常道"。因此，我们仅希望在本章结尾，耐心读完的读者能在脑海中对道的含义留有些微印象。

老子约出生于公元前571年，公元前471年去世。忽略众多关于老子出生时出现超自然现象的描述，我们其实对老子本人一无所知。在本书第二部分第三章讲述司马迁的经历时，我们将会提到有关老子的传记，但其中内容经考证乃后人杜撰。正如一些虔诚的追随者认为很有必要在犹太历史学家约瑟夫斯的作品中插入一章有关基督的内容，司马迁描述有关老子和孔子会面的情形其实前言不搭后语。孔子特意拜访老子，请教有关礼的问题，但这并不是老子所长，便越发显出描述的刻意。据《史记·老子韩非列传》，这次会面以如下内容结束：

老子送给孔子《道德经》

  老子修道德，其学以自隐无名为务。居周久之，见周之衰，乃遂去。至关，关令尹喜曰："子将隐矣，强为我著书。"于是老子乃著书上下篇，言道德之意五千馀言而去，莫知其所终。

司马迁的描述很清楚地表明他也没读过老子的著作，但仍有不少人相信老子的著述是我们今天所见的《道德经》。

必须说明的一点是，在目前所知的孔子作品中，老子的名字一次都没有被提到。《礼记》中出现了四次老聃，但明确表明非哲学家老子。《左传》《论语》，以及曾参、孟子的著作都丝毫没有提到老子。庄周作为毕生致力于发扬和推广老子学说的门徒，从没提老子曾著书立说。庄子作品中老子和孔子会面的描述，中国文学评论界长期以来私下都将其当成一个善意的欺骗。朱熹等评论家都强烈质疑《道德经》的真实性。有趣的是，很多老子的真实语录都和大量语焉不详的填充信息混杂。当中的含义只有真正喜欢的人才能读出，但读出的含义往往差之千里。现举几个摘自《道德经》中的例子：

> 道可道，非常道。
> 不出户，知天下。
> 多言数穷，不如守中。
> 善者，吾善之；不善者，吾亦善之，德善。
> 报怨以德。
> 后其身而身先，外其身而身存。
> 不以智治国，国之福。

后面几个例子旨在解释老子最著名的主张"无为"。这也是跟老子哲学联系最紧密的观点，并且在富有想象力的中国人中产生巨大的影响力。甚至有不少人公开宣称：

> 为无为，则无不治。
> 无为而无不为。

我们现选取曾被两位知名英语翻译家湛约翰和理雅各译过的《道德经》片段作为补充。所选片段出自《道德经》第六章：

> 谷神不死，是谓玄牝，玄牝之门，是谓天地根。绵绵若存，用之不勤。

我们再补充一段曾被湛约翰翻译过的内容，以此来结束我们对《道德经》的讨论，虽然读者们会声称很难理解这本古籍深奥的意义。

上善若水。水善利万物而不争，处众之所恶，故几于道。居善地，心善渊，与善仁，言善信，政善治，事善能，动善时。夫唯不争，故无尤。

作为一位伟大的哲人，老子不该受到如此众多的质疑。不过，庄子的作品对了解老子和道家思想无疑是一个很好的补充。与此同时，庄子的作品是我们接近晦涩的道家思想的绝好指南。

庄子，生于公元前4世纪，是一位管理漆园的小吏。在《史记·老子韩非列传》中，司马迁对庄子有此番描写：

庄子

> （庄子）善属书离辞，指事类情，用剽剥儒、墨……其言洸洋自恣以适己，故自王公大人不能器之。

对于孔子之道为何会战胜老子之道，我们似乎已经找到了答案。老子的思想过于理想化。相对而言，孔子的思想更加实际，可用于指导日常生活。庄子不可能成功地劝诫精明的中国人真正奉行无为而治。虽然如此，但庄子的传世之作仅以文学意蕴便在中国享有至高的地位。《庄子》同时是一部充满原创思想的作品。作者看上去真的就像一位虔诚的信徒在宣扬自己仰慕的大师的思想。他试图尽力拓展自己思想的传播范围。结果，这本书影响的人群远远超过了人们的想象。

目前已知的庄子作品还不能完全证明是庄子本人所作。很多旁人做了不必要的补充，增加了不少篇目甚至几个完整的章节。这正如一句成语所言，"狗尾续貂"。《庄子》第一版的殊荣归于向秀，一位生活于公元3世纪，拥有不羁灵魂的文学家。向秀是"竹林七贤"这个嗜酒诗人文学小团体的发起者或者至少是成员。然而，在完成编辑《庄子》一书前，公元272年，死神打断了他的工作。随后，他的手稿被郭象拿走。郭象逝世于312年，可能也在《庄子》中添加了一些内容。

在尝试了解《庄子》的文风和主题前，了解《庄子》的最好办法是选读书中突出体现道家思想的内容。《庄子》中最著名的章节是《庄子·外篇·秋水》。在这篇文章中，庄子写道："道无终始，物有死生，不恃其成。"有关"道"的言论还有：

> 视之无形，听之无声，于人之论者，谓之冥冥，所以论道而非道也。
>
> 夫道，有情有信，无为无形；可传而不可受，可得而不可见；自本自根，未有天地，自古以固存。

> 道不可闻，闻不若塞。此之谓大得。
>
> 故小而不寡，大而不多，知量无穷；证向今故。

截至目前，从现存资料如此稀少的老子思想传统中得出的确切结论是，人应在无所不在的"道"中保持"无为"。如果人能与环境和谐相处，那么他能因此免受环境侵害。除了这些，对我们来说，老子的思想仍是遥不可及的。

然而，对一些简单问题的分析，如《庄子·达生》中醉汉自疾驰的马车中坠落也毫发无损等事例，看出《庄子》滑向了神秘主义的深渊。

在《庄子·内篇·齐物论》中，庄子认为万物齐一。积极和消极、此和彼、此处和彼处、某处和无处、对和错、垂直和水平、主观和客观等等，都变得模糊不清，如同水在水中。在《庄子·则阳》中，庄子写道，"天地者，形之大者也，阴阳者，气之大者也，道者为之公"。

居于中心的"一"表示的绝对无限。对《庄子》而言，"一"十分具体。"一"变成"神"或者"中心"，并且被后世的道家弟子称为北极星，成为一切生命的源泉及生命在地球上短暂逗留后回归的处所。通过忽略相对事物间的差异，夫道"在太极之先而不为高，在六极之下而不为深；先天地生而不为久，长于上古而不为老"。

在庄子的思想中，此种不确定的未来状态很常见，并且可在多处找到其痕迹，如《齐物论》中的：

> 予恶乎知夫死者不悔其始之蕲生乎？
>
> 梦饮酒者，旦而哭泣；梦哭泣者，旦而田猎。方其梦也，不知其梦也。梦之中又占其梦焉，觉而后知其梦也。且有大觉而后知此其大梦也。而愚者自以为觉，窃窃然知之。君乎！牧乎，固哉！丘也与女，皆梦也；予谓女梦，亦梦也。

《齐物论》以庄周梦蝶的故事结尾：

> 昔者庄周梦为胡蝶，栩栩然胡蝶也。自喻适志与，不知周也。俄然觉，则蘧蘧然周也。不知周之梦为胡蝶与？胡蝶之梦为周与？周与胡蝶，则必有分矣。此之谓物化。

庄子喜欢矛盾的事物。他高兴于沉思无用之物的有用之处，如展示不良之木仍可矗立，生病的猪能免于献祭，驼背之人支离疏不仅能靠缝补洗刷糊口，还可以免除战时上阵的危险。

举了一些例子后，我们对庄子的介绍要告一段落。虽然庄子在儒家门人眼中如同异端人士，但高深的智慧和引人入胜的文风使他名扬

庄周梦蝶

四海。下面六段中，前三段引自《庄子·秋水》，后三段分别引自《庄子·至乐》《庄子·达生》《庄子·列御寇》：

秋水时至，百川灌河。泾流之大，两涘渚崖之间，不辩牛马。于是焉河伯欣然自喜，以天下之美为尽在己；顺流而东行，至于北海，东面而视，不见水端。于是焉河伯始旋其面目，望洋向若而叹曰："野语有之曰'闻道百，以为莫己若'者；我之谓也。且夫我尝闻少仲尼之闻而轻伯夷之义者，始吾弗信；今我睹子之难穷也，吾非至于子之门，则殆矣，吾长见笑于大方之家。"北海若曰："井蛙不可以语于海者，拘于虚也；夏虫不可以语于冰者，笃于时也；曲士不可以语于道者，束于教也。今尔出于崖涘，观于大海，乃知尔丑，尔将可与语大理矣。"

子独不闻夫埳井之蛙乎？谓东海之鳖曰："吾乐与！出跳梁乎井干之上，入休乎缺甃之崖；赴水则接腋持颐，蹶泥则没足灭跗；还虷、蟹与科斗，莫吾能若也。且夫擅一壑之水，而跨跱埳井之乐，此亦至矣。夫子奚不时来入观乎？"东海之鳖左足未入，而右膝已絷矣。于是逡巡而却，告之海曰："夫千里之远，不足以举其大；千仞之高，不足以极其深。禹之时十年九潦，而水弗为加益；汤之时八年七旱，而崖不为加损。夫不为顷久推移，不以多少进退者，此亦东海之大乐也。"于是埳井之蛙闻之适适然惊，规规然自失也。且夫知不知是非之竟，而犹欲观于庄子之言，是犹使蚊负山，商蚷驰河也，必不胜任矣。

庄子钓于濮水，楚王使大夫二人往先焉，曰："愿以境内累矣！"庄子持竿不顾，曰："吾闻楚有神龟，死已三千岁矣，王巾笥而藏之庙堂之上。此龟者，宁其死为留骨而贵乎，宁其生而曳尾于涂中乎？"二大夫曰："宁生而曳尾涂中。"庄子曰："往矣！吾将曳尾于涂中。"

庄子之楚，见空髑髅，髐然有形，撽以马捶，因而问之，曰："夫子贪生失理而为此乎？将子有亡国之事，斧钺之诛而为此乎？将子有不善之行，愧遗父母妻子之丑而为此乎？将子有冻馁之患而为此乎？将子之春秋故及此乎？"于是语卒，援髑髅，枕而卧。夜半，髑髅见梦曰："子之谈者似辩士。视子所言，皆生人之累也，死则无此矣。子欲闻死之说乎？"庄子曰："然。"髑髅曰："死，无君于上，无臣于下，亦无四时之事，从然以天地为春秋，虽南面王乐，不能过也。"庄子不信，曰："吾使司命复生子形，为子骨肉肌肤，反子父母、妻子、闾里、知识，子欲之乎？"髑髅深矉蹙頞曰："吾安能弃南面王乐而复为人间之劳乎！"

祝宗人元端以临牢策，说彘曰："汝奚恶死！吾将三月豢汝，十日戒，三日齐，藉白茅，加汝肩尻乎雕俎之上，则汝为之乎？"为彘谋，曰不如食以糠糟而错之牢策之中；自为谋，则苟生有轩冕之尊，死得于腞楯之上、聚偻之中则为之。为彘谋则去之，自为谋则取之，所异彘者何也？

庄子将死，弟子欲厚葬之。庄子曰："吾以天地为棺椁，以日月为连璧，星辰为珠玑，万物为赍送。吾葬具岂不备邪！

何以加此！"弟子曰："吾恐乌鸢之食夫子也。"庄子曰："在上为乌鸢食，在下为蝼蚁食，夺彼与此，何其偏也！以不平平，其平也不平；以不征，其征也不征。明者唯为之使，神者征之。夫明之不胜神也久矣，而愚者恃其所见入于人，其功外也，不亦悲乎！"

薄薄的两卷本《列子》在任何一家中国书店内都能觅其踪迹。书的作者列子是一位道家先哲，其生活时间在庄子生活时代之前。很长一段时间以来，欧洲的学生高度关注《列子》，他们毫不怀疑列子其人的真实性。然而随后，列子渐渐被人们质疑，甚至一度被怀疑是否真有其人。现在，人们普遍认为列子及其作品伪造于公元1世纪或者公元2世纪。显然，伪造《列子》的学者可能经历过某种奇怪的幻觉，并且坚信在《庄子》一书中占有一章篇幅的列子确有其人。但事实上，与《庄子》中很多人物一样，列子只是虚构的人物。虽然列子这个人名听上去似有其人，但仍隐藏不了虚构的事实。不过，《列子》这部著作还是成功地博得了人们的关注。与《庄子》相比，这部书无论在思想还是在文风上稍逊一筹。尽管如此，《列子》中还是包含很多传统事物及在别处没有收录的寓言。我们感激作者创作的这个十分有名但真实性值得怀疑的两小儿辩日故事。话说孔子碰到两个小男孩争论太阳到地球的距离。其中，一人说太阳在清晨比中午时候要大，因此，太阳清晨时离我们近一些。但另一人反驳道，中午的太阳要热一些，因此，太阳要比清晨时离我们近。孔子坦承自己没法断定谁对谁错，遂遭男孩们的嘲笑"孰为汝多知乎"，即谁说你知识渊博呢。以《列子·周穆王》为例，《列子》中最吸引人的部分还有这个讲述梦境和现实关系的故事：

郑人有薪于野者，遇骇鹿，御而击之，毙之。恐人见之也，遽而藏诸隍中，覆之以蕉，不胜其喜。俄而遗其所藏之处，遂以为梦焉。顺途而咏其事。

傍人有闻者，用其言而取之。既归，告其室人曰："向薪者梦得鹿而不知其处；吾今得之，彼直真梦矣。"室人曰："若将是梦见薪者之得鹿邪？讵有薪者邪？今真得鹿，是若之梦真邪？"夫曰："吾据得鹿，何用知彼梦我梦邪？"

薪者之归，不厌失鹿，其夜真梦藏之之处，又梦得之之主。爽旦，案所梦而寻得之。遂讼而争之，归之士师。士师曰："若初真得鹿，妄谓之梦；真梦得鹿，妄谓之实。彼真取若鹿，而与若争鹿。室人又谓梦认人鹿，无人得鹿。今据有此鹿，请二分之。"以闻郑君。郑君曰："嘻！士师将复梦分人鹿乎？"访之国相。国相曰："梦与不梦，臣所不能辨也。欲辨觉梦，唯黄帝、孔丘。今亡黄帝、孔丘，孰辨之哉？且恂士师之言可也。"

韩非子逝世于公元前233年，身后留给世人五十五篇珍贵的文章。这些文章之所以珍贵：第一个原因是它们阐明了老子的话语和《道德经》的联系；第二个原因是他对老子话语意义的深刻阐释。韩非子是法家的代表人物，深得秦始皇赏识。但对手的陷害使他不受秦始皇的重用，最终落得自尽于大牢的悲惨结局。我们难以想象《道德经》一书摆放在他面前的情形。韩非子为该书做过最好的注解，这些注解就像出自老子本人的手笔，而不像韩非子从别人的著作中思考而来的。更重要的是，韩非子的部分评论已经被吸收进《道德经》文本，这从一个侧面反映出《道德经》一书的来源十分庞杂。韩非子偶然引用的有些句子并没有在《道德经》原文中出现。他解释过一句简单的话，"见小曰明"。在《韩非子·喻老》中，韩非子通过箕子，即胥余注意到商纣王用象牙筷时感到奢华之风将行，预见君王的放荡之行和残暴统治将带来堕落和灭亡，即"箕子见象箸以知天下之祸"。

老子说："恃万物之自然而不敢为也。"对这一句，韩非子进一步补充道："宋人有为其君以象为楮叶者，三年而成。丰杀茎柯，毫芒繁泽，乱之楮叶之中而不可别也……列子闻之曰：'使天地三年而成一叶，则物之有叶者寡矣。'"

老子说："图难于其易也，为大于其细也。"

韩非子补充道："扁鹊见蔡桓公，立有间。扁鹊曰：'君有疾在腠理，不治将恐深。'桓侯曰：'寡人无疾。'扁鹊出。桓侯曰：'医之

扁鹊

好治不病以为功。'居十日，扁鹊复见曰：'君之病在肌肤，不治将益深。'桓侯不应。扁鹊出。桓侯又不悦。居十日，扁鹊复见曰：'君之病在肠胃，不治将益深。'桓侯又不应。扁鹊出。桓侯又不悦。居十日，扁鹊望桓侯而还走，桓侯故使人问之。扁鹊曰：'病在腠理，汤熨之所及也；在肌肤，针石之所及也；在肠胃，火齐之所及也；在骨髓，司命之所属，无奈何也。今在骨髓，臣是以无请也。'居五日，桓侯体痛，使人索扁鹊，已逃秦矣。桓侯遂死。故良医之治病也，攻之于腠理。"

最后，我们介绍的这位早期道家学派代表人物，严格来说其生活年代应该归到后来的朝代——西汉。刘安是西汉开国皇帝刘邦的孙子，后

刘邦

被封为淮南王,即中国古代著名哲学家淮南子。《淮南子》这部以其称号命名的著作以晦涩难懂闻名。《淮南子》一共二十一章,除了某些难懂的内容,如炼丹术等,别的内容都广泛流传。这部著作成书的具体时间不确定,但可以肯定的是炼丹术直到公元3世纪后才从西方传到中国。《淮南子》一书的内容很吸引人,其精彩程度堪比《列子》。更重要的一点是,《淮南子》代表老庄哲学的转变,即从早期的被庄子灵化的淳朴之道,向后期在巫术和炼金术方面存在粗俗信念的老庄之道过渡。老子敦促他的追随者们通过与环境和谐共处保存自己的活力。庄子补充了一个目的,即为进入无限之境并终于这一无限之境。这个无限之境只是进入永恒和长生不老状态的一个阶段。

淮南子刘安

《淮南子》以一篇冗长的论述《原道训》开头。此章和别的章节一道都沿用韩非子的方式阐释老子的话。老子说："夫唯不争，故天下莫能与之争。"

对这句，《淮南子·道应训》解释道：

赵简子死，未葬，中牟入齐。已葬五日，襄子起兵攻围之。未合而城自坏者十丈。襄子击金而退之。军吏谏曰："君诛中牟之罪，而城自坏，是天助我，何故去之？"襄子曰："吾闻之叔向曰：'君子不乘人于利，不迫人于险。'使之治城，城治而后攻之。"中牟闻其义，乃请降。

老子说："不善人，善人之资也。"
《淮南子·道应训》讲了一位楚国将军爱惜贤才的故事：

楚将子发好求技道之士。楚有善为偷者，往见曰："闻君求技道之士。臣偷也，愿以技赍一卒。"子发闻之，衣不给带、冠不暇正，出见而礼之。左右谏曰："偷者，天下之盗也，何为之礼！"君曰："此非左右之所得与。"后无几何，齐兴兵伐楚。子发将师以当之，兵三却。楚贤良大夫皆尽其计而悉其诚，齐师愈强。于是市偷进请曰："臣有薄技，愿为君行之。"子发曰："诺。"不问其辞而遣之。偷则夜解齐将军之帱帐而献之，子发因使人归之。曰："卒有出薪者，得将军之帷，使归之于执事。"明又复往，取其枕，子发又使人归之。明日，又复往取其簪。子发又使归之。齐师闻之，大骇。将军与军吏谋曰："今日不去，楚军恐取吾头。"乃还师而去。

在《淮南子》的众多篇章中，《淮南子·览冥训》中一个片段经常被人们引用：

鲁阳公与韩构难，战酣日暮，援戈而挥之，日为之反三舍。
夫全性保真，不亏其身，遭急迫难，精通于天。

淮南子因谋反事败落得被逼自尽的悲惨结局。然而，在民间传说中，他炼成长生不老药，吃下后在大白天飞升上天。在升天途中，淮南子在兴奋之际扔下装着长生不老药的容器。结果，他家的鸡犬在吃下仙丹后随他一起升天。这是"一人得道，鸡犬升天"一语的原型。

第二部分

两汉

公元前 200 年—公元 200 年

第1章

秦始皇焚书及杂文家

接下来的这个时期极好地见证了中国文学史立于世界之林的独特之处,即文学和国家历史的紧密联系。

分封制度日渐式微,宗主国和诸侯国的联系随之减弱,导致这种联系最终不复存在。此种社会状态成就秦王嬴政,即秦始皇的功业。公元前221年,在逐渐消灭和吞并其他六个诸侯国后,强秦的统治者统一了全中国,始称皇帝。在风雨中飘摇了八百多年的周王朝成为历史,曾经的分封制度土崩瓦解。

此等巨变在发生前绝不是毫无端倪。秦统一中国四十多年前的一天,一位叫苏代的说客向赵惠王谏言停止讨伐燕国。根据《战国策·燕策二》,苏代说:"今者臣来,过易水,蚌方出曝,而鹬啄其肉,蚌合而拑其喙。鹬曰:'今日不雨,明日不雨,即有死蚌。'蚌亦谓鹬曰:'今日不出,明日不出,即有死鹬。'两者不肯相舍,渔者得而并禽之。今赵且伐燕,燕、赵久相支以弊大众,臣恐强秦之为渔父也。故愿王之熟计之也。"惠王曰:"善。"乃止。

在很多方面,秦始皇堪称伟大。在短暂的称帝期间,他大力推动社会文明的发展。然而,他的一道政令让他遗臭万年并遭人唾弃。只要中国人仍然崇尚知识和文明,他的这一臭名就不会消失。公元前213年,

秦始皇

秦始皇的宠臣李斯提出一个非凡的计划以永久处理缴获自各国的古籍，并且让历史从秦始皇统一时重新书写。除了秦朝官方藏书、秦国国史、医药、卜筮、农作之书，私人收藏的文艺哲学诸子百家之书都被付之一炬。拒不交出私藏图书的人，将被"黥为城旦"①。焚书坑儒一经提出就立即被有力执行。数不尽的珍贵图书消失殆尽，要不是儒生们冒死收

---

① 额头或脸上刺字，白天守城，晚上筑城，刑期四年。

藏，儒家教义也将一并消失。儒生们以各种形式保存数量众多的儒家经典。这样，在过了一个世纪重新被世人发现后，人们仍能比较完整地阅读圣贤的著作。然而，当时，由于被发现私藏图书，很多儒生以忤逆罪招致杀身之祸。受害者数量如此巨大，使他们的埋葬之地当年冬天就长出瓜果。

李斯亦是一介文人，曾首创风行几个世纪的小篆字体。下面引文选自他反驳驱逐客卿的一篇著作《谏逐客书》：

> 臣闻地广者粟多，国大者人众，兵强则士勇。是以泰山不让土壤，故能成其大；河海不择细流，故能就其深；王者不却众庶，故能明其德。是以地无四方，民无异国，四时充美，鬼神降福，此五帝、三王之所以无敌也。

公元前210年，秦始皇驾崩，他最小的儿子秦二世胡亥也于公元前207年驾崩。从此，秦朝寿终正寝。经过几年的争斗，皇位最终落到一位秦时小吏刘邦的手中，从此辉煌的大汉王朝得以建立。今天，为纪念汉朝，中国人，特别是中国北方人以汉族人自居，中国的语言即汉语。

西汉王朝建立后，中国进入比较和平的时期。一股强大的力量聚集起来试图缓解文化领域在秦代遭受的重创。这场运动被给予额外的动力，全因在秦始皇统治时期书写工具经历了巨大的变化。秦国将军蒙恬除了会领兵打仗，还发明了毛笔。直到公元1世纪，蔡伦发明造纸术，笨拙的竹简和刻刀被遗弃，绢布和丝绸在西汉时期被当作文具广泛使用。有人提出当时还曾出现墨水的雏形，即砖屑和水的混合物。无论当时的情形怎样，汉字的形式因使用不同书写材料发生相应的变化。

西汉王朝统治时期，人们重新发现在秦始皇统治时期逃过劫难的图书。孔子的十世孙孔安国将精力投入到研究遗失经典的工作中。《春秋》一书从孔府旧宅的墙壁中复得。后来,孔安国为《春秋》做注。此外,他抄录了自古以来大多数版本的《春秋》,定为五十八篇,谓之《古文尚书》。此外,他还为《论语》和《孝经》做注,著成《古文孝经传》《论语训解》等书。

晁错被人们称作"智囊"。事实上,他作为文人的成就可能不及他在政治方面的建树。后人对他的政论散文评价极高。他的政论散文也保存至今。他提过抗击匈奴的策略,恳求利用边疆的部落"以蛮夷攻蛮夷,中国之形也"。

在《言兵事疏》中,他写下"虽然,兵,凶器;战,危事也。以大为小,以强为弱,在俯仰之间耳"。

孔安国

晁错

在《论贵粟疏》一文中,他如此写道:

> 民贫,则奸邪生。贫生于不足,不足生于不农,不农则不地着,不地着则离乡轻家。民如鸟兽,虽有高城、深池、严法、重刑,犹不能禁也。

> 夫寒之于衣,不待轻暖;饥之于食,不待甘旨;饥寒至身,不顾廉耻。人情,一日不再食则饥,终岁不制衣则寒。夫腹饥不得食,肤寒不得衣,虽慈母不能保其子,君安能以有其民哉!明主知其然也,故务民于农桑,薄赋敛,广畜积,以实仓廪,备水旱,故民可得而有也。

对每位中国学生来说，李陵是个耳熟能详的名字。作为一位将领，他仅带领八百人马进攻匈奴，并且胜利返回。随后，他得到提拔，并且被派遣再次抗击匈奴。李陵这次仅带五千步兵深入匈奴境内，在浚稽山遭遇匈奴单于率领的三万人马的围攻。弹尽粮绝后，李陵率领的军队终因寡不敌众被迫投降。听闻此事，汉武帝大怒。随后，风闻李陵用操练汉军的方法操练匈奴士兵，汉武帝竟下令斩杀李陵的母亲、妻子和孩子。李陵在匈奴生活了二十多年直到去世，并且受到匈奴单于的赏识。匈奴单于还将自己的女儿嫁给李陵为妻。

作为背叛者，李陵经常跟同时期的爱国者苏武相提并论。苏武在匈奴有着神奇的际遇。出使匈奴的西汉使者被匈奴人扣留，作为报复，西

汉武帝

汉王朝也扣留了匈奴使者。不过，新单于继位后下令释放所有被关押的西汉使者。于是，公元前100年，为了和平的使命，苏武被朝廷派出，负责送回曾被西汉王朝扣押的匈奴使者。不料，在苏武完成出使任务，准备返回时，匈奴上层发生内乱。苏武一行受到牵连被扣押，并且被要求背叛西汉王朝，臣服单于。当时，苏武试图自尽，并且重伤自己以致昏迷多时。醒来后，他徒手杀死一位西汉叛徒。匈奴人见苏武拒不投降，便将他投进地牢且不给他吃喝。为活下去，苏武硬是将毡毯上的毡毛和着天上飘下的雪一起吞下充饥，几日不死。匈奴人认为这很神奇，就将苏武流放到北海①边没有人烟的地方牧羊。过了几年，单于派李陵带着丰厚的礼物前往北海劝降苏武，但这仍是徒劳，苏武依然丝毫不为所动。汉昭帝继位后，西汉王朝与匈奴和解，关系修好。公元前86年，西汉王朝找寻苏武等人，匈奴谎称苏武已死。但一位曾与苏武一同出使匈奴的手下想法见到西汉使者，教他对单于说，西汉天子射得一只大雁，脚上系着帛书，上书苏武等人在北海。单于听后十分惊讶，遂将苏武释放。汉昭帝六年，即公元前81年，在匈奴被扣十九年后，苏武返回故土。当初，苏武壮年出使，回来时已须发皆白。

据传在分别时，李陵与苏武曾互赠诗歌，这些诗歌收录在他们各自的传记中。不过，有人质疑李陵所作诗歌的真实性。12世纪的杰出学者洪迈曾提过此等质疑，认为《与苏武三首》诗中出现的"盈觞"之"盈"字犯了汉惠帝的讳，这在当时应属禁忌语，但苏武所作诗歌没有受到此等质疑。苏武还曾给他的妻子写过《留别妻》，承诺"生当复来归，死当长相思"。但李陵的《答苏武书》是李陵与苏武的故事中最广为人知的，也是后世学子们再熟悉不过的故事。苏轼曾质疑《答苏武书》的真实性，但近代学者林西仲对这种看法不以为然。他认为这封信

---

① 据史学家考证，匈奴囚禁苏武的北海应为甘肃省民勤县境内的白亭海。北海或为白海之误。

苏武牧羊

李陵与苏武泣别

中的哀恸之情足以惊天地泣鬼神，不太可能由他人写出。对这个论断，大家可以自行感受。下面是《答苏武书》的全文：

子卿足下：

　　勤宣令德，策名清时，荣问休畅，幸甚，幸甚。远托异国，昔人所悲，望风怀想，能不依依！昔者不遗，远辱还答，慰诲勤勤，有逾骨肉，陵虽不敏，能不慨然？

　　自从初降，以至今日，身之穷困，独坐愁苦。终日无睹，但见异类。韦韝毳幕，以御风雨，膻肉酪浆，以充饥渴，举目言笑，谁与为欢？胡地玄冰，边土惨裂，但闻悲风萧条之声。凉秋九月，塞外草衰，夜不能寐。侧耳远听，胡笳互动，牧马悲鸣，吟啸成群，边声四起。晨坐听之，不觉泪下。嗟乎，子卿！陵独何心，能不悲哉！

　　与子别后，益复无聊。上念老母，临年被戮；妻子无辜，并为鲸鲵；身负国恩，为世所悲，子归受荣，我留受辱，命也如何！身出礼义之乡，而入无知之俗，违弃君亲之恩，长为蛮夷之域，伤已！令先君之嗣，更成戎狄之族，又自悲矣！功大罪小，不蒙明察，孤负陵心区区之意。每一念至，忽然忘生。陵不难刺心以自明，刎颈以见志，顾国家于我已矣，杀身无益，适足增羞，故每攘臂忍辱，辄复苟活。左右之人，见陵如此，以为不入耳之欢，来相劝勉。异方之乐，祇令人悲，增忉怛耳。

　　嗟乎，子卿！人之相知，贵相知心。前书仓卒未尽所怀，故复略而言之。昔先帝授陵步卒五千，出征绝域，五将失道，陵独遇战。而裹万里之粮，帅徒步之师，出天汉之外，入强胡之域，以五千之众，对十万之军，策疲乏之兵，当新羁之马。

然犹斩将搴旗，追奔逐北，灭迹扫尘，斩其枭帅，使三军之士视死如归。陵也不才，希当大任，意谓此时，功难堪矣。

匈奴既败，举国兴师，更练精兵，强逾十万。单于临阵，亲自合围。客主之形，既不相如；步马之势，又甚悬绝。疲兵再战，一以当千，然犹扶乘创痛，决命争首。死伤积野，余不满百，而皆扶病，不任干戈。然陵振臂一呼，创病皆起，举刃指虏，胡马奔走；兵尽矢穷，人无尺铁，犹复徒首奋呼，争为先登。当此时也，天地为陵震怒，战士为陵饮血。单于谓陵不可复得，便欲引还，而贼臣教之，遂使复战，故陵不免耳。

昔高皇帝以三十万众，困于平城。当此之时，猛将如云，谋臣如雨，然犹七日不食，仅乃得免。况当陵者，岂易为力哉？而执事者云云，苟怨陵以不死。然陵不死，罪也。子卿视陵，岂偷生之士而惜死之人哉？宁有背君亲、捐妻子，而反为利者乎？然陵不死，有所为也，故欲如前书之言，报恩于国主耳。诚以虚死不如立节，灭名不如报德也。昔范蠡不殉会稽之耻，曹沫不死三败之辱，卒复勾践之仇，报鲁国之羞。区区之心，窃慕此耳。何图志未立而怨已成，计未从而骨肉受刑。此陵所以仰天椎心而泣血也。

足下又云："汉与功臣不薄。"子为汉臣，安得不云尔乎！昔萧、樊囚絷，韩、彭菹醢，晁错受戮，周、魏见辜，其余佐命立功之士，贾谊、亚夫之徒，皆信命世之才，抱将相之具，而受小人之谗，并受祸败之辱，卒使怀才受谤，能不得展。彼二子之遐举，谁不为之痛心哉！陵先将军，功略盖天地，义勇冠三军，徒失贵臣之意，到身绝域之表。此功臣义士所以负戟而长叹者也，何谓"不薄"哉？

且足下昔以单车之使，适万乘之虏，遭时不遇，至于伏剑不顾,流离辛苦,几死朔北之野。丁年奉使,皓首而归,老母终堂,生妻去帷,此天下所希闻,古今所未有也。蛮貊之人尚犹嘉子之节,况为天下之主乎?陵谓足下当享茅土之荐,受千乘之赏,闻子之归,赐不过二百万,位不过典属国,无尺土之封,加子之勤。而妨功害能之臣尽为万户侯,亲戚贪佞之类悉为廊庙宰。子尚如此,陵复何望哉?

且汉厚诛陵以不死,薄赏子以守节,欲使远听之臣望风驰命,此实难矣,所以每顾而不悔者也。陵虽孤恩,汉亦负德。昔人有言:"虽忠不烈,视死如归。"陵诚能安,而主岂复能眷眷乎?男儿生以不成名,死则葬蛮夷中,谁复能屈身稽颡,还向北阙,使刀笔之吏弄其文墨邪!愿足下勿复望陵。

嗟乎,子卿,夫复何言?相去万里,人绝路殊。生为别世之人,死为异域之鬼,长与足下,生死辞矣!幸谢故人,勉事圣君。足下胤子无恙,勿以为念。努力自爱。时因北风,复惠德音。李陵顿首。

《三字经》这本最知名蒙学著作中的一位励志典型是生活在公元前1世纪,叫路温舒的西汉司法官。路温舒的父亲是一位监狱看守,家境贫穷。小时候,他的父亲让他放羊,他就用河边的蒲草编成席子抄书。从自己抄写的书中,路温舒学得不少知识,并且最终成材。起初,路温舒在狱中担任小吏。从此,他开始学习律令。由于不断地学习,他不久即被提拔为狱史。随后,他的才华得到前来视察的太守的赏识,遂将他再次提拔。经过多次官场起伏,最终他官拜临淮太守,并且政绩突出。后来,路温舒死于任上。公元前67年,路温舒向朝廷上呈知名的《尚德缓刑书》。如下内容节选自这篇文章:

臣闻秦有十失，其一尚存，治狱之吏是也。秦之时，羞文学，好武勇，贱仁义之士，贵治狱之吏，正言者谓之诽谤，遏过者谓之妖言，故盛服先生不用于世，忠良切言皆郁于胸，誉谀之声日满于耳，虚美熏心，实祸蔽塞，此乃秦之所以亡天下也。方今天下赖陛下恩厚，亡金革之危、饥寒之患，父子夫妻戮力安家，然太平未洽者，狱乱之也。

夫狱者，天下之大命也，死者不可复生，绝者不可复属。《书》曰："与其杀不辜，宁失不经。"今治狱吏则不然，上下相殴，以刻为明，深者获公名，平者多后患。故治狱之吏皆欲人死，非憎人也，自安之道在人之死。是以死人之血流离于市，被刑之徒比肩而立，大辟之计岁以万数，此仁圣之所以伤也。太平之未洽，凡以此也。夫人情安则乐生，痛则思死。棰楚之下，何求而不得？故囚人不胜痛，则饰辞以视之；吏治者利其然，则指道以明之；上奏畏却，则锻练而周内之。盖奏当之成，虽咎繇听之，犹以为死有余辜。何则？成练者众，文致之罪明也。是以狱吏专为深刻，残贼而亡极，媮为一切，不顾国患，此世之大贼也。故俗语曰："画地为狱，议不入；刻木为吏，期不对。"此皆疾吏之风，悲痛之辞也。故天下之患，莫深于狱；败法乱正，离亲塞道，莫甚乎治狱之吏。此所谓一尚存者也。

臣闻乌鸢之卵不毁而后凤凰集；诽谤之罪不诛而后良言进。故古人有言："山薮藏疾，川泽纳污，瑾瑜匿恶，国君含诟。"唯陛下除诽谤以招切言，开天下之口，广箴谏之路，扫亡秦之失，尊文、武之德，省法制，宽刑罚，以废治狱，则太平之风可兴于世，永履和乐，与天亡极。天下幸甚！

刘向

　　刘向乃西汉宗室。步入仕途后，刘向以搜罗奇闻逸事取悦皇帝，使龙颜大悦。汉元帝时，由于弹劾当权的宦官外戚，刘向两度下狱，后被贬为庶人，闲居十余年。汉成帝继位后，刘向被再次起用，遂得以为《春秋穀梁传》做注。此外，他还编辑并整理了历史著作《战国策》，写过不少政论文和诗词歌赋，编纂成《列女传》——中国文学史第一部介绍妇女事迹的传记性史书。

　　刘向的儿子刘歆聪明好学，年少时通习《诗》《书》，后与其父一道整理古籍，其中最突出的成就是整理出今文《易经》，确立了《易经》在六艺中的首要地位。另外，他还整理《春秋左氏传》，并且肯定《左传》的价值在《公羊传》《穀梁传》之上。刘歆受诏与父亲刘向领校天禄阁秘书，即负责整理校订国家收藏的图书。据称，他和父亲刘向一道发现并重新编辑了《逸礼》，即《仪礼》十七篇以外的古文《礼经》。

扬雄是西汉最著名的辞赋家。他年少好学，却不循规蹈矩，博览群书，无所不读。相传扬雄严重口吃，却爱静默思考。扬雄曾提议在孟子的性善论和荀况的性恶论之间选定中庸的道德标准，教导人们人性非善非恶，而是二者的混合，是环境决定着善恶孰轻孰重。为光大《易

扬雄

经》，他作《太玄经》；为弘扬《论语》，他著《法言》。扬雄的这两本著作约成书于公元1年到公元6年，《法言》是扬雄最著名的著作。相传在《法言》成书之际，当地一位富商惊闻并感慨《法言》的妙笔，愿出十万银求扬雄在书中提及自己的姓名。这位富商这样做还有一个原因，即扬雄一直生活贫苦。扬雄却嘲讽自己宁作一只被关在笼子里的动物，也不愿为钱财将富人的名字写进神圣的书里。在写作比《易经》更艰深的《太玄经》时，扬雄的学生刘歆觉得扬雄的文字在当时几乎没人能懂，曾经讥笑扬雄在做无用功，并且说扬雄写的《太玄经》无用，其纸张将来只能被后人撕来好作糊酱缸的盖子。对此，《汉书·扬雄传》中记载"空自苦！今学者有禄利，然尚不能明《易》，又如《玄》何？吾恐后人用覆酱瓿也"。

除了写一些诗赋，扬雄的著作还涉及针灸、音乐、哲学。他的《方言》是中国第一部比较方言词汇的重要著作。本章开始处提及的宋代重要文学家洪迈曾在《容斋随笔》中质疑了扬雄的作者身份，并且提出几点理由。不过，现在此等质疑已经消失殆尽，学界一致认为扬雄是《方言》的作者无疑。

王充，东汉哲学家、思想家、文学批评家，在世时即得到广泛关注。相传，他家贫无书，经常逛洛阳集市上的书店，并且对那里卖的书，能过目成诵。于是，他精通了百家之言。《论衡》是王充仅存的传世之作。该书题材涉及广泛，共计八十五篇。在这些文章中，他反对经年的错误观念，甚至质疑和批评孔孟儒学中的糟粕。王充逐渐成长为一名唯物主义思想家，他认为灵魂不可能在死后存在，亦不会对活人产生任何影响。如果身体消殒，那么灵魂这种与生命相生的现象也随之消失。他进一步辩称如果人类的灵魂不朽，那么动物的灵魂也同样不朽。我们身处的空间将无法为世世代代存在过的数不尽的人和动物的灵魂提供充足的空间。

马融是东汉著名经学家，当世通儒。马融儒学造诣高深，他的学生约有千余人。马融首创在书页旁加注的印刷图书方式。为达此目的，他启用双栏排版的更小字体。根据这种排版方法，唐代的另一位评论家才能辨识出一本双栏排版的《道德经》的真伪。最后，这本双栏排版的《道德经》被证实是公元前2世纪的文人河上公的注解版。

蔡邕好饮酒的习惯为他赢得"醉龙"的绰号。他的主要成就是主持将《五经》刻在石碑上。蔡邕书法造诣很高，并且亲自用红笔将经文写在共计四十六块石碑上。工人刻好后，这些石碑被矗立在太学门

蔡邕

外,这是中国第一部石经"熹平石经"。目前,中国仍然存有这些石刻的残片。

马融的众多高足中最知名的当属郑玄。郑玄是儒家经典注释者中的最高产者。他生而为学,甚至连他家的女奴受到文化的熏陶,经常在日常对话中引用《诗经》中的语句。郑玄嗜酒,据传他曾在聚会中有喝过三百杯酒不醉的惊人纪录,这或许跟中国古人酒杯很小仅够盛一小口酒有关。另一则故事或许是谣传,因敬重他的威望,当时的叛逆分子在郑玄的请求下竟没有袭击郑玄的家乡山东高密。根据《后汉书·郑玄传》,公元200年春,郑玄梦见孔子对他说:"起、起,今年岁在辰,来年岁在巳。"醒来后,他很不高兴,认为自己不久于人世。这一年,袁绍与曹操的大军在官渡会战。袁绍为壮声势,争取民心和声望,叫儿子

曹操

袁绍

袁谭逼迫郑玄随军。郑玄无奈，只好抱病而行。走到元城，即今河北大名县境内，郑玄病势加重，不能继续行走。公元200年6月，郑玄病逝于大名县内，享年七十四岁。

以上众多文人著作等身，要将他们一一详尽介绍给读者是件很难做到的事。虽然他们在各自的学术领域内徜徉，但都属于儒家，即为儒家经典做注。对西方人来说，为经典做的注释不能完全称为文学。但中国人十分重视对经典的阐释和注解，使一些著名的注解文人能在孔庙中享有一席之地，受后人膜拜。

第 2 章

两汉诗歌

公元前2世纪伊始,诗歌创作在很大程度上受到《离骚》的影响,并且产生一批具有代表性的诗人,如贾谊、东方朔、刘向……这些诗人都遵循屈原开创的伟大诗风。但随后,由于受到日渐成形的古典思潮的影响,诗人们更愿仿效《诗经》,并且以写出《诗经》风格的诗歌为伟大目标。这类诗歌一行四个、五个或者七个音步。司马相如是西汉著名的辞赋家,曾与新寡的卓文君私奔而成就一段后世的爱情佳话。司马相如因作《子虚赋》得到汉武帝赏识,并且得到重用。不过,司马相如的作品存世不多。

枚乘在司马相如辞赋的基础上形成自己的辞赋风格[①]。相传他是第一位发掘出五言诗之美的文学家,并且被认为是近体诗的鼻祖。枚乘的五言作品现已证实可能非他所作。事实上,枚乘的许多优秀诗歌仍存于世[②]:

---

① 枚乘于汉武帝初年去世,他主要生活在汉文帝和汉景帝时期,是汉初汉赋创作大家,司马相如的名篇多为汉武帝时期创作。翟理斯认为司马相如对枚乘的影响值得商榷。
② 枚乘的五言作品现已证实非他所作。事实上,枚乘仅有三篇辞赋《七发》《梁王菟园赋》《忘忧馆柳赋》存世。如下所引的两首诗均出自《古诗十九首》。

青青河畔草，郁郁园中柳。
盈盈楼上女，皎皎当窗牖。
娥娥红粉妆，纤纤出素手。
昔为倡家女，今为荡子妇。
荡子行不归，空床难独守。

涉江采芙蓉，兰泽多芳草。
采之欲遗谁，所思在远道。
还顾望旧乡，长路漫浩浩。
同心而离居，忧伤以终老。

　　汉文帝刘恒是汉高祖刘邦的第四子，其母薄姬。公元前180年，刘恒登基，成为西汉王朝第三位皇帝。刘恒在位二十多年，政通人和。他亦是古代二十四孝中的大孝子，曾为服侍病床上的母亲三年不换衣衫。此外，他还是一位有为的学者，死后的谥号"文"恰当地概括了他的文学成就。父亲刘邦死后，刘恒创作了悼亡诗。诗中文采足以印证他的文学成就。

　　汉文帝的文学盛名受到孙子刘彻的挑战。汉武帝刘彻是西汉王朝第五位皇帝，也是一位十分热爱文学创作的帝王。刘彻十分重视音乐在国家庆典中的重要作用，并且确立祭祀天地的形式。受到当时伟大的历史学家、天文学家司马迁的影响，刘彻革新了旧的纪年方式，从而确立确切的纪年方式。刘彻的部将带领西汉军队挥戈进入中亚地区，将匈奴人牵制多年。虽然执政有方，但刘彻私下痴迷道家思想中的玄幻之术，常差遣江湖术士炼制长生不老药。下面的《秋风辞》显示了刘彻在诗歌方面的造诣：

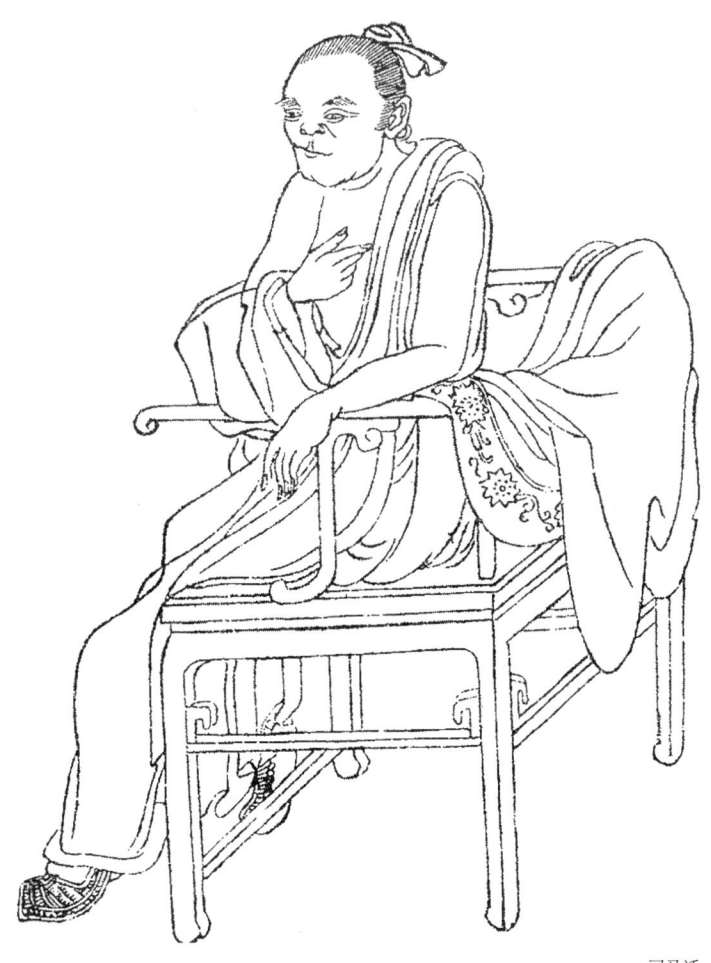

司马迁

秋风起兮白云飞,草木黄落兮雁南归。
兰有秀兮菊有芳,怀佳人兮不能忘。
泛楼船兮济汾河,横中流兮扬素波。
箫鼓鸣兮发棹歌,欢乐极兮哀情多。
少壮几时兮奈老何!

下面的诗行选自《李夫人赋》，是刘彻为祭奠逝去的宠妾李夫人而作，抒发了他对李夫人的眷恋：

忽迁化而不反兮，魄放逸以飞扬。
何灵魂之纷纷兮，哀裴回以踌躇。
势路日以远兮，遂荒忽而辞去。
超兮西征，屑兮不见。
浸淫敞怳，寂兮无音。
思若流波，怛兮在心。

公元前1世纪出现很多诗作，但其中很多作品的作者今天已经无从知晓。这些作品中的不少诗句透出有趣又独特的想象，如《古诗十九首》中的：

生年不满百，常怀千岁忧。

下面这首同时期诗歌选自《古诗十九首》，其作者同样不可考。

驱车上东门，遥望郭北墓。
白杨何萧萧，松柏夹广路。

两汉时期，中国的女性开始登上文学殿堂。班婕妤曾因美貌及文采很受汉成帝刘骜的喜爱。为能与班婕妤时刻形影不离，刘骜特命人制作一辆较大的辇车以便同车出游，但此举遭到班婕妤的反对。她说看古代留下的图画，圣贤之君都有名臣在侧。夏、商、周三代的末主夏桀、商纣、周幽王，才有宠妃坐在他们旁边。最后，这三位末主落到国亡身

班婕妤

毁的境地。如果帝王和妃子同车出进，那么这种行为与古代暴君的行为相似，能不令人凛然而惊吗？但自从赵飞燕姐妹入宫后，班婕妤受到刘骜的冷落。随后，班婕妤呈给汉成帝刘骜一把扇子。当时，扇子被称作"火帘"，通常用竹子做成圆形或椭圆形的边框，扇面一般是丝绸。这把扇子上面誊写着如下诗句：

新裂齐纨素，鲜洁如霜雪。
裁为合欢扇，团团似明月。

出入君怀袖，动摇微风发。
常恐秋节至，凉飙夺炎热。
弃捐箧笥中，恩情中道绝。

这些诗被称作《团扇歌》。自此，"秋凉团扇"便与失宠女子联系起来，进入汉语。

第 3 章

史学著作与辞典编纂

公元前145年，"历史之父"司马迁诞生。十岁时，司马迁已经能诵习古文。二十岁时，他开始外出游历。公元前110年，司马迁的父亲司马谈去世，司马迁接替其父司马谈出任太史令。投入大量时间和精力革新纪年后，司马迁继承其父司马谈未完成的遗志，撰写万古流芳的《史记》。该书记录了上古时期到公元前100年的中国历史，共一百三十篇，分为记载历代帝王政绩的十二本纪、记载国家大事的十表、记录各种典章制度记礼、乐、音律、历法、天文、封禅、水利、财用的八书、记录诸侯国和汉代诸侯及勋贵兴亡的三十世家、记录三千年内重要人物言行事迹的七十列传。据统计，这部巨作的字数达五十二万六千五百余字。要知道这么多字都是在竹简上一个个刻出来的。之前，中国并没有一部真正意义上的通史。事实上，《史记》之前的所有史书都是遵循《春秋》体例编纂的断代史。

正因为有了史书，古代中国各个朝代的历史得以记录下来。正因为司马迁开创的通史范例，各个朝代得以记录其历史的方方面面。公元1747年出版的《二十四史》，将中国历代所著正史合在一起，共计二百一十九册。此举令世界其他国家难望其项背。

下面例子摘自司马迁所作《史记》：

第一个例子摘自《八书·平准书》：

　　汉兴，接秦之坏，丈夫从军旅，老弱转粮饷，作业剧而财匮，自天子不能具钧驷，而将相或乘牛车，齐民无藏盖。于是为秦钱重难用，更令民铸钱，一黄金一斤，约法省禁。而不轨逐利之民，蓄积馀业以稽市物，物踊腾粜，米至石万钱，马一匹则百金。

　　天下已平，高祖乃令贾人不得衣丝乘车，重租税以困辱之。孝惠、高后时，为天下初定，复弛商贾之律，然市井之子孙亦不得仕宦为吏。量吏禄，度官用，以赋于民。而山川园池市井租税之入，自天子以至于封君汤沐邑，皆各为私奉养焉，不领于天下之经费。漕转山东粟，以给中都官，岁不过数十万石。

　　至孝文时，荚钱益多，轻，乃更铸四铢钱，其文为"半两"，令民纵得自铸钱。故吴，诸侯也，以即山铸钱，富埒天子，其后卒以叛逆。邓通，大夫也，以铸钱财过王者。故吴、邓氏钱布天下，而铸钱之禁生焉。

　　匈奴数侵盗北边，屯戍者多，边粟不足给食当食者。于是募民能输及转粟于边者拜爵，爵得至大庶长。

　　孝景时，上郡以西旱，亦复修卖爵令，而贱其价以招民；及徒复作，得输粟县官以除罪。益造苑马以广用，而宫室列观舆马益增修矣。

　　至今上即位数岁，汉兴七十馀年之间，国家无事，非遇水旱之灾，民则人给家足，都鄙廪庾皆满，而府库馀货财。京师之钱累巨万，贯朽而不可校。太仓之粟陈陈相因，充溢露积于外，至腐败不可食。众庶街巷有马，阡陌之间成群，而乘字牝者傧而不得聚会。守闾阎者食粱肉，为吏者长子孙，居官者以为姓号。故人人自爱而重犯法,先行义而后绌耻辱焉。当此之时,网疏而民富,役财骄溢,或至兼并豪党之徒,以武断于乡曲。宗室有土公卿大夫以下,争于奢侈,室庐舆服僭于上,无限度。物盛而衰,固其变也。

自是之后,严助、朱买臣等招来东瓯,事两越,江淮之间萧然烦费矣。唐蒙、司马相如开路西南夷,凿山通道千馀里,以广巴蜀,巴蜀之民罢焉。彭吴贾灭朝鲜,置沧海之郡,则燕齐之间靡然发动。及王恢设谋马邑,匈奴绝和亲,侵扰北边,

匈奴人

兵连而不解，天下苦其劳，而干戈日滋。行者赍，居者送，中外骚扰而相奉，百姓抏敝以巧法，财赂衰耗而不赡。入物者补官，出货者除罪，选举陵迟，廉耻相冒，武力进用，法严令具。兴利之臣自此始也。

第二个例子摘自《三十世家·孔子世家》：

《诗》有之："高山仰止，景行行止。"虽不能至，然心向往之。余读孔氏书，想见其为人。适鲁，观仲尼庙堂、车、服、礼器，诸生以时习礼其家，余祗回留之不能去云。天下君王至于贤人众矣，当时则荣，没则已焉。孔子布衣，传十馀世，学者宗之。自天子王侯，中国言六艺者折中于夫子，可谓至圣矣！

第三个例子摘自《十二本纪·秦始皇本纪》：

九月，葬始皇郦山。始皇初即位，穿治郦山，及并天下，天下徒送诣七十馀万人，穿三泉，下铜而致椁，宫观百官奇器珍怪徙臧满之。令匠作机弩矢，有所穿近者辄射之。以水银为百川江河大海，机相灌输，上具天文，下具地理。以人鱼膏为烛，度不灭者久之。二世曰："先帝后宫非有子者，出焉不宜。"皆令从死，死者甚众。葬既已下，或言工匠为机，臧皆知之，臧重即泄。大事毕，已臧，闭中羡，下外羡门，尽闭工匠臧者，无复出者。树草木以象山。

司马迁《史记》一书记录的历史止于公元前100年。记载《史记》

班超

之后的历史是另一位学者班彪的人生目标,但在他有限的生命中,没能得偿所愿。班彪的儿子班固博学多才,遂子承父愿,续写西汉历史。没承想班固遭人举报"私改作国史"被投进监狱。他的弟弟班超上朝求情,班固终被释放。出狱后,班固继续著史。然而,班固没等《汉书》完成又因卷入政治旋涡二度入狱。这次班固没能活着出狱。汉和帝刘肇令班固的妹妹班昭续写汉书,班昭曾一直协助哥哥班固撰写史书。正是由于班昭的付出,《汉书》的编撰大约在公元80年大功告成。由于王莽篡权,在历史上,汉朝分为西汉和东汉。因此,班固、班昭编写的《汉书》又被称作《前汉书》。班昭作品存世七篇,《东征赋》和《女诫》等对后世有很大影响。

辞书编撰对后世中国的影响巨大。据传最早的辞书编撰者是知名学者许慎。步入官场后不久,许慎告假归家,从此一心著书立说。他对《五经》有很深的研究,著有《五经异义》以勘正五经混乱。该书常被后世治经学者、注疏家们引以为据,并且对后世经学发展产生重大影响。真正使许慎为后世铭记的著作是《说文解字》。该书收字九千三百五十三个,重字一千一百六十三个,合计一万零五百一十六字。许慎细致地分析了上万个汉字的字形,创立了以"六书"分析小篆构形的理论。《说文解字》是中国第一部系统分析汉字字形和考究字源的字书,也开创词源学研究的先河。《说文解字》首创汉字部首,全书共分部首五百四十个。通过分析字形,《说文解字》肯定字的性质和类型,并且说明文字义形音三种要素和三者的密切关系。《说文解字》对每个字先解说其意,次说形体,后说读音,全书以"六书"为书例,统全书文字。

第 4 章

佛教文学

佛教传入中国后对中国文学产生巨大影响。

早在公元前217年,有书记载佛教使徒室利房一行曾来到中国。秦始皇带着疑惑接见了这批人,最后决定将他们投进大牢。据说,在晚上,浑身散发金光的人将他们释放。此后,佛教在中国历史消失。东汉明帝刘庄某晚梦见一个身高六丈,头顶放光的金人自西方而来,在宫殿飞绕。大臣们解释东汉明帝刘庄梦到的是西方的佛。于是,汉明帝刘庄派遣一个使团出使西域,拜求佛经佛法。公元67年,这个后来由十八人组成的使团成功返回,并且带回两位来自西域的佛教圣僧——迦叶摩腾和竺法兰。在当时的国都洛阳,这两位圣僧安顿下来,并且着手翻译《四十二章经》。不久,迦叶摩腾去世,但佛法的种子已经播下,道教最有力的对手形成。

公元2世纪末,另一位印度高僧①来到长安定居,翻译了《妙法莲花经》,简称《法华经》。此时,佛教庙宇已经遍布中国。公元4世纪初,初入佛门的弟子们按规矩领受戒律,各处庙宇向他们敞开大门。

公元399年,法显开始从中国腹地向印度跋涉。他的目标是求取印度本土的佛教戒律、瞻仰佛像及佛教遗迹。与他同行的人要么半路返回,

---

① 《法华经》的译者是鸠摩罗什(344—413),此处公元2世纪末来到中国的说法有误。

法显参观阿育王宫殿遗址

要么遭遇不测。到达印度时,法显只剩一位同伴。不过,这位同伴最终选择留在印度,而不是随法显一同回国。在游历了摩揭陀、巴特纳、贝拿勒斯,菩提伽耶等众多佛教圣地,并且完成取经任务后,法显带着经书乘坐商船返航,后在今斯里兰卡上岸。在斯里兰卡,法显转乘另一艘商船到爪哇。法显乘坐的商船沿途多次遇上凶险,但都化险为夷。最终,法显在山东登陆,此时已经是公元414年。

　　法显西去求经的经历见于他所著的《佛国记》。这本存世的游记作品文笔晦涩难懂。他的旅行线路已经被证实,书中记述的地点几乎都已经被甄别。下面文字描述了戈壁沙漠的恐怖景象,这类地方在他们旅途中无法避开:

> 沙河中多有恶鬼、热风,遇则皆死,无一全者。上无飞鸟,下无走兽。遍望极目,欲求度处,则莫知所拟,唯以死人枯骨为标帜耳。

菩提伽耶是法显旅途中一个十分重要的目的地。在《佛国记》中，他对该地做如下记载：

> 从此西行四由延，到伽耶城，城内亦空荒。复南行二十里，到菩萨本苦行六年处，处有林木。从此西行三里，到佛入水洗浴，天按树枝得攀出池处。又北行二里，得弥家女奉佛乳糜处。从此北行二里，佛于一大树下石上，东向坐食糜。树、石今悉在，石可广、长六尺，高二尺许。中国寒暑均调，树木或数千岁，乃至万岁。
>
> 从此东北行半由延，到一石窟。菩萨入中，西向结跏趺坐。心念："若我成道，当有神验。"石壁上即有佛影现，长三尺许，今犹明亮。时天地大动，诸天在空中白言："此非过去、当来诸佛成道处，去此西南行，减半由延，贝多树下，是过去、当来诸佛成道处。"诸天说是语已，即便在前唱导，导引而去。菩萨起行，离树三十步，天授吉祥草，菩萨受之。复行十五步，五百青雀飞来，绕菩萨三匝而去。菩萨前到贝多树下，敷吉祥草，东向而坐。时魔王遣三玉女从北来试，魔王自从南来试，菩萨以足指按地，魔兵退散，三女变老。自上苦行六年处，反此诸处，后人皆于中起塔立像，今皆在。佛成道已七日，观树受解脱乐处；佛于贝多树下东西经行七日处。诸天化作七宝台供养佛七日处；文鳞盲龙七日绕佛处；佛于足拘律树下方石上东向坐，梵天来请佛处；四天王奉钵处；五百贾客授麨蜜处；度迦叶兄弟师徒千人处，此诸处亦起塔。"

在《佛国记》中，斯里兰卡被称作"狮子国"。在历史上，斯里兰卡曾被称作僧伽罗国，是一位建立了这一王国商人的名字：

> 其国本无人民，正有鬼神及龙居之。诸国商人共市易，市易时，鬼神不自现身，但出宝物，题其价直，商人则依价直直取物。因商人来、往、住故，诸国人闻其土乐，悉亦复来，于是遂成大国。其国和适，无冬夏之异，草木常茂，田种随人，无有时节。

与此同时，天竺的鸠摩罗什来到中国，成为中国佛教史的四大译经家之一。公元405年到公元412年，鸠摩罗什主持译经馆，带领八百信众集中翻译佛教经典。此外，鸠摩罗什还著有《实相论》，翻译过《金刚经》，后者对中国知识分子阶层的影响比任何佛教典籍都巨大。古代的诗人和哲学家多从其书中寻得灵感和训诫，可以说《金刚经》已经成为一部重要经典。以下两处分别摘自《金刚经》中《第五品·如理实见分》和《第十九品·法界通分分》：

> "须菩提！于意云何？可以身相见如来不？"
> "不也，世尊！不可以身相得见如来。何以故？如来所说身相即非身相。"
> 佛告须菩提："凡所有相皆是虚妄。若见诸相非相，即见如来。"

> "须菩提！于意云何？若有人满三千大千世界七宝以用布施，是人以是因缘得福多不？"
> "如是，世尊！此人以是因缘得福甚多。"
> "须菩提！若福德有实，如来不说得福德多。以福德无故，如来说得福德多。"

菩提达摩

公元520年,菩提达摩,即达摩祖师来到中国并受到热情接待。菩提达摩本是南印度的一位王子,他告诫人们佛不是从书本中寻到,而是从内心深处感受到的。菩提达摩抵达中国前,僧人宋云刚被派去印度求取更多佛经。宋云在坎大哈逗留两年,后带回一百七十五册大乘佛经。

公元629年,玄奘为同样的目的启程西行。途中,玄奘游历了众多佛

第 4 章 佛教文学

教圣地。公元645年,玄奘返回长安,带回六百五十七本佛经,以及众多佛像和一百五十多个佛舍利。回来后,玄奘用余下的时间致力于翻译佛经。同法显一样,玄奘将西行经历写进了自己的著作《大唐西域记》。

不多时就要讲述唐代文学的盛况,彼时佛教已经盛行。虽然也有反对和迫害,但佛教仍然被证实深深影响了广大中国民众。

第三部分

汉末魏晋南北朝时期

公元 200 年—公元 617 年

第1章

汉末魏晋南北朝时期的诗歌与散文

对中国文学的成长和发展,公元200年到公元617年并不十分重要。这一时期的历史充斥着数不尽的纷争和内战,使这一时期少了太多典籍学习的闲趣,以及文人墨客附庸风雅的活动。然而,在这一时期,不朽的作品和伟大的作者依然争相涌现。

公元196年到公元220年见证了东汉王朝统治力量的极速衰落。因此,这一时期被认为是东汉王朝统治的黑暗时期。不过,这一时期出现的七位文人在中国文学史上熠熠生辉,这七位文人史称"建安七子"。"建安七子"中的徐幹著有政论性作品《中论》,曾被人误解为翻译自龙树菩萨的《中论》。现将徐幹的作品《室思》摘录如下:

> 浮云何洋洋,愿因通我辞。
> 飘摇不可寄,徙倚徒相思。
> 人离皆复会,君独无还期。
> 自君之出矣,明镜暗不治。
> 思君如流水,何有穷已时。

"建安七子"中的孔融是孔子第二十世孙。孔融年幼时是一个很聪

孔融

明的孩子。十岁时，他随父亲前往洛阳，想拜会当时正处在政治生涯巅峰期的名士李膺。但由于以宾客的身份无法获许入内，孔融就对守门人说他是李膺的亲戚，遂准许入内。李膺见了便问他是自己什么亲戚。孔融答道："我的祖先孔子曾经向你的祖先老子请教过礼节。因此，你的祖先是我的祖先的老师，我们应该是世交了。"李膺听后，对孔融的聪明机智赞不绝口。不过，一位叫陈韪的宾客却说："小时了了，大未必佳。"孔融立刻反驳说："想君小时，必当了了。"步入官场后，孔融曾官拜山东的北海太守，但因触怒曹操而惨遭杀害，并且株连全家。孔融性情豪迈，喜好宾客。《后汉书·孔融传》记载，孔融曾说："座上客常满，樽中酒不空，吾无忧矣。"

下面是孔融诗歌的节选：

> 远送新行客，岁暮乃来归。
> 入门望爱子，妻妾向人悲。
> 闻子不可见，日已潜光辉。
> 孤坟在西北，常念君来迟。
> 褰裳上墟丘，但见蒿与薇。
> 白骨归黄泉，肌体乘尘飞。
> 生时不识父，死后知我谁。
> 孤魂游穷暮，飘摇安所依。
> 人生图嗣息，尔死我念追。
> 俯仰内伤心，不觉泪沾衣。
> 人生自有命，但恨生日希。

"建安七子"中还有王粲，一位十分博学的文人。虽然身逢乱世，但王粲依然靠其诗名著称。世人评论中国诗歌都透着忧郁。这或许有几分真实。中国诗人偏爱书写生死别离、疾患不止、前途茫茫等主题。王粲的哀怨诗作与他的人生变故有很深的联系。王粲曾遭政治势力迫害，被逼离开在都城的家而逃难。为此，他曾写道：

> 豺虎方遘患。

逃难途中，王粲发现：

> 出门无所见，白骨蔽平原。

他还撞见一位十分饥饿的妇女由于找不到食物哺育幼子而将其遗弃在杂草中。来到大河边，落日的景象启发王粲写下以下诗句：

山冈有余映，岩阿增重阴。
狐狸驰赴穴，飞鸟翔故林。
流波激清响，猴猿临岸吟。
迅风拂裳袂，白露沾衣襟。
独夜不能寐，摄衣起抚琴。
丝桐感人情，为我发悲音。

但音乐也抹不去他对家人和朋友的想念，如在《七哀诗三首》中：

子弟多俘虏，哭泣无已时。
天下尽乐土，何为久留兹。
蓼虫不知辛，去来勿与谘。

最后这一句诗，王粲描述了长期的战争和迁徙已经使人民习惯这种困苦的生活。

"建安七子"中还有应玚。他曾在生命行将结束时，作《别诗》两首。

据鱼豢在《魏略》中的记载，"建安七子"中的刘桢在曹丕席上平视曹丕之妻甄氏。曹操闻之治其大不敬之罪，后免死改服劳役。"建安七子"还有陈琳和阮瑀。

除了前述的"建安七子"，这一时期著名的文人还有曹操及其第三个儿子曹植。在中国历史上，曹操有着举足轻重的地位。曹操的父亲曹嵩是宦官曹腾的养子，曹腾历侍四代皇帝，声名显赫。年轻时，曹操任

曹丕

性好侠、放荡不羁。二十岁前,他被举孝廉,入京都洛阳为郎,后在平定黄巾起义中立下战功。此后,曹操的势力一步步扩大,先后消灭长江中下游以北各方割据势力,统一中国北方大部分地区。曹操成了东汉末年实际的掌权者,他将女儿曹节嫁与汉献帝刘协,曹节被封为皇后。曹操被认为是乱世枭雄,逆贼奸臣。他的军队由于人数众多而闻名,据称最多时其麾下共有百万将士。曹操还因治军严明著称。一次行军途中,曹操传令部下不得使战马践踏麦地,如有违犯,一律斩首。士兵皆下马步行,唯恐踏坏麦苗,但曹操自己的战马由于受到惊吓踏进麦田。他立

即拔剑割下自己一撮头发,以示处罚,足见其执法严明。下面选自曹操的诗作《短歌行》:

对酒当歌,人生几何!譬如朝露,去日苦多。
慨当以慷,忧思难忘。何以解忧?唯有杜康。

曹操死后,中国进入三国鼎立时期。有关这个时期的故事记录在一本我们之后将提到的书中。曹操的儿子曹丕自称魏国皇帝,使曹操另一个儿子曹植处在一个比较尴尬的境地,成为被猜忌和厌恶的对象。曹植十

曹植

岁时便擅长写作，曹操一度以为曹植的文章是请人代笔写成的。曹植通过当面作诗写赋让所有疑虑烟消云散，更令曹操对他另眼相看。

东晋名士谢灵运曾有一句名言："天下才共一石，曹子健独得八斗，我得一斗，自古及今共用一斗。"人尽皆知的故事是曹植为免遭杀身之祸，在兄长曹丕的威胁下七步成诗。这是著名的《七步诗》及其背后的故事：

> 煮豆持作羹，漉豉以为汁。
> 萁在釜下然，豆在釜中泣。
> 本自同根生，相煎何太急。

曹植的另一首诗《君子行》中包含的生活哲理，仍然被中国人广泛使用：

> 君子防未然，不处嫌疑间。
> 瓜田不纳履，李下不整冠。
> 嫂叔不亲授，长幼不比肩。
> 和光得其柄，劳谦甚独难。

公元3世纪，另一组闻名于世的诗人也刚好七人。这七人还组成一个小团体，后人称"竹林七贤"。"竹林七贤"中的刘伶嗜酒如命，曾宣称对一个好酒者，"俯观万物，扰扰焉，如江汉之载浮萍"。他希望有位仆人能带着酒跟着自己，另一位仆人扛着锹。这样，他醉死后能立即被就地掩埋。一次，迫于妻子的恳求，刘伶答应戒酒，但他要求妻子准备好祭祀的酒肉。一切就绪，刘伶跪在神像前说："天生我刘伶，酒是我的命。一次喝一斛，五斗消酒病。妇人之言辞，千万不能听。"说完,他拿起酒肉吃喝起来,颓然醉倒。刘伶好老庄之学,曾因一篇赞颂无为而治的另类文章被相中为官。下面文字选自他的《酒德颂》,深度展示了他的老庄思想:

　　有大人先生,以天地为一朝,万期为须臾,日月为扃牖,八荒为庭衢。行无辙迹,居无室庐,幕天席地,纵意所如。止则操卮执瓢,动则挈榼提壶,唯酒是务,焉知其余?

　　有贵介公子,搢绅处士,闻吾风声,议其所以。乃奋袂攘襟,怒目切齿,陈说礼法,是非锋起。

　　先生于是方捧罂承槽、衔杯漱醪;奋髯踑踞,枕麴藉糟;无思无虑,其乐陶陶。兀然而醉,豁尔而醒。静听不闻雷霆之声,熟视不见太山之形,不觉寒暑之切肌,利欲之感情。俯观万物扰扰焉,如江汉之载浮萍;二豪侍侧焉,如蜾蠃之与螟蛉。

"竹林七贤"中的嵇康是一位俊美的青年,身长七尺七寸,其妻乃曹魏宗室。他喜欢研究炼金术,时常在自家院子的柳树下打铁,在音乐和诗歌方面挥洒才情,或者仅仅练习追求长生的呼吸吐纳之法。由于对一位同样爱好炼金术的皇子大不敬,嵇康被诬陷为一位危险的叛徒,并且招致杀身之祸。不过,更可信的说法是嵇康得罪权贵,因好友吕安的案件受牵扯被诬陷降罪。当时,三千多名太学生联名上书请求不要杀掉嵇康,让他到太学当老师,甚至不少名士甘愿陪嵇康一起坐牢。但最终,嵇康在平静地看过落日残阳和演奏完钟爱的《广陵散》后,毫无惧色地坚毅赴死。

　　向秀曾尝试炼制丹药。他为《庄子》一书做的注释被人盗走,偷盗者即我们前面提过的郭象。

竹林七贤

阮咸放达任情不拘礼节，但精通音律、善弹琵琶。他和他叔叔都穷困潦倒，住在路南。其他阮姓人住在路北，并且都很富有。七月七日，路北的阮姓人大晒衣服，都是绫罗绸缎。阮咸用竹竿在庭院中挂了一条粗布做的犊鼻形状的裤子。有人对他的做法感到奇怪，他答道："我也不能免俗，姑且这样应付一回罢了！"

阮籍是阮咸的叔父，也是一位音乐家。他弹的乐器后世称作"阮"。不过，"阮"其实是阮咸的简称，相传因阮咸善弹此乐器得名。阮籍曾踏入仕途，官位不低，还曾因别处的厨子有名而与其交换官职。阮籍是位有名的孝子，他甚至因母亲去世恸哭过度以致吐血。当时，嵇康的哥哥嵇喜前来致哀，但由于嵇喜在朝为官，是阮籍眼中的礼法之士，所以嵇喜被阮籍所不齿。于是，阮籍不管守丧期间应有的礼节，给嵇喜一个大白眼。后来，嵇康带着酒、夹着琴前来，阮籍大喜，马上由白眼转为青眼。阮籍最知名的作品是其政治讽喻诗，共三十八首，每首十二诗行。诗中暗示十分隐晦。如果不参照注释，那么读者很难辨识出其中的讽刺意味。不过，在当时动荡的政治环境下，高度的隐晦不失为一种自保的良方。

王戎可以用肉眼直视太阳而不觉头晕目眩。山涛是一位道家思想的追随者，被王戎形容为"如璞玉浑金"。

下面介绍的这位生活在东晋时代的诗人在中国人尽皆知。这位诗人是陶潜，即陶渊明。陶渊明年少时家境贫困，二十岁时入仕谋生。但他本性并不适合官宦生活。他一心所求的，用他自己的话说是"悠悠迷所留，酒中有深味"。由于反感接待上级领导的繁文缛节，陶渊明仅在任八十三天便辞官，即"不为五斗米折腰"。"五斗米"应该是当时他的官职能为他带来的俸禄。随后，陶渊明归隐田园，一心沉醉于充满诗歌、音乐和鲜花的生活中，特别是菊花与陶渊明的诗紧紧联系在一起。他辞官后，对诗意生活的追求离不开他妻子的支持。经常是他的妻子在

陶渊明

后院劳作,他在前院饮酒作诗。他的辞赋《归去来兮辞》记述了他辞官之事。从作品风格来看,这篇赋实乃汉语诗赋中的极品。

> 归去来兮,田园将芜,胡不归!既自以心为形役,奚惆怅而独悲!悟已往之不谏,知来者之可追,实迷途其未远,觉今是而昨非。
> 舟摇摇轻飏,风飘飘而吹衣。问征夫以前路,恨晨光之熹

微。乃瞻衡宇，载欣载奔。僮仆欢迎，稚子候门。三径就荒，松菊犹存。携幼入室，有酒盈樽。引壶觞以自酌，眄庭柯以怡颜。倚南窗以寄傲，审容膝之易安。园日涉以成趣，门虽设而常关。策扶老以流憩，时矫首而遐观。云无心以出岫，鸟倦飞而知还。景翳翳以将入，抚孤松而盘桓。

归去来兮！请息交以绝游。世与我而相遗，复驾言兮焉求？悦亲戚之情话，乐琴书以消忧。农人告余以春及，将有事于西畴。或命巾车，或棹孤舟。既窈窕以寻壑，亦崎岖而经丘。木欣欣以向荣，泉涓涓而始流。善万物之得时，感吾生之行休。

已矣乎！寓形宇内复几时，曷不委心任去留？胡为乎遑遑欲何之？富贵非吾愿，帝乡不可期。怀良辰以孤往，或植杖而耘耔。登东皋以舒啸，临清流而赋诗。聊乘化以归尽，乐夫天命复奚疑！

《桃花源记》描绘的世外仙境得到很多中国文人的钟爱，并且是世人皆知的主题。这篇文章描绘武陵渔人在溪行迷路后误入桃花源，离开后试图重新寻回这一仙境而不得的故事。

林尽水源，便得一山，山有小口，仿佛若有光。便舍船从口入。初极狭，才通人。复行数十步，豁然开朗。土地平旷，屋舍俨然，有良田、美池、桑竹之属，阡陌交通，鸡犬相闻。其中往来种作，男女衣着，悉如外人。黄发垂髫，并怡然自乐。

桃花源内生活的人告诉打鱼人他们的祖先为躲避五个世纪前，即秦始皇统治期间的战乱避世于此，由于不复出去便与世隔绝。渔人沿路返

陶渊明采菊东篱下

回后,将他的经历广而告之。后来,当地太守遣人与他一道寻此神奇之地,但最终失败而返。陶渊明大概借着桃花源追忆昔日青壮年时期的一段美好时光。

钟嵘认为陶渊明是"古今隐逸诗人之宗"。苏轼评论陶渊明道:"欲仕则仕,不以求之为嫌;欲隐则隐,不以去之为高。饥则扣门而乞食,饱则鸡黍以迎客。古今贤之,贵其真也。"

陶渊明的诗歌多关乎政治,并且暗示一些被现在的人们遗忘的事件。这些诗歌的优美词句及其传递的思想受到广大中国人的追捧,如他的众多饮酒诗,必然被后世编撰者或评论者给予深度评论:

山气日夕嘉,飞鸟相与还。
此中有真意,欲辨已忘言。

下面的诗文选自陶渊明的一篇随性之作《拟古·其五》：

东方有一士，被服常不完。
三旬九遇食，十年著一冠。
辛勤无此比，常有好容颜。
我欲观其人，晨去越河关。
青松夹路生，白云宿檐端。
知我故来意，取琴为我弹。
上弦惊别鹤，下弦操孤鸾。
愿留就君住，从今至岁寒。

鲍照是一位入仕的诗人，并且在公元466年的一次叛乱中遭到杀害。他的很多诗歌被后人保存下来，下面诗句节选自《代陈思王京洛篇》：

凤楼十二重，四户八绮窗。
绣桷金莲花，桂柱玉盘龙。
珠帘无隔露，罗幌不胜风。
宝帐三千所，为尔一朝容。
扬芬紫烟上，垂彩绿云中。
春吹回白日，霜歌落塞鸿。
但惧秋尘起，盛爱逐衰蓬。
坐视青苔满，卧对锦筵空。
琴瑟纵横散，舞衣不复缝。
古来共歇薄，君意岂独浓。
惟见双黄鹄，千里一相从。

萧衍

公元502年登上皇位的梁朝开国皇帝萧衍是一位虔诚的佛教教徒，食素并日食一顿。公元527年、公元529年、公元546年和公元547年，萧衍曾先后四次穿上袈裟出家。他著有佛诗《十喻诗》，并且严格践行"不杀生"的原则。在祭祀时，他用面粉做的牛羊代替祭祀用的牲口。下面的短诗选自萧衍的《十喻诗·幻诗》：

挥霍变三有，恍惚随六尘。
兰园种五果，雕案出八珍。
对见不可信，熟视事非真。
空生四岳想，徒劳七识神。
着幻是幻者，知幻非幻人。

隋炀帝杨广

这一时期另一位知名诗人是生活在公元6世纪到公元7世纪的薛道衡。他曾因做得一手好诗开罪隋炀帝杨广，被后者降罪处死。他流传最广的诗句其实不是他的作品，但真实作者无从知晓。据说，为给聚会助兴，薛道衡即兴创作此句：

入春才七日，离家已二年。

一位在场的南方人随即嘲笑这两句，直到薛道衡写下后两句：

人归落雁后，思发在花前。

傅奕是隋朝的官员，后成为唐太宗李世民统治时期的史官。傅奕偏爱道教，曾编撰《古本老子》。与此同时，他强烈反对佛教。上文提到的萧衍后代萧瑀就反佛一事质问傅奕。傅奕对曰："萧瑀非出于空桑，乃遵无父之教。"傅奕甚至提议僧侣尼姑结为夫妻，不但可以杜绝僧尼逃避赋税，而且可以富国强兵。傅奕进一步说明，萧瑀为佛教辩护只能说明萧瑀并不比僧侣好多少，"臣闻非孝者无亲，其瑀之谓矣"。萧瑀被傅奕批驳得张口结舌，无言以对，最后一合双手，说地狱正是为傅奕这样的人设立的。结果在短期内，佛教僧众活动受到严格限制。有一位

唐太宗李世民

从西域来的和尚擅长咒术。他念起咒语能让人立即死去,再念咒语能让人活过来。如此让人死去活来,轰动了天下,甚至连唐太宗李世民也感到莫名其妙。李世民将这件事告诉傅奕,傅奕斩钉截铁地说:"这是邪术。您让他来给我念咒语,一定不会成功。"果然,在两人的较量中,西域僧人的把戏被揭穿。傅奕还始创墓志,由于他曾给自己撰写墓志:

傅奕,青山白云人也。因酒醉死,呜呼哀哉!

王绩生性高傲、嗜酒,曾因醉酒失去官职。据说,王绩酒量惊人,世人称其为五斗先生。清醒时,他曾写过不少优美的诗文,现在读来依然令人心旷神怡。在《醉乡记》中,他曾记述自己前往醉酒之乡的经历,笔调深沉,风格延续畅游奇幻境地的惯常写作方式:

醉之乡,去中国不知其几千里也。其土旷然,无涯,无丘陵阪险;其气和平一揆,无晦明寒暑;其俗大同,无邑居聚落;其人甚精,无爱憎喜怒。吸风饮露,不食五谷。其寝于于,其行徐徐,鸟兽鱼鳖杂处,不知有舟车器械之用。

昔有黄帝氏尝获游其都,归而窅然丧其天下,以为结绳之政已薄矣。降及尧、舜,作为千钟百壶之献,因姑射神人以假道,盖至其边鄙,终身太平。禹、汤立法,礼繁乐杂,数十代与醉乡隔。其臣羲和,弃甲子而逃,冀臻其乡,失路而道夭,故天下遂不宁。至乎末孙桀、纣,怒而升其糟丘,阶级千仞,南向而望,卒不见醉乡。武王得志于世,乃命公旦立酒人氏之职,典司五齐,拓土七千里,仅与醉乡达焉。故四十年刑措不用。下逮幽、厉,迄乎秦、汉,中国丧乱,遂与醉乡绝,而臣下之爱道者,往往窃至焉。

阮嗣宗、陶渊明等数十人并游于醉乡，没身不返，死葬其壤，中国以为酒仙云。

嗟乎，醉乡氏之俗，岂古华胥氏之国乎？其何以淳寂也如是。今余将游焉，故为之记。

本章将以隋朝第二位皇帝杨广结尾。前面介绍诗人薛道衡时，我曾提及隋炀帝杨广。在先后害死哥哥杨勇和父亲杨坚后，杨广于公元604年

杨坚

登上皇位。隋炀帝的统治以骄奢淫逸、政治腐败闻名。隆冬时节，他曾命人给皇宫里的树配上丝绸的花和叶子。为给他提供足够的羽毛垫子，鸟类几近灭绝。公元618年，杨广，这位算不上文学守护人的统治者遭到暗杀。杨广曾派遣一百多位学者编撰过经学、文学及其他方面的著作。在杨广统治时期，科举考试在公元606年确立。

第 2 章

汉末魏晋南北朝时期的经学

在传统经学领域，皇甫谧在这一时期的学者中有着重要地位。虽然皇甫谧早期务农为生，但通过勤奋努力学习，他最终成为一名出色的学者，并且以著书为业。虽然身患风湿，但他书不离手，专心投入，以致废寝忘食，时人谓之"书淫"。一次，皇甫谧向晋武帝司马炎借书。虽然此前皇甫谧曾多次拒绝皇帝的征官邀请，但这次，晋武帝司马炎竟然送他一车书。皇甫谧创作了大量散文、诗歌及一些重要的传记作品。他的《玄晏春秋》是为《春秋》一书做的注解[①]。实际上，皇甫谧最突出的成就体现在医学方面，人称"针灸鼻祖"。

孙叔然因对儒家经典做的注释闻名，他对《尔雅》做的注解《尔雅音义》影响巨大。

公元289年，荀勖去世。他曾协助新建立的西晋王朝制定律令，也曾主导整理宫内藏书的工作，并且编成《中经新簿》。这部书整理自河南汲郡古墓中发现的古文竹书。荀勖曾写过《上穆天子传序》，并且在音乐方面也有所成就。

郭象卒于公元312年。他将毕生精力致力于研究老庄哲学，并且为《庄子》作注。据传，他的谈话如流水般气势雄壮、滔滔不绝。

---

① 此系作者的误解，其实该书是皇甫谧仿《春秋》体例所作的一本自传。

郭璞

　　郭璞于公元324年去世，是一位享有盛名的学者。除了曾编撰过数部重要的经书，他还是道教教义的积极拥护者。此外，郭璞还因创立风水学闻名，特别是墓地占卜，风水知识至今仍在中国各地广泛使用。另外，郭璞还精于天文学、占卜、历算等。

　　范晔因著《后汉书》名垂青史。公元445年，他因参与叛乱遭到处决。这部著作主要记载上起汉光武帝刘秀建武元年，即公元25年，下迄汉献帝建安二十五年，即公元220年，一百九十六年的东汉王朝史。

沈约也是一位著名学者。其父曾为淮南太守，但在公元453年惨遭处决。沈约还因此事躲避了很长一段时间。虽然贫穷，但沈约学习十分刻苦，他常常利用晚上复习白天学到的内容。其母担心他的身体，只好限制他的灯油。步入官场后，沈约逐步身居高位，但因身体问题早早退休。不过，沈约载誉而归。私底下，沈约因为左眼长有两个瞳孔显得十分特别。此外，他滴酒不沾，生活异常朴素。他曾编写过晋、南朝刘宋、萧齐等朝代的历史，编成《晋书》《宋书》《齐纪》等历史著作，是知名历史学家。此外，他还曾著《四声谱》，其"四声八病"说为后来近体诗的产生奠定了基础。梁武帝萧衍有一天问他："来告诉我，你这四声是什么？"沈约答道："陛下，您想让四声是什么它们便是什么。"沈约十分巧妙地选择了四个字，清楚地阐释了关于四声的问题。

萧统是梁朝开国皇帝萧衍的长子，但先其父而亡。据说在五岁前，萧统就已经熟读经书。因此，他有很强的文学天分，特别擅长诗词创作。长相俊美、风度翩翩、待人和蔼并忍耐克己，萧统简直人见人爱。公元527年，他为母亲侍疾，衣不解带直至母亲去世。守孝期间，他悲切欲绝，饮食俱废。萧衍几次下旨劝逼，萧统才勉强进食。但萧统仍然只肯吃水果、蔬食。他本来身体健壮，但守丧出服后，他已经羸瘦不堪。他身边聚集了一大批有学识的知识分子。他的行宫还建有一座大型的藏书馆。萧统性本爱山水，不好音乐。他经常与一帮文人朋友泛舟后湖，但拒奏女乐。这与当时好奢的风气格格不入。公元526年，由于爆发与北魏的战争，京城粮价大涨，萧统命令东宫人员减衣缩食。他一生行善无数且一直秘不示人，仅让信得过的手下找寻灾民并分发物资。他甚至捐空自己的衣柜赈济灾民。为埋葬死者，他花费巨大。此外，他还强烈反对征集劳力兴建公共工程。萧统极其尊敬自己的父亲萧衍，即使在死前一刻，他为隐藏自己的病情，还向父亲萧衍写信。人们至今仍然记得他，不光是因为他的品行，更多是因为他在文学领域内做出的全新尝试。他死前一年，即公元530元，由他主持编撰的《文选》完成，这是中国现存最早的一部汉语诗文总集，史称《昭明文选》。这部文选主要收录诗文辞赋，只有少数赞、论、序、述被认为是文学作品，一般不收经、史、子等学术著作。

这个时期开启的思想风气被持续发扬，一直波及现代，史称"魏晋风骨"。这个时代的著作也被不时地翻印，许多可能被埋没的图书也因这个时代得以保存。法显的《佛国记》就是一个很好的例证。

第四部分

唐代

公元 618 年—公元 907 年

第1章

唐 诗

在中国人心目中，唐朝总是与爱情、战争、富饶、文化、精致等词联系在一起，或许还有轻浮、奢靡、放荡等词。但事实上，唐代对后世最重要的影响还是诗歌。中国诗歌的最高成就体现在唐朝统治的二百九十年间创作的诗歌，并且所有保存下来的诗歌都是后世诗人模仿的典范。

现代文学批评家认为中国诗歌始于《诗经》，发展自《离骚》，到唐朝达到繁盛。汉魏时期虽然产生过一些优秀作品，但从总体上来说，汉魏诗歌体裁的丰富性无法弥补其语言表达方面的不足。

1707年，《全唐诗》编校完毕。《全唐诗》收录唐诗四万八千九百余首，共计九百多卷，目录十二卷。人们倾向于将唐诗分成三个时期，即初唐、盛唐、晚唐，其依据是分别体现在各个时期诗歌中唐朝社会发展、繁盛、衰败的状况。另外，还有人在盛唐和晚唐之间插入一个中唐。于是，唐代诗歌共分为四个时期。事实上，从汉代开始，汉字的语域逐渐缩小并趋于固定，其字形也更具辨识度和更加优美。从此，自由想象和表达的种子播下，语音也更流畅，更具音乐美。这一切似乎都为语言艺术服务。汉语诗歌更像一颗很难剥开的坚果，因为它一般是一行五个或者七个单音的节字，没有其他语言的屈折、黏着、语法指示等变化。因此，汉语诗歌句子间的联系只能通过逻辑、上下文，或是句式体现。除了韵律，诗人还受到语调限制。为方便作诗，所有汉字都归为两个声调，即平声和仄声。它们组合起的作用如同拉丁诗歌中的扬抑抑格、扬扬格、扬抑格或者抑抑扬格的作用。结果是在汉语诗歌中，正常的词序常常服从于语调的要求，这为读者理解诗意带来困难。一首五言律诗的常用格律如下：

仄仄平平仄
平平仄仄平
平平平仄仄
仄仄仄平平

这种声调效果显著，特别给人悦耳动听的感觉。此类声调排列还能弥补汉语诗歌在韵律方面的不足，如两千五百多年前的《诗经》中很多诗歌都没有押韵。因此，在韵律方面，汉语诗歌的刻意而为与拉丁诗歌中的阿尔凯奥斯诗体一样。但在一流的作品中，音韵的刻意而为是隐而不见的。语调和韵律的障碍甚至变成优势，并且成就许多优秀作品。不少作品能帮助学习者理解诗中常见难题，其第一要义得到全面表达，似乎再多的解释都显得多余。实际上，作汉语诗的第一要义即是舍弃常用形式，舍弃常见思想，舍弃常用措辞，舍弃常用词语，舍弃常用韵律。

中国人不太喜欢长诗，在汉语文学中没有史诗这种体裁，即使有些诗的长度达到几百行。精炼是中国诗的灵魂，一首诗的价值不在于它表达了什么而在于它想表达什么。这点跟中国画的思想一致，意境才是艺术家追求的终极目标。这些都跟印象主义的理论不谋而合。理想的中国诗长度是十二行，即使在20世纪初，中国学校文学考试中诗歌仍以此为限。中国人认为如果一个诗人不能在限定的空间内表达完自己想表达的,那么他想表达的也没有表达的必要了。八行诗和四行诗也很受欢迎,特别是四行诗因其创作的高难度被称作"绝句"。绝句创作的高难度主要是指其诗意的突转。虽然有些诗的思路已经暗示给读者,但诚如人们所说,"言有尽,意无穷"。实际上,四行诗早在汉代就已经出现,但直到唐代,四行诗的艺术成就才登峰造极。虽然只有二十个或者二十八个字,但绝句这种体例还是有其固定格式,诗人要在这四句诗中先起、再承、再转、后合,谓之起承转合。其中,第三句往往被认为是最难写的一句,有些诗人甚至最先写出这句。第四句要出奇,即要有一个结局。

下面的绝句诗《秋夜》,来自一位较早时期的匿名作者:

一夜秋声傍海多,五更寒色早来过。
自然羁旅肠堪断,况复猜嫌被网罗。

接下来,我们将目光转向唐代诗人。唐代诗人数目庞大,我们只能从中选取一少部分具有代表性的诗人。首先,进入我们视线的诗人是王勃。王勃自幼聪明好学,六岁会赋诗,十六岁应幽素科试及第,授职朝散郎,担任沛王府修撰。王勃曾作《斗鸡檄》一文,但唐高宗认为这篇文章意在挑拨英王和沛王,钦命将王勃赶出沛王府并逐出长安。随后,王勃利用闲暇时间创作了大量优秀诗作。作诗前,他从不刻意构思,而是备好笔墨后开始饮酒,喝醉后倒头便睡。睡醒后,王勃提笔作诗,且一字不改。因此,王勃被后人形容成写诗不易一字,即说明他的草稿已经是最好的作品。王勃因赋得好诗收到许多贵重的丝绸礼物,时人说王勃是"用头脑来纺织"。下面诗句摘自他的《滕王阁诗》:

> 滕王高阁临江渚，佩玉鸣鸾罢歌舞。
> 画栋朝飞南浦云，珠帘暮卷西山雨。
> 闲云潭影日悠悠，物换星移几度秋。
> 阁中帝子今安在？槛外长江空自流！

此时，另一位著名诗人陈子昂的成名还带有一丝轰动效应。据传，陈子昂第二次落第后某天，在集市上碰到一个人卖胡琴，索价百万，豪贵围观，莫敢问津。陈子昂挤进人群，出高价买下。次日，陈子昂在长安宴请豪贵，捧琴感叹，他身上携带的诗文比这把琴更可贵，说完即碎琴并向在场众人遍发诗文。在《感遇诗三十八首·其十九》中，陈子昂陈述自己反对佛教的崇拜偶像，其中的"先知"包含一切儒家文化中引人膜拜的圣人：

> 圣人不利己，忧济在元元。
> 黄屋非尧意，瑶台安可论？
> 吾闻西方化，清净道弥敦。
> 奈何穷金玉，雕刻以为尊？
> 云构山林尽，瑶图珠翠烦。
> 鬼工尚未可，人力安能存？
> 夸愚适增累，矜智道逾昏。

身为朝廷官员，陈子昂的治理能力曾因一个英明决断广泛流传。某人由于杀死自己的杀父仇人被捕入狱。最终，陈子昂判那人死刑。不过，与此同时，陈子昂还向那人所在村庄送去一块牌匾，称颂其孝道。

人们对宋之问行事多有不齿。一次游洛阳龙门，武后命群臣赋诗，左史东方虬诗先成，武后赐锦袍。随后，宋之问的《龙门应制》诗成奉

宋之问

上,"文理兼美,左右称善"。武后夺走赏赐东方虬的锦袍并转赐给宋之问。下面是宋之问的一首诗《和赵员外桂阳桥遇佳人》:

江雨朝飞洒细尘,阳桥花柳不胜春。
金鞍白马来从赵,玉面红妆本姓秦。
妒女犹怜镜中发,侍儿堪感路傍人。
荡舟为乐非吾事,自叹空闺梦寐频。

孟浩然并没有在年少时展现出多高的文学天分。科举考试失利后,孟浩然回到山林归隐。日后,孟浩然成为一流诗人,其诗作受到人们追

孟浩然

捧。公元727年,孟浩然来到京城长安。某天,他正与当时著名诗人王维谈话,却适逢唐玄宗李隆基到访。孟浩然慌忙躲起来,但王维出卖了他,告诉李隆基孟浩然的下落。结果成就孟浩然和唐玄宗的一次会面。下面是孟浩然的一首诗《夏日南亭怀辛大》:

  山光忽西落,池月渐东上。
  散发乘夕凉,开轩卧闲敞。
  荷风送香气,竹露滴清响。
  欲取鸣琴弹,恨无知音赏。
  感此怀故人,终宵劳梦想。

王维除了是一位诗人,还是一位画家。王维早年曾有积极的政治抱负，后来由于政局变化无常逐渐消沉下来。四十多岁时，王维开始过着半官半隐的生活，吃斋念佛、参禅悟理。王维写过一首送别孟浩然的诗《送别》，当时孟浩然要回归山林继续过隐居生活：

下马饮君酒，问君何所之？
君言不得意，归卧南山陲。
但去莫复问，白云无尽时。

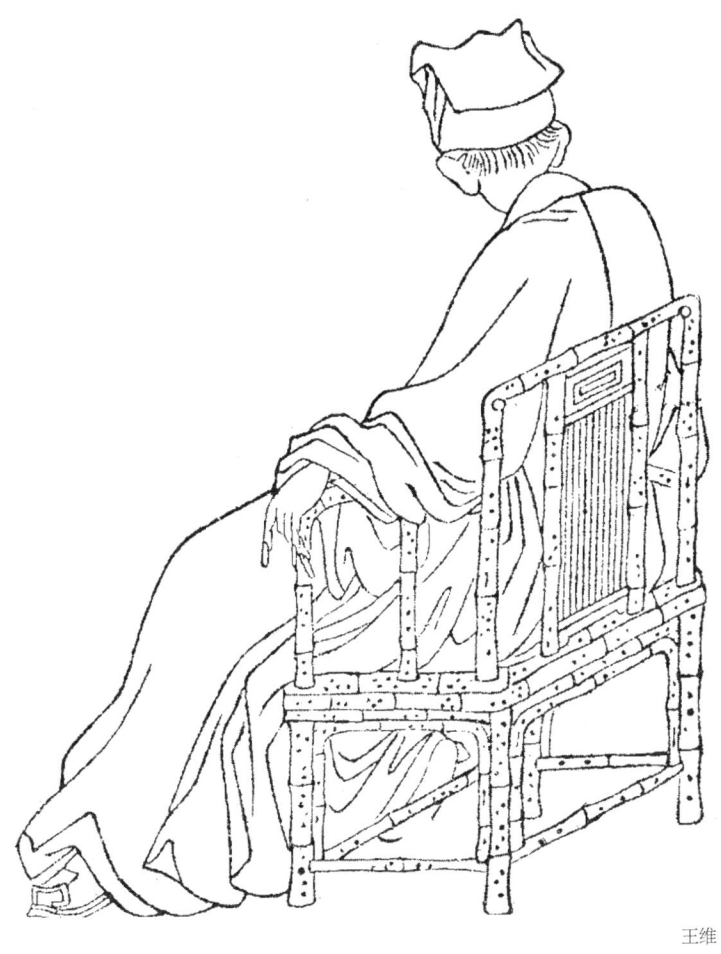

王维

同样是送别的题材,《竹里馆》被认为是典型的绝句:

独坐幽篁里,弹琴复长啸。
深林人不知,明月来相照。

王维诗在其生前及后世,都享有盛名。《新唐书》本传称王维"名盛于开元、天宝间,豪英贵人虚左以迎,宁、薛诸王待若师友"。在《答王缙进王维集表诏》中,唐代宗李豫曾赞誉王维为"天下文宗"。杜甫也在《解闷》十二首之八称王维"最传秀句寰区满"。

崔颢是一位很有才华的诗人,也是一介酒鬼和赌徒。公元723年,崔颢进士及第。他最有名的诗作是《黄鹤楼》。三大名楼之一的黄鹤楼坐落在武汉的长江边。据传,公元前6世纪的王子乔曾在此飞升成仙。来到此地后,李白曾寻思赋诗一首。但看到崔颢的这首题于黄鹤楼内的诗后,李白黯然作罢:

昔人已乘黄鹤去,此地空余黄鹤楼。
黄鹤一去不复返,白云千载空悠悠。
晴川历历汉阳树,芳草萋萋鹦鹉洲。
日暮乡关何处是?烟波江上使人愁。

李白是唐代伟大的浪漫主义诗人,被后人誉为"诗仙"。如果说李白是中国历史上最伟大的诗人,那么不会有多少异议。李白飘荡的一生,在仕时的快意与放浪、颠沛流离的生活、悲剧的结局构成一幅跌宕起伏的画卷,为他蓬勃的诗情提供了源源不断的创作动力。十岁时,李白写成下面这首描写萤火虫的绝句《咏萤火》:

雨打灯难灭,风吹色更明。

若非天上去,定作月边星。

多年后,李白辞亲远游。在旅途中,他遇到五位同样好酒的诗人,便结伴游山玩水。这段时间,此"竹林六闲"常尽情饮酒赋诗。后来,李白来到京城长安,其诗歌才能受到赏识,被人冠以"谪仙人"并推荐

李白

给唐明皇李隆基。此时，皇宫向他敞开怀抱，他的才华受到皇族的赏识。有一次，李隆基传召李白，但人们费尽周章才在大街上找到他。此时，李白已经醉倒不省人事。人们用冷水擦洗了他的脸才勉强带他面见龙颜。不过，李白的诗才没有令李隆基失望。一位宫女帮他持砚磨墨，李白大笔一挥写就语惊四座的诗句，甚至龙颜都为之一怔，竟准许当权的宦官高力士俯身为李白脱鞋。还有一次，李隆基正与他最宠爱的杨贵妃在皇宫享乐时，想到叫李白咏诗纪念。虽然迟到了一会儿，但李白还是来到李隆基面前，虽然被两位宦官架着。李白说："皇上，我正跟太子饮酒，他把我灌醉了。我只能尽力而为。"说着，两位宫女在李白面前挂上粉色丝帘。不多时，李白写出不下十首律诗，描述宫廷生活的美好，如《宫中行乐词·其一》：

力士脱靴，贵妃研墨

> 小小生金屋，盈盈在紫微。
> 山花插宝髻，石竹绣罗衣。
> 每出深宫里，常随步辇归。
> 只愁歌舞散，化作彩云飞。

没想到不久，李白成为宫廷阴谋的牺牲品，只好黯然离开皇宫。离开皇宫后，他曾在《秋浦歌》中写下：

> 白发三千丈，缘愁似箇长！

经历各处辗转和不停的迁移后，李白最终在旅途中溺亡。一次喝醉后趁着酒兴，李白伸手想触摸水中月亮的倒影，但由于他靠着船侧倾斜过度以致落水。此前，李白曾在《月下独酌·一》写过这些诗句：

> 花间一壶酒，独酌无相亲。
> 举杯邀明月，对影成三人。
> 月既不解饮，影徒随我身。
> 暂伴月将影，行乐须及春。
> 我歌月徘徊，我舞影零乱。
> 醒时同交欢，醉后各分散。
> 永结无情游，相期邈云汉。

他写下的绝句被认为达到登峰造极的地步，如他的《独坐敬山亭》和《静夜思》：

> 众鸟高飞尽，孤云独去闲。

相看两不厌，只有敬亭山。

床前明月光，疑是地上霜。
举头望明月，低头思故乡。

下面四首诗分别是《送别》《乌夜啼》《春日醉起言志》《山中问答》，是李白经常被人吟诵的诗歌：

水色南天远，舟行若在虚。
迁人发佳兴，吾子访闲居。
日落看归鸟，潭澄羡跃鱼。
圣朝思贾谊，应降紫泥书。

黄云城边乌欲栖，归飞哑哑枝上啼。
机中织锦秦川女，碧纱如烟隔窗语。
停梭怅然忆远人，独宿空房泪如雨。

处世若大梦，胡为劳其生？
所以终日醉，颓然卧前楹。
觉来眄庭前，一鸟花间鸣。
借问此何时？春风语流莺。
感之欲叹息，对酒还自倾。
浩歌待明月，曲尽已忘情。

问余何意栖碧山，笑而不答心自闲。
桃花流水窅然去，别有天地非人间。

我们还要举一个例子说明中国人心目中诗歌的本质，即启发。诗人不需要为自己的诗歌加标点，中国读者愿意根据自己的喜好理解诗歌。如下面这首《丹阳湖》，常被单独引用作为启发的范例：

龟游莲叶上，鸟宿芦花里。
少女棹轻舟，歌声逐流水。

李白同时期另一位大诗人杜甫也令中国人深感骄傲。他没能通过科举及第是一大憾事，因为在科举考试中，作诗也是重要的考试内容。但

杜甫

无论如何，他对自己的诗评价比较高，认为自己的诗可以治愈疟疾。后来，杜甫在朝廷中谋得一个小官。在公元755年的安史之乱中，杜甫失去这一官职。他曾在政治讽喻诗《遭遇》中写道：

　　春水满南国，朱崖云日高。
　　舟子废寝食，飘风争所操。

经历数次徒劳地谋取官职后，杜甫开始四处漂泊的生活，甚至差点在一场洪水中淹死。随后，他靠树皮草根果腹度过十日。被人救出后，十分饥饿的杜甫无法拒绝别人赠予的烤肉和白酒。下面五首诗分别是他的《落日》《曲江二首》《江村》《题张氏隐居》：

　　落日在帘钩，溪边春事幽。
　　芳菲缘岸圃，樵爨倚滩舟。
　　啅雀争枝坠，飞虫满院游。
　　浊醪谁造汝，一酌散千愁。

　　一片花飞减却春，风飘万点正愁人。
　　且看欲尽花经眼，莫厌伤多酒入唇。
　　江上小堂巢翡翠，苑边高冢卧麒麟。
　　细推物理须行乐，何用浮名绊此身？

　　朝回日日典春衣，每日江头尽醉归。
　　酒债寻常行处有，人生七十古来稀。
　　穿花蛱蝶深深见，点水蜻蜓款款飞。
　　传语风光共流转，暂时相赏莫相违。

清江一曲抱村流，长夏江村事事幽。
自去自来堂上燕，相亲相近水中鸥。
老妻画纸为棋局，稚子敲针作钓钩。
多病所须唯药物，微躯此外更何求。

春山无伴独相求，伐木丁丁山更幽。
涧道馀寒历冰雪，石门斜日到林丘。
不贪夜识金银气，远害朝看麋鹿游。
乘兴杳然迷出处，对君疑是泛虚舟。

下面一首诗选自杜甫的《绝句》，其主题是所有中国人都经常得的一种病——思乡。

江碧鸟逾白，山青花欲燃。
今春看又过，何日是归年？

人们对诗人常建所知不多。公元727年，常建考中进士。之后，常建进入官场。不过，最终，常建还是选择回归山林，隐居避世。据传，常建致力于钻研道学。下面这首诗《题破山寺后禅院》关于"禅"，即精神进入无欲无求的境界，所有的倚靠仅来自宗教的力量。这也难怪宗教圣地遍布中国的名山大川，"天下名山僧占多"。在风景宜人的地方，朝拜者们可以清修亦可明誓。借由沉思，修行者们急于摆脱红尘浮世的纷扰：

清晨入古寺，初日照高林。
竹径通幽处，禅房花木深。

山光悦鸟性，潭影空人心。
万籁此俱寂，但馀钟磬音。

不可否认，佛教思想对诗人岑参有重要影响。唐玄宗天宝三年，即公元744年，岑参高中进士，其诗作《登总持阁》见证了他的佛教信仰：

高阁逼诸天，登临近日边。
晴开万井树，愁看五陵烟。
槛外低秦岭，窗中小渭川。
早知清净理，常愿奉金仙。

王建是大历进士，大约四十六岁时开始入仕，被任命为县丞。他曾与一位皇亲结怨，导致其政治生涯早早结束。王建写过大量诗歌，不少诗歌记述他与同时代大诗人的亲密共游。下面这首《望夫石》虽然音步不太合格律，但重新讲述了孟姜女立在长江边的山头上苦等丈夫归家的典故。

望夫处，江悠悠。
化为石，不回头。
上头日日风复雨，
行人归来石应语。

从最后一句可以看出，孟姜女的石像不再是悲伤妻子的化身，而更像向来人打听失踪丈夫的消息。正是诗人王建的艺术技巧，将典故与创新完美融合在一起。

由于篇幅的关系，我们只能掠过许多跟上面提到的诗人齐名的诗人。下面，我们要提到的诗人绝对是中国文学史中一位令人肃然起敬的诗人。他即是韩愈，被后世尊称为"韩文公"。除了是一位诗人，韩愈还是一位杰出的政治家、哲学家、思想家。年少时，韩愈家境贫寒。后来，靠着自己的努力，他成为最高级别的官员。公元819年，韩愈撰写

韩愈

《论佛骨表》，反对唐宪宗李纯迎取佛骨。李纯看后大怒，要不是韩愈在朝的朋友们极力劝谏，韩愈很可能被处以极刑。不过，他还是被贬到广东潮州府。当时，潮州偏僻落后，韩愈到任后致力于教化当地民众。潮州附近山顶的庙中，至今仍然悬挂着韩愈的巨幅画像。据传，韩愈还曾赶走潮州江中的鳄鱼，他将写就的驱鳄牒书连同猪鹅等祭品一起倒进江中。这篇文书也成为后世散文的一篇典范。没过多久，韩愈被召回长安履职。不过，他的一生都在积极奉献，导致他未老先衰。他的好友柳宗元曾说自己未洗手前都不敢翻看韩愈的作品。韩愈的作品，特别是其散文得到后人高度评价。无论在思想上，还是在写作风格上，韩愈的作品都堪称一流。此外，韩愈正直高尚的人格、炽热的爱国爱民之心，都让后人牢牢记住他。下面的《潮州韩文公庙碑》是1092年，北宋大文豪苏轼为潮州府的老百姓立碑纪念韩愈而写下的碑文。碑文最后一段说：

公昔骑龙白云乡，手抉云汉分天章，天孙为织云锦裳。
飘然乘风来帝旁，下与浊世扫秕糠。
西游咸池略扶桑，草木衣被昭回光。
追逐李、杜参翱翔，汗流籍、湜走且僵，灭没倒景不可望。
作书诋佛讥君王，要观南海窥衡湘，历舜九嶷吊英、皇。
祝融先驱海若藏，约束蛟鳄如驱羊。
钧天无人帝悲伤，讴吟下招遣巫阳。
㸑牲鸡卜羞我觞，於粲荔丹与蕉黄。
公不少留我涕滂，翩然被发下大荒。

韩愈写过大量诗歌，其诗作风格诙谐、题材多变。韩愈创作时，常常能化腐朽为神奇，其中一首诗关于他的牙齿。定期掉落的牙齿让他估算自己余下的天年。总体而言，韩愈诗歌的造诣不如他的散文，后者我们会在下一章介绍。下面这首诗《感春四首·其四》体现了他诗中风趣幽默的一面：

> 我恨不如江头人，长网横江遮紫鳞。
> 独宿荒陂射凫雁，卖纳租赋官不嗔。
> 归来欢笑对妻子，衣食自给宁羞贫。
> 今者无端读书史，智慧只足劳精神。
> 画蛇著足无处用，两鬓霜白趋埃尘。
> 乾愁漫解坐自累，与众异趣谁相亲？
> 数杯浇肠虽暂醉，皎皎万虑醒还新。
> 百年未满不得死，且可勤买抛青春。

人性地对待小动物不是中国人的习惯。中国人没有防止虐待动物的相关组织，这或者解释了中国人在这方面的欠缺。不过，韩愈是一位极力倡导性善的文人。下面的诗歌选自《杂诗四首》，虽然不受后人重视，但从中我们可以窥见韩愈性善思想：

> 朝蝇不可驱，暮蚊不可拍。
> 蝇蚊满八区，可尽与相格。
> 得时能几时，与汝恣啖咋。
> 凉风九月到，扫不见踪迹。

下面这首诗《同冠峡》作于韩愈贬谪广东途中：

> 南方二月半，春物亦已少。
> 维舟山水间，晨坐听百鸟。

> 宿云尚含姿，朝日忽升晓。
> 羁旅感和鸣，囚拘念轻矫。
> 潺湲泪久迸，诘曲思增绕。
> 行矣且无然，盖棺事乃了。

白居易是韩愈之后的一位著名诗人。白居易早慧，在只有七个月大时，他就能辨识不少文字，甚至奶妈给他展示一遍他就记住。十七岁时，白居易科举得中，后升任要职。不过，他的仕途并不一路平顺。其间，他也曾经历贬谪，但这让他看穿官场。为安慰一颗受伤的心，白居易在庐山香炉峰建了一座宅邸闲居，这也是他香山居士名号的由来。在此处，他与八位志同道合的朋友一起吟诗作乐、寄情未来。为避免受到外界的骚扰，他们不用真名，对外以"香山九老"示人。当朝皇帝唐宪宗李纯听闻此事后，将白居易调任忠州刺史。公元821年，唐穆宗李恒继位后，任命白居易为杭州刺史。任职期间，白居易组织修筑西湖堤防，被后人称作"白堤"。其后，他迁任苏州刺史，但公元841年，白居易最终以刑部尚书致仕。白居易的诗由皇室组织收集整理，并且被刻在石碑之上，置于一个仿香山而建的花园中。白居易曾质疑《道德经》的真伪，并且在《读老子》中讽刺了一些荒诞的言论：

> 言者不如知者默，此语吾闻于老君。
> 若道老君是知者，缘何自著五千文。

白居易曾写过一篇优美的诗歌《琵琶行》，这首诗记述一位卖艺女子的悲惨故事。林西仲曾高度评价这首诗，指出这首诗的遣词和意义遥相呼应，其搭配效果千年难遇，可以让人感受到三昧，即入定。诗中的"客"乃诗人白居易自己，他准备再度前往贬谪之地，不料半路生病不得前行：

白居易

浔阳江头夜送客,枫叶荻花秋瑟瑟。
主人下马客在船,举酒欲饮无管弦。
醉不成欢惨将别,别时茫茫江浸月。
忽闻水上琵琶声,主人忘归客不发。

寻声暗问弹者谁，琵琶声停欲语迟。
移船相近邀相见，添酒回灯重开宴。
千呼万唤始出来，犹抱琵琶半遮面。
转轴拨弦三两声，未成曲调先有情。
弦弦掩抑声声思，似诉平生不得志。
低眉信手续续弹，说尽心中无限事。
轻拢慢撚抹复挑，初为《霓裳》后《六幺》。
大弦嘈嘈如急雨，小弦切切如私语。
嘈嘈切切错杂弹，大珠小珠落玉盘。
间关莺语花底滑，幽咽泉流冰下难。
冰泉冷涩弦凝绝，凝绝不通声渐歇。
别有幽愁暗恨生，此时无声胜有声。
银瓶乍破水浆迸，铁骑突出刀枪鸣。
曲终收拨当心画，四弦一声如裂帛。
东船西舫悄无言，唯见江心秋月白。

沉吟放拨插弦中，整顿衣裳起敛容。
自言本是京城女，家在虾蟆陵下住。
十三学得琵琶成，名属教坊第一部。
曲罢曾教善才伏，妆成每被秋娘妒。
五陵年少争缠头，一曲红绡不知数。
钿头银篦击节碎，血色罗裙翻酒污。
今年欢笑复明年，秋月春风等闲度。
弟走从军阿姨死，暮去朝来颜色故。
门前冷落车马稀，老大嫁作商人妇。
商人重利轻别离，前月浮梁买茶去。

去来江口守空船，绕船月明江水寒。
夜深忽梦少年事，梦啼妆泪红阑干。

我闻琵琶已叹息，又闻此语重唧唧。
同是天涯沦落人，相逢何必曾相识！
我从去年辞帝京，谪居卧病浔阳城。
浔阳地僻无音乐，终岁不闻丝竹声。
住近湓江地低湿，黄芦苦竹绕宅生。
其间旦暮闻何物？杜鹃啼血猿哀鸣。
春江花朝秋月夜，往往取酒还独倾。
岂无山歌与村笛，呕哑嘲哳难为听。
今夜闻君琵琶语，如听仙乐耳暂明。
莫辞更坐弹一曲，为君翻作《琵琶行》。
感我此言良久立，却坐促弦弦转急。
凄凄不似向前声，满座重闻皆掩泣。
座中泣下谁最多？江州司马青衫湿。

　　白居易最有名的诗作是《长恨歌》。《长恨歌》是首叙事长诗，诗中的时代背景是唐明皇李隆基统治后期。当时，政治腐败、政局不稳。公元712年，李隆基登基称帝。那时，他的姑姑太平公主一心想取代他，并且效仿武则天自立为女皇。但李隆基顺利铲除太平公主的势力，并且开创唐代的又一盛世。在统治初期，李隆基厉行节约。他关闭了丝绸作坊，并且禁止宫中女性佩戴珠宝、甚至穿戴刺绣品。这导致宫中大量奢侈用品闲置，甚至最终被付之一炬。公元740年，唐代真正进入开元盛世。此时，李隆基改进行政系统，唐王朝被分成十五个道，每座村庄都建有学校。此外，李隆基是位热心文学的皇帝，其文学才能不容小觑。

他曾组织注释《孝经》，并且在公元745年，将其刻在四块大石碑上。此后，李隆基变得好战，个人生活开始逐渐奢靡，人民负担的赋税逐渐沉重。由于喜欢音乐，李隆基设立了一座专门训练男女乐工的学校。为吸引人才，他还建造了一座华丽的殿堂，前述诗人李白曾位列其间。起初，网罗人才仅为国家利益着想。但后来，他们成为在狂欢的盛宴上随时取悦李隆基宠妃杨贵妃的御用文人。另外，宦官被授予要职，荒唐的宗教迷信兴起，妇女不再循古例除去面纱，李隆基也日渐不理朝政。随后，安史之乱爆发。在混乱中，李隆基竟然选择逃往四川避难。途中，唐明皇退位，太子唐肃宗李亨继位。《长恨歌》描述了杨贵妃受宠的过程、她被士兵们逼死的悲惨结局，以及她从另一个世界回来与她心碎的爱人李隆基重聚的故事：

> 汉皇重色思倾国，御宇多年求不得。
> 杨家有女初长成，养在深闺人未识。
> 天生丽质难自弃，一朝选在君王侧。
> 回眸一笑百媚生，六宫粉黛无颜色。
> 春寒赐浴华清池，温泉水滑洗凝脂。
> 侍儿扶起娇无力，始是新承恩泽时。
> 云鬓花颜金步摇，芙蓉帐暖度春宵。
> 春宵苦短日高起，从此君王不早朝。
> 承欢侍宴无闲暇，春从春游夜专夜。
> 后宫佳丽三千人，三千宠爱在一身。
> 金屋妆成娇侍夜，玉楼宴罢醉和春。
> 姊妹弟兄皆列土，可怜光彩生门户。
> 遂令天下父母心，不重生男重生女。
> 骊宫高处入青云，仙乐风飘处处闻。

李隆基逃往四川避难

缓歌慢舞凝丝竹，尽日君王看不足。
渔阳鼙鼓动地来，惊破霓裳羽衣曲。
九重城阙烟尘生，千乘万骑西南行。
翠华摇摇行复止，西出都门百馀里。
六军不发无奈何，宛转蛾眉马前死。
花钿委地无人收，翠翘金雀玉搔头。
君王掩面救不得，回看血泪相和流。
黄埃散漫风萧索，云栈萦纡登剑阁。
峨嵋山下少人行，旌旗无光日色薄。
蜀江水碧蜀山青，圣主朝朝暮暮情。
行宫见月伤心色，夜雨闻铃肠断声。
天旋地转回龙驭，到此踌躇不能去。
马嵬坡下泥土中，不见玉颜空死处。
君臣相顾尽沾衣，东望都门信马归。
归来池苑皆依旧，太液芙蓉未央柳。
芙蓉如面柳如眉，对此如何不泪垂。
春风桃李花开日，秋雨梧桐叶落时。
西宫南内多秋草，落叶满阶红不扫。
梨园弟子白发新，椒房阿监青娥老。
夕殿萤飞思悄然，孤灯挑尽未成眠。
迟迟钟鼓初长夜，耿耿星河欲曙天。
鸳鸯瓦冷霜华重，翡翠衾寒谁与共。
悠悠生死别经年，魂魄不曾来入梦。
临邛道士鸿都客，能以精诚致魂魄。
为感君王辗转思，遂教方士殷勤觅。
排空驭气奔如电，升天入地求之遍。

上穷碧落下黄泉，两处茫茫皆不见。
忽闻海上有仙山，山在虚无缥渺间。
楼阁玲珑五云起，其中绰约多仙子。
中有一人字太真，雪肤花貌参差是。
金阙西厢叩玉扃，转教小玉报双成。
闻道汉家天子使，九华帐里梦魂惊。
揽衣推枕起徘徊，珠箔银屏迤逦开。
云鬓半偏新睡觉，花冠不整下堂来。
风吹仙袂飘飘举，犹似霓裳羽衣舞。
玉容寂寞泪阑干，梨花一枝春带雨。
含情凝睇谢君王，一别音容两渺茫。
昭阳殿里恩爱绝，蓬莱宫中日月长。
回头下望人寰处，不见长安见尘雾。
惟将旧物表深情，钿合金钗寄将去。
钗留一股合一扇，钗擘黄金合分钿。
但教心似金钿坚，天上人间会相见。
临别殷勤重寄词，词中有誓两心知。
七月七日长生殿，夜半无人私语时。
在天愿作比翼鸟，在地愿为连理枝。
天长地久有时尽，此恨绵绵无绝期。

另一位生活在公元9世纪的早慧诗人是李贺。不过，他的一生十分短暂。他七岁时便可作诗。二十年后，即公元817年，李贺在临终前恍惚看到一位身着绯衣、驾赤虬车的人从天而降。那人告诉他："天帝新建了一座白玉楼，听说你诗文写得好，要请你前去写一篇《白玉楼记》。"没过多久，李贺病逝。下面是他的一首诗《少年乐》：

芳草落花如锦地,二十长游醉乡里。
红缨不动白马骄,垂柳金丝香拂水。
吴娥未笑花不开,绿鬓耸堕兰云起。
陆郎倚醉牵罗袂,夺得宝钗金翡翠。

张籍也是一位活跃在公元9世纪的诗人。不过,他以七十五岁的高龄去世。他是韩愈的大弟子,也同韩愈一道极力反对佛教和道教。下面是他的著名诗作《节妇吟》,后世评论该诗的美已经无法用文字表达:

君知妾有夫,赠妾双明珠;
感君缠绵意,系在红罗襦。
妾家高楼连苑起,良人执戟明光里。
知君用心如日月,事夫誓拟同生死。
还君明珠双泪垂,恨不相逢未嫁时。

唐代有很多优秀的诗人和诗作,但我们只能将其中的大部分省略。他们精湛的诗艺通过诗歌中的点点才情传递给中国读者。不过,翻译成外语后,诗中有些内容显得矫揉造作。下面的例子节选自唐诗,单看这些诗句别有一番韵味。下面两句诗选自李益的《宫怨》,是一位女性抱怨用漏壶计量的时间像灌了铅一般迈不开脚步:

似将海水添宫漏,共滴长门一夜长。

下面例子选自杜牧的《金谷园》,其第二句很有特色:

日暮东风怨啼鸟,落花犹似坠楼人。

杜牧

接下来的例子选自杜牧的《赠别》,描述的是烛光照亮了房间,两个即将长久分开的老友正在秉烛夜谈:

蜡烛有心还惜别,替人垂泪到天明。

最后一个例子选自李商隐的《夜雨寄北》,是诗人写给远方好友的诗作:

何当共剪西窗烛，却话巴山夜雨时。

接下来，介绍的是公元9世纪的诗人李涉。当时，他被强盗抓住的经历人尽皆知。这群强盗的首领早就听闻过李涉的诗名并向他求诗。在看到下面这首《井栏砂宿遇夜客》的诗句时，这位首领立即下令释放他：

暮雨潇潇江上村，绿林豪客夜知闻。
他时不用逃名姓，世上如今半是君。

马湘，字自然，卒于公元880年。唐代诗人、云游道士。他是位另类道士，据说他嗜好喝酒，并且酒量惊人，这点从下面的诗歌中可以窥见。然而，根据传说，他最终飞升成仙：

昔日曾随魏伯阳，无端醉卧紫金床。
东君谓我多情懒，罚向人间作酒狂。

何用烧丹学驻颜，闹非城市静非山。
时人若觅长生药，对景无心是大还。

在唐代诗人中，徐安贞的诗名占据一席之地。下面选取的《闻邻家理筝》可窥见他的诗歌造诣：

北斗横天夜欲阑，愁人倚月思无端。
忽闻画阁秦筝逸，知是邻家赵女弹。
曲成虚忆青蛾敛，调急遥怜玉指寒。
银锁重关听未辟，不如眠去梦中看。

杜秋娘

杜秋娘是公元9世纪的一位女诗人。她的诗作《金缕衣》被收进《唐诗三百首》：

劝君莫惜金缕衣，劝君须惜少年时。
花开堪折直须折，莫待无花空折枝。

我们即将结束对众多唐代诗人的介绍。不过，这份唐代诗人的名单可以无尽延伸。司空图曾是礼部员外郎，但最终，他辞官归隐。公元905年，他回到朝廷，却意外弄丢官印。当时，这是不可饶恕的官场过失。因此，他再次被准许辞官回乡。后来，由于年轻的唐哀宗李柷被弑，司空图过度悲伤，竟绝食而亡，终年七十二岁。人们称司空图为唐代最后一人①。他的诗歌较晦涩难懂,但评论者给予比较高的评价。下面的哲学长诗《二十四诗品》共二十四首,每首诗的联系虽然并不明显,但从中可以察觉到道教思想对司空图思想和创作形式的影响。

雄浑

大用外腓,真体内充。返虚入浑,积健为雄。具备万物,横绝太空。荒荒油云,寥寥长风。超以象外,得其环中。持之匪强,来之无穷。

冲淡

素处以默,妙机其微。饮之太和,独鹤与飞。犹之惠风,荏荏在衣。阅音修篁,美曰载归。遇之匪深,即之愈希。脱有形似,握手已违。

纤秾

采采流水,蓬蓬远春。窈窕幽谷,时见美人。碧桃满树,风日水滨。柳阴路曲,流莺比邻。乘之愈往,识之愈真。如将不尽,与古为新。

沉着

绿杉野屋,落日气清。脱巾独步,时闻鸟声。鸿雁不来,之子远行。所思不远,若为平生。海风碧云,夜渚月明。如有佳语,大河前横。

---

① 此处"唐代最后一人"应指司空图的气节。

高古

畸人乘真，手把芙蓉。泛彼浩劫，窅然空踪。月出东斗，好风相从。太华夜碧，人闻清钟。虚伫神素，脱然畦封。黄唐在独，落落玄宗。

典雅

玉壶买春，赏雨茅屋。坐中佳士，左右修竹。白云初晴，幽鸟相逐。眠琴绿阴，上有飞瀑。落花无言，人淡如菊。书之岁华，其曰可读。

洗炼

如矿出金，如铅出银。超心炼冶，绝爱缁磷。空潭泻春，古镜照神。体素储洁，乘月返真。载瞻星辰，载歌幽人。流水今日，明月前身。

劲健

行神如空，行气如虹。巫峡千寻，走云连风。饮真茹强，蓄素守中。喻彼行健，是谓存雄。天地与立，神化攸同。期之以实，御之以终。

绮丽

神存富贵，始轻黄金。浓尽必枯，淡者屡深。雾余水畔，红杏在林。月明华屋，画桥碧阴。金尊酒满，伴客弹琴。取之自足，良殚美襟。

自然

俯拾即是,不取诸邻。俱道适往,着手成春。如逢花开,如瞻岁新。真与不夺,强得易贫。幽人空山,过雨䔯采。薄言情悟,悠悠天钧。

含蓄

不着一字,尽得风流。语不涉难,若不堪忧。是有真宰,与之沉浮。如渌满酒,花时反秋。悠悠空尘,忽忽海沤。浅深聚散,万取一收。

豪放

观花匪禁,吞吐大荒。由道反气,处得以狂。天风浪浪,海山苍苍。真力弥满,万象在旁。前招三辰,后引凤凰。晓策六鳌,濯足扶桑。

精神

欲返不尽,相期与来。明漪绝底,奇花初胎。青春鹦鹉,杨柳楼台。碧山人来,清酒深杯。生气远出,不着死灰。妙造自然,伊谁与裁。

缜密

是有真迹,如不可知。意象欲出,造化已奇。水流花开,清露未晞。要路愈远,幽行为迟。语不欲犯,思不欲痴。犹春于绿,明月雪时。

疏野

惟性所宅，真取弗羁。控物自富，与率为期。筑室松下，脱帽看诗。但知旦暮，不辨何时。倘然适意，岂必有为。若其天放，如是得之。

清奇

娟娟群松，下有漪流。晴雪满汀，隔溪渔舟。可人如玉，步屟寻幽。载瞻载止，空碧悠悠。神出古异，淡不可收。如月之曙，如气之秋。

委曲

登彼太行，翠绕羊肠。杳霭流玉，悠悠花香。力之于时，声之于羌。似往已回，如幽匪藏。水理漩洑，鹏风翱翔。道不自器，与之圆方。

实境

取语甚直，计思匪深。忽逢幽人，如见道心。清涧之曲，碧松之阴。一客荷樵，一客听琴。情性所至，妙不自寻。遇之自天，泠然希音。

悲慨

大风卷水，林木为摧。意苦欲死，招憩不来。百岁如流，富贵冷灰。大道日丧，若为雄才。壮士拂剑，浩然弥哀。萧萧落叶，漏雨苍苔。

形容

绝伫灵素，少回清真。如觅水影，如写阳春。风云变态，花草精神。海之波澜，山之嶙峋。俱似大道，妙契同尘。离形得似，庶几斯人。

超诣

匪神之灵，匪机之微。如将白云，清风与归。远引若至，临之已非。少有道契，终与俗违。乱山乔木，碧苔芳晖。诵之思之，其声愈希。

飘逸

落落欲往，矫矫不群。缑山之鹤，华顶之云。高人惠中，令色絪缊。御风蓬叶，泛彼无垠。如不可执，如将有闻。识者期之，欲得愈分。

旷达

生者百岁，相去几何？欢乐苦短，忧愁实多。何如尊酒，日往烟萝。花覆茅檐，疏雨相过。倒酒既尽，杖藜行歌。孰不有古，南山峨峨。

流动

若纳水輨，如转丸珠。夫岂可道，假体如愚。荒荒坤轴，悠悠天枢。载要其端，载闻其符。超超神明，返返冥无。来往千载，是之谓乎。

第 2 章

唐代的经学和散文

唐代的经学研究既缺少原创性,又没有产生深远影响。虽然唐太宗李世民统治时期已经建立国子学,但当时的国子学只满足于继承两汉以来的经学传统,缺少独立的思想研究。国子学中最有名的学者当属陆元朗,他曾是前朝的国子助教,后因捍卫儒教、攻击佛教和道教扬名。陆元朗曾写过一部解释经学和道学术语的具有学术价值的著作①。

魏徵最被人熟知的是其政治家身份。但作为一名学者,他还不太为人所知。他曾受命编修《隋史》。另外,他还是一位不错的诗人。魏徵死后,唐太宗李世民这样评价他:"夫以铜为镜,可以正衣冠;以史为镜,可以知兴替;以人为镜,可以明得失。朕尝保此三鉴,内防己过。今魏徵殂逝,遂亡一镜矣!"

此时,另一位知名学者是颜师古。他曾主持编修古代经典,也曾作《汉书注》。然而,他对经典的注释受到很多非议。因此,他遭到贬谪。虽然在贬谪前,朝廷将他官复原职,但颜师古的政治抱负因此事大大受挫。此后,他满足于过着简单甚至是半退休的生活。

---

① 此书应是《经典释文》,一本解释儒家经典文字音义的作品。它以考证古音为主,兼辨训义,引用了十四部文献,包括《周易》《尚书》《毛诗》《周礼》《仪礼》《礼记》《春秋左传》《公羊传》《穀梁传》《孝经》《论语》《老子》《庄子》《尔雅》。——原注

李百药小时候身体羸弱,为此喝过很多汤药。他的祖母坚持给他取百药这一名字。少时的聪慧为李百药赢得"天才"的绰号。进入官场后,李百药曾一度沉迷酗酒赌博。不久,他辞官返乡。后来,他再次入仕,并且写成《北齐书》,完成北齐王朝史的撰写。

孔颖达系孔子后人,大经学家。他曾为《诗经》做过注解,也因参与撰写《隋史》受到赞赏。此外,他还为《大学》和《中庸》做过注释和评论。

在唐代纯学术领域中,词典编纂成就最高。公元6世纪,陆法言在《切韵》的基础上编纂成按语音索引的词典,并且逐渐受到欢迎。进而《切韵》与许慎的按部首索引的《说文解字》形成对立,甚至慢慢占据上风。不过,《说文解字》一直被人们使用,没有被取代。生活在公元8世纪的李阳冰曾花很多时间和精力改进和补充《说文解字》的内容。李

孔颖达

阳冰是一位朝廷命官，公元761年开始任职。据称，有一次严重干旱，他在庙里求雨时威胁三天内不下雨就推倒寺庙，结果真下雨了。

张志和曾写过一本有关永葆活力的著作《玄真子》。他有着浪漫的思想，尤其喜好道家的算卦预测。唐肃宗李亨统治时期，他在朝廷任职，后碰上些麻烦事被开除。不久，适逢朝廷大赦，他逃亡林野过起隐居生活，并且自称"烟波钓徒"。他终日垂钓，却不用鱼饵，因为他意不在鱼。别人问他为什么四处流浪，他回答："我以苍天为屋，以明月为伴，四海为友，你怎么能说我是在流浪呢？"一位朋友看他整天生活在一艘破船里，愿意向他提供一处舒适的住宅。不料，他回复，我愿随海鸥飞到天边，不愿将自己埋葬在尘世生活中。

《通典》的作者是杜佑。《通典》是中国历史上第一部体例完备的政书，记述唐天宝以前历代经济、政治、礼法、兵刑等典章制度及地志、民族的专书。《通典》分为九类，以食货居首，次选举、职官、礼、乐、兵、刑法、州郡、边防，每类又各分子目。

唐代散文成就非凡，产生了不少无法超越的优秀散文家和优秀散文作品，其中的一位佼佼者是柳宗元。柳宗元为后世留下了不少文风质朴、描写生动的散文作品。除了是位诗人，柳宗元还是一位书法家，并且曾任礼部员外郎。由于卷进朝廷纷争，柳宗元被贬官到偏僻之地，并且死于任上。柳宗元的思想带有浓厚的佛教色彩，并且在给好友和导师韩愈的信中承认过这点。下面的文字摘自柳宗元后期的书信《送僧浩初序》：

> 浮屠诚有不可斥者，往往与《易》《论语》合，诚乐之。其于性情奭然，不与孔子异道。退之好儒，未能过杨子，杨子之书，于庄、墨、申、韩皆有取焉。浮屠者，反不及庄、墨、申、韩之怪、僻、险、贼耶？曰："以其夷也。"果不信道而斥焉以夷，则将友恶来、盗跖，而贱季札、由余乎？非所

谓去名求实者矣。吾之所取者，与《易》《论语》合，虽圣人复生，不可得而斥也。退之所罪者，其迹也，曰："髡而缁，无夫妇、父子，不为耕农蚕桑而活乎人。"若是，虽吾亦不乐也。退之忿其外而遗其中，是知石而不知韫玉也。吾之所以嗜浮屠之言以此。

与其人游者，未必能通其言也。且凡为其道者，不爱官，不争能，乐山水而嗜闲安者为多。吾病世之逐逐然唯印组为务以相轧也，则舍是其焉从？吾之好与浮屠游以此。

今浩初闲其性，安其情，读其书，通《易》《论语》，唯山水之乐，有文而文之。又父子咸为其道，以养而居，泊焉而无求，则其贤于为庄、墨、申、韩之言，而逐逐然唯印组为务以相轧者，其亦远矣。

李生础与浩初又善。今之往也，以吾言示之。因北人寓退之，视何如也。

在这封信中，柳宗元提到要有韩愈一般的智慧才能谴责佛教，至少是如自己一般的智慧才能陷进佛教思想。

下面的文字选自柳宗元的《小石城山记》，是对一个重大问题的短暂思索：

自西山道口径北，逾黄茅岭而下，有二道。其一西出，寻之无所得；其一少北而东，不过四十丈，土断而川分，有积石横当其垠。其上为睥睨梁欐之形，其旁出堡坞，有若门焉。窥之正黑，投以小石，洞然有水声，其响之激越，良久乃已。环之可上，望甚远。无土壤而生嘉树美箭，益奇而坚，其疏数偃仰，类智者所施设也。

噫！吾疑造物者之有无久矣。及是，愈以为诚有。又怪其不为之于中州，而列是夷狄，更千百年不得一售其伎，是固劳而无用。神者倘不宜如是，则其果无乎？或曰："以慰夫贤而辱于此者。"或曰："其气之灵，不为伟人，而独为是物。故楚之南少人而多石。"是二者，余未信之。

柳宗元写过一篇比较受欢迎的散文作品《贺进士王参元失火书》。在这篇文章中，他以玩笑的口吻恭贺一位富有的文人朋友在一场大火后家徒四壁。柳宗元解释说，使一个受灾者变得"荡焉泯焉而悉无有"更应该道贺。他进一步指出，这为受害者创造了一个绝佳的机会，让人们知道受害者的文学才能跟他丰厚的家财是截然分开的。

柳宗元

柳宗元最知名的散文讽刺作品是《捕蛇者说》。这篇文章直截了当地批判了统治阶级对广大劳动人民课以重税,并且带来的沉重负担:

> 永州之野产异蛇,黑质而白章,触草木尽死,以啮人,无御之者。然得而腊之以为饵,可以已大风、挛踠、瘘、疠,去死肌,杀三虫。其始,太医以王命聚之,岁赋其二,募有能捕之者,当其租入,永之人争奔走焉。

虽然捕这种蛇很危险,但捕蛇的危险没有正常纳税给人们生活带来的困苦大。文中捕蛇者的父亲和祖父都由于捕蛇时被咬身亡,但捕蛇者仍然宣称他的境况比乡邻们好很多。乡邻们看到催缴赋税的官员只能叩头求情。这位捕蛇者接着说:"悍吏之来吾乡,叫嚣乎东西,隳突乎南北,哗然而骇者,虽鸡狗不得宁焉。吾恂恂而起,视其缶,而吾蛇尚存,则弛然而卧。谨食之,时而献焉。退而甘食其土之有,以尽吾齿。盖一岁之犯死者二焉,其余则熙熙而乐,岂若吾乡邻之旦旦有是哉!今虽死乎此,比吾乡邻之死则已后矣,又安敢毒耶?"

柳宗元另一篇类似的讽喻苛政的文章是《种树郭橐驼传》。在这篇文章中,讲述者是一位身体残疾的园丁,名唤驼背。他很擅长种树:

> 有问之,对曰:"橐驼非能使木寿且孳也,能顺木之天,以致其性焉尔。凡植木之性,其本欲舒,其培欲平,其土欲故,其筑欲密。既然已,勿动勿虑,去不复顾。其莳也若子,其置也若弃,则其天者全而其性得矣。故吾不害其长而已,非有能硕茂之也,不抑耗其实而已,非有能蚤而蕃之也。他植者则不然,根拳而土易,其培之也,若不过焉则不及。苟有能反是者,则又爱之太恩,忧之太勤,旦视而暮抚,已去而复顾,

甚者爪其肤以验其生枯，摇其本以观其疏密，而木之性日以离矣。虽曰爱之，其实害之；虽曰忧之，其实仇之。故不我若也，吾又何能为哉！"

问者曰："以子之道，移之官理可乎？"驼曰："我知种树而已，官理非吾业也。然吾居乡，见长人者好烦其令，若甚怜焉，而卒以祸。旦暮吏来而呼曰：'官命促尔耕，勖尔植，督尔获，蚤缫而绪，蚤织而缕，字而幼孩，遂而鸡豚。'鸣鼓而聚之，击木而召之。吾小人辍飧饔以劳吏者，且不得暇，又何以蕃吾生而安吾性耶？故病且怠。若是，则与吾业者其亦有类乎？"

与创作的诗歌比较，韩愈散文的题材更丰富多样。韩愈写给逝去故友柳宗元的悼词，根据中国人的传统要在棺材旁或者墓旁朗读，然后将其烧掉。这算是一种与逝者交流的方式。在中国，韩愈的《祭柳子厚文》应该是一篇广泛流传的悼词：

维年月日，韩愈谨以清酌庶羞之奠，祭于亡友柳子厚之灵：
嗟嗟子厚，而至然耶！自古莫不然，我又何嗟？人之生世，如梦一觉；其间利害，竟亦何校？当其梦时，有乐有悲；及其既觉，岂足追惟。

凡物之生，不愿为材；牺尊青黄，乃木之灾。子之中弃，天脱馽羁；玉佩琼琚，大放厥词。富贵无能，磨灭谁纪？子之自著，表表愈伟。不善为斫，血指汗颜；巧匠旁观，缩手袖间。子之文章，而不用世；乃令吾徒，掌帝之制。子之视人，自以无前；一斥不复，群飞刺天。

嗟嗟子厚，今也则亡。临绝之音，一何琅琅。遍告诸友，以寄厥子。不鄙谓余，亦托以死。凡今之交，观势厚薄；余岂可保，能承子托？非我知子，子实命我；犹有鬼神，宁敢遗堕？念子永归，无复来期。设祭棺前，矢心以辞。呜呼哀哉，尚飨！

下面的文字节选自韩愈的《原道》：

如古之无圣人，人之类灭久矣。何也？无羽毛鳞介以居寒热也，无爪牙以争食也。

是故君者，出令者也；臣者，行君之令而致之民者也；民者，出粟米麻丝、作器皿、通货财以事其上者也。君不出令，则失其所以为君；臣不行君之令而致之民，则失其所以为臣；民不出粟米麻丝、作器皿、通货财以事其上，则诛。

曰："斯道也，何道也？"曰："斯吾所谓道也，非向所谓老与佛之道也。尧以是传之舜，舜以是传之禹，禹以是传之汤，汤以是传之文、武、周公，文、武、周公传之孔子，孔子传之孟轲，轲之死，不得其传焉。荀与扬也，择焉而不精，语焉而不详。由周公而上，上而为君，故其事行；由周公而下，下而为臣，故其说长。"然则如之何而可也？曰："不塞不流，不止不行。人其人，火其书，庐其居。明先王之道以道之，鳏寡孤独废疾者有养也。其亦庶乎其可也。"

在《祭鳄鱼文》中，韩愈向鳄鱼下最后通牒，这可能是中国文人熟知并深信不疑的事情。不过，《祭鳄鱼文》也可能只是一篇讽喻散文。现摘取如下片段让读者评判：

> 刺史受天子命，守此土，治此民，而鳄鱼睅然不安溪潭，据处食民、畜、熊、豕、鹿、獐，以肥其身，以种其子孙，与刺史亢拒，争为长雄。刺史虽驽弱，亦安肯为鳄鱼低首下心，伈伈睍睍，为民吏羞，以偷活于此邪？且承天子命以来为吏，固其势不得不与鳄鱼辩。
>
> 鳄鱼有知，其听刺史言：潮之州，大海在其南，鲸、鹏之大，虾、蟹之细，无不归容，以生以食，鳄鱼朝发而夕至也。

韩愈的《祭十二郎文》是一篇写给其侄十二郎的祭文。十二郎与韩愈年龄相仿，关系比较亲密。韩愈写下这篇祭文，并且希望通过焚烧向逝者传达哀悼之情。下面仅节选几个较短的片段：

> 吾兄之盛德而夭其嗣矣！汝之纯明宜业其家者，不克蒙其泽矣！所谓天者诚难测，而神者诚难明矣！所谓理者不可推，而寿者不可知矣！
>
> 虽然，吾自今年来，苍苍者或化而为白矣，动摇者或脱而落矣，毛血日益衰，志气日益微，几何不从汝而死也！死而有知，其几何离？其无知，悲不几时，而不悲者无穷期矣！

> 彼苍者天，曷其有极！自今以往，吾其无意于人世矣！当求数顷之田于伊、颍之上，以待余年。教吾子与汝子，幸其成；长吾女与汝女，待其嫁。如此而已。呜呼！言有穷而情不可终，汝其知也邪？其不知也邪？呜呼哀哉！尚飨！

在韩愈所有的诗文中，没有哪篇如《谏迎佛骨表》一样引起巨大的轰动。事实上，佛教正在赢得大量普通民众的支持。但在这种场合，如果不是如韩愈一样勇敢的人站出来仗义执言,那么儒学的名声和地位可能会进一步受到威胁。下面是这篇充满争议散文的节选。正是这篇文章让韩愈被贬,甚至差点丧命:

  今闻陛下令群僧迎佛骨于凤翔,御楼以观,舁入大内,又令诸寺递迎供养。臣虽至愚,必知陛下不惑于佛,作此崇奉,以祈福祥也。直以年丰人乐,徇人之心,为京都士庶设诡异之观,戏玩之具耳。安有圣明若此,而肯信此等事哉!然百姓愚冥,易惑难晓,苟见陛下如此,将谓真心事佛,皆云:"天子大圣,犹一心敬信;百姓何人,岂合更惜身命!"焚顶烧指,百十为群,解衣散钱,自朝至暮,转相仿效,惟恐后时,老少奔波,弃其业次。若不即加禁遏,更历诸寺,必有断臂脔身以为供养者。伤风败俗,传笑四方,非细事也。
  夫佛本夷狄之人,与中国言语不通,衣服殊制;口不言先王之法言,身不服先王之法服;不知君臣之义,父子之情。假如其身至今尚在,奉其国命,来朝京师,陛下容而接之,不过宣政一见,礼宾一设,赐衣一袭,卫而出之于境,不令惑众也。况其身死已久,枯朽之骨,凶秽之馀,岂宜令入宫禁?孔子曰:"敬鬼神而远之。"古之诸侯,行吊于其国,尚令巫祝先以桃茢祓除不祥,然后进吊。今无故取朽秽之物,亲临观之,巫祝不先,桃茢不用,群臣不言其非,御史不举其失,臣实耻之。乞以此骨付之有司,投诸水火,永绝根本,断天下之疑,绝后代之惑。使天下之人,知大圣人之所作为,出于寻常万万也。岂不盛哉!岂不快哉!佛如有灵,能作祸祟,凡有殃咎,宜加臣身,上天鉴临,臣不怨悔。

李华的生平事迹不太为人所知,其最知名作品是《吊古战场文》:

> 浩浩乎,平沙无垠,敻不见人。河水萦带,群山纠纷。黯兮惨悴,风悲日曛。蓬断草枯,凛若霜晨。鸟飞不下,兽铤亡群。亭长告余曰:"此古战场也,常覆三军。往往鬼哭,天阴则闻。"伤心哉!

下面引文是作者回想起多年前的破败景象:

> 利镞穿骨,惊沙入面,主客相搏,山川震眩。声析江河,势崩雷电。至若穷阴凝闭,凛冽海隅,积雪没胫,坚冰在须。鸷鸟休巢,征马踟蹰。缯纩无温,堕指裂肤。当此苦寒,天假强胡,凭陵杀气,以相剪屠。径截辎重,横攻士卒。都尉新降,将军覆没。尸填巨港之岸,血满长城之窟。无贵无贱,同为枯骨……
>
> 鼓衰兮力竭,矢尽兮弦绝,白刃交兮宝刀折,两军蹙兮生死决。降矣哉,终身夷狄;战矣哉,暴骨沙砾。鸟无声兮山寂寂,夜正长兮风渐渐。魂魄结兮天沉沉,鬼神聚兮云幂幂。日光寒兮草短,月色苦兮霜白。伤心惨目,有如是耶!

令人闻风丧胆的突厥人给汉族人带来的浩劫是唐代很多诗歌和散文表现的内容。下面诗句出自陈陶的《陇西行》,记录了愤愤不平的将士立下的爱国誓言及徒劳的勇猛带来的悲哀:

> 誓扫匈奴不顾身,五千貂锦丧胡尘。
> 可怜无定河边骨,犹是春闺梦里人!

唐代有着辉煌灿烂的历史，除了上述文学成就，唐代也见证了通俗文学的诞生。特别是跟传统文学形式比较，通俗文学在后世经历了巨大的发展，并且获得前所未有的关注。

但现在，我们要告别唐代这一盛名流传至今的时代。正如中国北方人自豪地称呼自己为汉子，不少南方省份的人更乐于被称作唐人。

第五部分

两宋

公元 907 年—公元 1279 年

第 1 章

活字印刷术的发明

公元907年，唐代历史画上句号。公元907年到公元960年，即接下来的五十多年，中华帝国经历了频繁的朝代更迭，至少出现了五个不同的王朝，即后梁、后唐、后晋、后汉、后周。这样的时代不利于文学活动的发生和文学的发展。不过，文学领域并没有停滞不前，而是产生一批具有一定影响力的文人。

这一时期有位文人大大地吸引了国外读者，此人即是冯道。他曾因历仕四朝十帝闻名，人们为他取了绰号"不倒宰相"。其实，这一绰号更多是讽刺他的"见风使舵"。他曾想谋取一个职位而向辽代第二位皇帝耶律直鲁古竭力自荐。他说自己无家室、无钱财、才华也不甚高。不过，这样的表述深深打动了辽代的统治者。冯道也立即被任命为辽代太子的老师。外国人对冯道的另一个印象是他发明了雕版印刷术。事实上，这种印刷术的雏形在唐代时已经出现。但直到冯道所在的时期，雕版印刷术才趋于成熟。然而，这一印刷术此时并没有用于印刷纸张。公元960年，即冯道去世六年后，北宋王朝建立。此时，活字印刷才真正用于印刷纸张。

北宋王朝的建立，用中国神话中的语言形容是进入"另一番天地"。一批开明的帝王大力推动了史学、经学、通俗文学、词典编纂学、诗歌等各个领域的发展。宋代曾因金朝在公元1125年到公元1127年的入侵中断。当时，宋徽宗赵佶及其子宋钦宗赵桓被俘押解北上，史称"靖康之耻"。总体而言，宋朝是一个伟大的王朝，其统治者为这一时期的中国文学跻身世界一流水平创造了有利的时代条件。

第 2 章

两宋史学、经学和散文

宋代史学的首要任务是编撰唐代的历史。其实,之前后晋历史学家刘昫已经写成一部唐史,史称《旧唐书》。不过,就各方面而言,《旧唐书》尚存诸多不尽人意之处。于是,人们期待新的唐代历史作品出现,以弥补《旧唐书》的不足。真正实践这一目标的是北宋两位著名学者欧阳修和宋祁。欧阳修和宋祁都是当时文学界的领军人物。欧阳修出身贫寒,他的母亲用芦苇秆教会他读书识字。十五岁时,欧阳修的学识开始赢得人们的关注。最终,在科举殿试中,他获得一甲第三名的好成绩。他的仕途历经曲折,这主要由于他耿直的个性。对于自认为正确的事,他总是坚持己见,甚至不计个人得失。除了主修史书,欧阳修还写过各种类型的文学作品。他既写严肃的文学作品,又写诙谐的文学作品。其中,还有一部关于诗文的作品,包含古代的碑文、当朝的奇闻趣事、有关牡丹的诗文、诗歌散文……下面选取他的一篇幽默作品《醉翁亭记》。这篇文章让后人敬仰的是其飘逸的文风,它也是后世学人经常拜读的作品。正如读者所见,这篇作品描述的是作者本人:

> 环滁皆山也。其西南诸峰,林壑尤美,望之蔚然而深秀者,琅琊也。山行六七里,渐闻水声潺潺,而泻出于两峰之间

者，酿泉也。峰回路转，有亭翼然临于泉上者，醉翁亭也。作亭者谁？山之僧智仙也。名之者谁？太守自谓也。太守与客来饮于此，饮少辄醉，而年又最高，故自号曰醉翁也。醉翁之意不在酒，在乎山水之间也。山水之乐，得之心而寓之酒也。

若夫日出而林霏开，云归而岩穴暝，晦明变化者，山间之朝暮也。野芳发而幽香，佳木秀而繁阴，风霜高洁，水落而石出者，山间之四时也。朝而往，暮而归，四时之景不同，而乐亦无穷也。

至于负者歌于涂，行者休于树，前者呼，后者应，伛偻提携，往来而不绝者，滁人游也。临溪而渔，溪深而鱼肥。酿泉为酒，泉香而酒洌；山肴野蔌，杂然而前陈者，太守宴也。宴酣之乐，非丝非竹，射者中，弈者胜，觥筹交错，起坐而喧哗者，众宾欢也。苍颜白发，颓然乎其中者，太守醉也。

已而夕阳在山，人影散乱，太守归而宾客从也。树林阴翳，鸣声上下，游人去而禽鸟乐也。然而禽鸟知山林之乐，而不知人之乐；人知从太守游而乐，而不知太守之乐其乐也。醉能同其乐，醒能述以文者，太守也。太守谓谁？庐陵欧阳修也。

这篇文章除了透过描写美丽的风景表现时代风貌，更令评论者惊讶的是其中的助词"也"，听上去很像希腊语中的"YE"，并且"也"在文中重复二十次之多。

下一篇文章题为《秋声赋》，描述了夏天突然远去这一惯常的天气现象：

欧阳子方夜读书，闻有声自西南来者，悚然而听之，曰："异哉！"初淅沥以萧飒，忽奔腾而砰湃，如波涛夜惊，风

欧阳修

雨骤至。其触于物也,鏦鏦铮铮,金铁皆鸣;又如赴敌之兵,衔枚疾走,不闻号令,但闻人马之行声。予谓童子:"此何声也?汝出视之。"童子曰:"星月皎洁,明河在天,四无人声,声在树间。"

余曰:"噫嘻,悲哉!此秋声也,胡为乎来哉?盖夫秋之为状也,其色惨淡,烟霏云敛,其容清明,天高日晶,其气栗冽,砭人肌骨,其意萧条,山川寂寥。故其为声也,凄凄切切,呼号愤发。丰草绿缛而争茂,佳木葱茏而可悦,草拂之而色变,木遭之而叶脱。其所以摧败零落者,乃其一气之余烈。

夫秋,刑官也,于时为阴;又兵象也,于行为金,是谓天地之义气,常以肃杀而为心。天之于物,春生秋实,故其在乐也，商声主西方之音，夷则为七月之律。商，伤也，物既老而悲伤。夷，戮也，物过盛而当杀。

嗟乎！草木无情，有时飘零。人为动物，惟物之灵，百忧感其心，万事劳其形；有动乎中，必摇其精。而况思其力之所不及，忧其智之所不能，宜其渥然丹者为槁木，黟然黑者为星星。奈何以非金石之质，欲与草木而争荣？念谁为之戕贼，亦何恨乎秋声！

童子莫对，垂头而睡。但闻四壁虫声唧唧，如助余之叹息。

这一时期另一位著名历史学家是宋祁。他曾在考试中成绩排名位列其兄长宋庠之前。不过，最终放榜时，哥哥宋庠是状元，宋祁排到第十名，原因是要遵循长幼先后的顺序。宋祁官居高位，著作等身。在宫中，宋祁受到众人喜爱。据说，一次宫中过节，他穿得单薄遂觉寒冷。皇帝请求后宫的妃子们借给他一件披肩，随后有十几位妃子送来各自的衣裳。但宋祁不想接受任何一位妃子的衣裳，因为他不想得罪其他人。于是，他只好选择坐着发抖。宋祁和欧阳修一道负责编修《新唐书》。这部作品后来被世人认定为一部杰作，因为它大大超越刘昫编纂的《旧唐书》。不过，《新唐书》没有完全取代后者，因为《旧唐书》保存了很多唐代的重要史料。事实上，《新唐书》和《旧唐书》共同被保存下来。

北宋还出现一位与西汉历史学家司马迁齐名的天才司马光。司马光步入官场后，曾官至宰相。但他反对改革家王安石的政治主张，在公元1070年辞官。随后，司马光潜心编撰《资治通鉴》，这部让他名垂青史的巨著。该书的书名是公元1084年当朝皇帝宋神宗赵顼所赐，意在"有鉴于往事，以资于治道"。《资治通鉴》记载了周威烈王二十三年，即公元前403年到五代后周世宗显德六年，即公元959年，征淮南期间的历

司马光

史,涵盖十六朝共计一千三百六十二年的历史。《资治通鉴》由司马光总其大成,协修者有刘恕、刘攽、范祖禹三人。他们分工合作,各自做出重要贡献。最后,这部著作由司马光修改润色,写成定稿,其中是非予夺,一概出自司马光。司马光年少时十分好学,经常将手放在一个木制圆枕上。每次看书困乏时，司马光的手一碰到这个圆枕就会清醒。小时候有一次，一位小朋友掉进水缸，要不是司马光急中生智想出办法，这位小朋友可能会淹死。当时，司马光拿起一块大石头朝水缸砸去，水缸裂了，水流出来。作为一名学者，司马光有一座巨大的私人藏书馆。他更善于保管图书，即使使用多年，他的藏书仍然跟新书一样。司马光不让自己的学生们用指甲刮书页，而是让他们用右手食指翻书。公元1085年，司马光回到朝廷。然而，他没在京城待几个月便生病去世，全因他一如既往地为国家的利益辛勤工作。人们深深地敬佩他，也为他的离世惋惜。

下面的内容节选自《谏院题名记》，是他对谏官制度新出现的危险苗头做出的论述。在古代中国行政体系中，谏官占据很重要的位置：

> 古者谏无官，自公、卿、大夫至于工商，无不得谏者。汉兴以来始置官。夫以天下之政，四海之众，得失利病，萃于一官使言之，其为任亦重矣。居是官者，当志其大，舍其细，先其急，后其缓，专利国家，而不为身谋。彼汲汲于名者，犹汲汲于利也，其间相去何远哉！
>
> 天禧初，真宗诏置谏官六员，责其职事。庆历中，钱君始书其名于版。光恐久而漫灭，嘉祐八年，刻著于石。后之人将历指其名而议之曰："某也忠，某也诈，某也直，某也回。"呜呼！可不惧哉？

周敦颐与司马光同处一个时代，是一位能将军事指挥才能与长期不懈的学习融合的文人。长期用功学习及十分关心人民疾苦，使周敦颐的身体垮了下来。周敦颐最主要的作品《通书》是为《易经》这本神秘莫测的书做的阐释。不过直到他去世，《通书》才经他的弟子们整理完成，并且

周敦颐

得以面世，朱熹还为《通书》做过评论。下面的小短篇《爱莲说》，透过莲花这一意象讽喻，是中国文人们十分熟悉也十分喜欢的作品：

> 水陆草木之花，可爱者甚蕃。晋陶渊明独爱菊。自李唐来，世人甚爱牡丹。予独爱莲之出淤泥而不染，濯清涟而不妖，中通外直，不蔓不枝，香远益清，亭亭净植，可远观而不可亵玩焉。
>
> 予谓菊，花之隐逸者也；牡丹，花之富贵者也；莲，花之

第2章 两宋史学、经学和散文 | 191

君子者也。噫！菊之爱，陶后鲜有闻。莲之爱，同予者何人?牡丹之爱，宜乎众矣!

程颢和程颐两兄弟因渊博的学识享有盛名，特别是弟弟程颐写过一部珍贵的《易经》注解。哥哥程颢曾因大胆推倒一尊佛像引起不小的关注。据说，这尊佛像的头能发光。这尊佛像被推倒后，很多善男信女聚集起来不肯罢休。在下一章中，我们会读到程颢的诗歌。程颐曾写过有

程颢　　　　　　　　　　　　　　　　　　　　　　　　　程颐

王安石

关诗歌创作的文章,《二程语录》将其收录其中。这篇文章提到,"既学时,须是用功方合诗人格。既用功,甚妨事。古人诗云:'吟成五个字,用破一生心。'又谓'可惜一生心,用在五字上。'此言甚当。某所以不常作诗"。

王安石是一位伟大的改革家和政治家。不过,不幸的是他生前亲眼见证自己的改革成果被推翻。在文学方面,他一直笔耕不辍。到了老年,他依然像年轻人一样勤奋。据说写作时,他的笔能在纸上飞舞。事实上,他性格执拗又十分节俭。王安石时常穿着脏衣服,甚至不洗脸。因此,苏洵还骂他是个野人,"衣臣虏之衣,食犬彘之食"。王安石十分固执地坚持自己的观点和看法,不愿承认自己的一点儿错误。因此,他得到"拗相公"的绰号。王安石曾试图改革科举考试,意在纠正科举考试过分注重文采而轻视实用性和多样性的弊端。结果是王安石当政期间,乡间学堂的学童们都扔掉诗赋之类的书,转而学习更实际的历史、地理、政治、经济等方面的知识。王安石晚年还曾著有一部研究汉字的书《字说》,认为汉字以音、形包含着万事万物之理。《字说》重点从楷书的点画释字,违背古文字学的"六书"原则。可以说,王安石《字说》对字的解释,已经脱离严肃的文字学意义,趋向拆字游戏。下面是王安石写的一封信《答曾子固书》,信中谈到读书不注重取舍的问题:

> 某启:久以疾病不为问,岂胜向往。前疑子固于读经有所不暇,故语及之。连得书,疑某所谓经者,佛经也,而教之以佛经之乱俗!某但言读经,则何以别于中国圣人之经?子固读吾书每如此,亦某所以疑子固于读经有所不暇也。
>
> 然世之不见全经久矣,读经而已,则不足以知经。故某自百家诸子之书,至《难经》《素问》《本草》、诸小说,无所不读;农夫女工,无所不问;然后于经为能知其大体而无疑。盖后世学者,与先王之时异矣,不如是,不足以尽圣人故也。
>
> 扬雄虽为不好非圣人之书,然而墨、晏、邹、庄、申、韩,亦何所不读?彼致其知而后读,以有所去取,故异学不能乱也。惟其不能乱,故能有所去取者,所以明吾道而已。子固视吾所知,为尚可以异学乱之者乎?非知我也。

方今乱俗不在于佛，乃在于学士大夫沉没利欲，以言相尚，不知自治而已。子固以为如何？

苏轼常常被人称作苏东坡。苏轼少时由其母教导读书识字。在科举殿试中，苏轼考得很好，导致主考官欧阳修怀疑苏轼是由他人替考。不过，最终，他名列榜首，并且开始仕途。然而，苏轼在官场中树立的对手比交到的朋友多，并且需要时时与恬不知耻的政坛对手们斗争。苏轼曾被贬官到海南，一个当时十分偏僻落后的地方。苏轼是一位出色的诗

苏轼

人、散文家，其作品深受中国人喜爱。下面的选文是《前赤壁赋》，是他在中秋夜探访九百多年前的古战场，抒发人生感伤的作品。作者想象水边的古战场曾燃烧战船，照亮旁边的悬崖峭壁：

壬戌之秋，七月既望，苏子与客泛舟游于赤壁之下。清风徐来，水波不兴。举酒属客，诵明月之诗，歌"窈窕"之章。

少焉，月出于东山之上，徘徊于斗、牛之间。白露横江，水光接天。纵一苇之所如，凌万顷之茫然。浩浩乎如冯虚御风，而不知其所止；飘飘乎如遗世独立，羽化而登仙。

于是饮酒乐甚，扣舷而歌之，歌曰："桂棹兮兰桨，击空明兮溯流光。渺渺兮予怀，望美人兮天一方。"

客有吹洞箫者，倚歌而和之。其声呜呜然，如怨如慕，如泣如诉，余音袅袅，不绝如缕。舞幽壑之潜蛟，泣孤舟之嫠妇。苏子愀然，正襟危坐而问客曰："何为其然也？"客曰："'月明星稀，乌鹊南飞'。此非曹孟德之诗乎？西望夏口，东望武昌，山川相缪，郁乎苍苍，此非孟德之困于周郎者乎？方其破荆州，下江陵，顺流而东也，舳舻千里，旌旗蔽空，酾酒临江，横槊赋诗，固一世之雄也，而今安在哉？况吾与子渔樵于江渚之上，侣鱼虾而友麋鹿，驾一叶之扁舟，举匏樽以相属。寄蜉蝣于天地，渺沧海之一粟，哀吾生之须臾，羡长江之无穷，挟飞仙以遨游，抱明月而长终。知不可乎骤得，托遗响于悲风。"

苏子曰："客亦知夫水与月乎？逝者如斯，而未尝往也；盈虚者如彼，而卒莫消长也。盖将自其变者而观之，则天地曾不能以一瞬，自其不变者而观之，则物与我皆无尽也。而又何羡乎？且夫天地之间，物各有主，苟非吾之所有，虽一毫而莫取。惟江上之清风，与山间之明月，耳得之而为声，目遇之而成色，取之无禁，用之不竭，是造物者之无尽藏也，而吾与子之所共适。"

客喜而笑，洗盏更酌，肴核既尽，杯盘狼藉，相与枕藉乎舟中，不知东方之既白。

苏轼新建的亭子落成，可以让他从繁忙的事务中脱身，偶然前来休息。此时，恰逢久旱得雨，苏轼记录下劳动人民遭受的痛苦。这座别馆以雨入其名，纪念雨带给人们的喜悦。他的《喜雨亭记》以如下话语结尾：

既以名亭，又从而歌之，曰："使天而雨珠，寒者不得以为襦；使天而雨玉，饥者不得以为粟。一雨三日，繄谁之力？民曰太守。太守不有，归之天子。天子曰不然，归之造物。造物不自以为功，归之太空。太空冥冥，不可得而名。吾以名吾亭。"

《放鹤亭记》描述了一位山中隐士：

山人有二鹤，甚驯而善飞，旦则望西山之缺而放焉，纵其所如，或立于陂田，或翔于云表，暮则傃东山而归。

《放鹤亭记》以如下的诗歌结束：

鹤飞去兮，西山之缺，高翔而下览兮，择所适。翻然敛翼，宛将集兮，忽何所见，矫然而复击。独终日于涧谷之间兮，啄苍苔而履白石。鹤归来兮，东山之阴。其下有人兮，黄冠草履葛衣而鼓琴。躬耕而食兮，其余以汝饱。归来归来兮，西山不可以久留。

在《睡乡记》中，苏轼对睡乡的描绘根据王绩的《醉乡记》：

其政甚淳，其俗甚均，其土平夷广大，无东西南北，其人安恬舒适，无疾痛札疠。昏然不生七情，茫然不交万事，荡然不知天地日月。不丝不谷，佚卧而自足，不舟不车，极意而远游。

苏辙是苏轼的弟弟，也是一位诗人和朝廷官员。他最主要的成就是对道教的研究，并且曾对《道德经》做过注释。

黄庭坚是其所处时代的四大学者之一[①]。黄庭坚既是一位诗人，又是一位书法家。与此同时，他还是二十四孝中的大孝子，其母生病后他曾衣不解带地整整服侍一年。下面是他的一篇书信体作品《书嵇叔夜诗与侄榎》：

叔夜此诗，豪壮清丽，无一点尘俗气。

凡学作诗者，不可不成诵在心，想见其人。虽沉于世故者，暂而揽其余芳，便可扑去面上三斗俗尘矣，何况深其义味者乎？故书以付榎，可与诸郎皆诵取，时时讽咏，以洗心忘倦。

余尝为诸子弟言："士生于世，可以百为，唯不可俗。俗便不可医也。"或问不俗之状。余曰："难言也。视其平居，无以异于俗人，临大节而不可夺，此不俗人也。士之处世，或出或处，或刚或柔，未易以一节尽其蕴，然率以是观之。"

[①] 此处记述有误，黄庭坚是苏门四学士之一。

黄庭坚

郑樵是在完全与世隔绝的境况下开始其文学创作生涯的。随后，郑樵开始四处云游，遍访名胜古迹，一心寻访传奇风物，探究古玩，研读在旅途中遇到的所有图书。公元1149年，他首次献出撰写的一百四十卷《诏藏秘府》。随后，他回到家乡，抄录自己撰写的《通志》。《通志》涵盖了上到公元前2800年，下到公元600年之间的历史。《通志》

的精装版分四十六本，公元1749年由皇室主持出版，并且由乾隆皇帝作序。另外，郑樵还写过散文、诗歌，另有研究石鼓的论著《通志·金石略》。这些石鼓现存于北京，其历史可以追溯到公元前3世纪，而不是之前公认的公元前10世纪或者公元前11世纪。

朱熹是中国文学史上一个家喻户晓的名字。他十九岁科举及第，随后的仕途一帆平顺。朱熹早期的思想明显受到佛教思想的影响，甚至有人说他本人是位佛教教徒。不管怎么说，后来，他逐渐感受到研究的方向性错误，便一心一意研读儒家经典。朱熹著述甚多，他曾根据司马光所著史书编撰成《通鉴纲目》。《通鉴纲目》被认为是标准的史书。

朱熹

朱熹更被认定为最权威的儒家经典注释者。他对经典的诠释跟汉代的诠释完全或者部分相左，但朱熹的诠释被认为更准确。因此，在一定程度上，朱熹的诠释改变了当时的政治和社会道德标准。朱熹诠释的一大原则是一致性。他反对在孤立的语境下单一解释词语含义，而是尽量寻求该词在多种语境下的不同含义。总体而言，这种方法能更好更快阐明经典的意义，而不是像汉代学者那样阻断词语间的联系，使经典变得难懂。不过，朱熹偶然有不如前人之处。下面的两个例子分别来自朱熹和汉代学者对《论语·为政》中一处内容的注释，可以明显看出前人的注释更可取：

> 孟武伯问孝。子曰："父母唯其疾之忧。"

汉代学者认为这句的含义是，孟武伯向孔子请教行孝之道。孔子说，孝是让你的父母不为除你的健康之外的其他事烦忧。

朱熹认为这句的含义是，孟武伯向孔子请教行孝之道。孔子说，父母对儿女的身体抱恙忧心过重，会生出痛苦。但朱熹又认为"旧说，人子能使父母不以其陷于不义为忧，而独以其疾为忧，乃可谓孝。亦通"。

后一种解释似乎不太完整，但朱熹又注释道，儿女有照顾好自己的身体而不让自己的父母操心的责任。

王步青曾为朱熹的《论语集注》做过注解。这部书的书名为《论语集注本义汇参》，公元1745年问世。在序言中，王步青认为，邵雍曾试图用数字解释《易经》，程颐用事物的永恒相适性解释《易经》，朱子深刻洞察《易经》的奥义，用原作者的思路解释。朱熹知名的著作有《启蒙》——一部为幼儿编写的书。有人争论说"蒙"字并非指蒙童，而是指这部书的内容浅显，特别在与《大学》比较时。朱熹另有一本形而上学著作，其中包含他后半生的思考和领悟。引文节选自《启蒙·小学敬身》，其内容更多指向蒙学、蒙童，这或许才是《启蒙》标题的正解：

> 登城不指，城上不呼。
> 将适舍，求毋固。将上堂，声必扬。户外有二屦，言闻则入，言不闻则不入。毋践屦，毋踏席，抠衣趋隅，必慎唯诺。毋拔来，毋报往。
> 毋渎神，毋循枉，毋测未至。

朱熹与当时的画家郭拱辰相熟。朱熹曾为郭拱辰写过一篇《送郭拱辰序》，并且对其画作大加赞赏，"世之传神写照者，能稍得其形似，已得称为良工。今郭君拱辰叔瞻，乃能并与其精神意趣而尽得之，斯亦奇矣"。

随后，他还补充了一些个人趣闻：

> 为予作大小二象，宛然麋鹿之姿，林野之性。持以示人，计虽相闻而不相识者，亦有以知其为予也。

只是不知现在，朱熹的后人是否保存着这两幅肖像。

据说，朱熹去世后，他的棺材曾悬浮到离地三英尺处停住。直到他的儿子跪在棺材附近，背诵逝者魂灵曾提倡的优秀学者的标准后，棺材才慢慢回到地面。

第 3 章

两宋诗歌

宋代的诗歌不如唐代诗歌那样引人注目。这可能是由于宋代的文人们虽然写过不少诗歌,但少有如李白、杜甫等唐代著名诗人那样的职业诗人。直到今天的中国,诗歌都被认为是身份的一种象征,喻示着文雅和博学。宋代诗歌更关注形式。与唐代诗歌相比,宋代诗歌更墨守成规,缺乏创新。孔子曾经整理的《诗经》都是单纯的有关爱情、战争、耕作内容的诗歌,均是发自人们内心朴素情感的表达。唐代诗歌展现出高超的创作技巧,并且被认为是在与大自然真实交流中感悟出的思想和情感,少见人为的抑制或干扰。唐代灭亡后,唐诗随之衰落。从此,中国的诗歌创作一蹶不振。虽然现在受过教育的人都会创作诗歌,但这些诗歌暴露出赤裸裸的创作痕迹。总体而言,这些诗歌不尽如人意。

诗人陈抟的幼年生活充满传奇色彩。据说,他四五岁时在河边游戏玩耍,有青衣老妇给他哺乳。此后,陈抟日益聪明颖悟,一见成诵,并且长于作诗。但之后,他没有通过科举考试,并且放弃俸禄官职转而寄情山水。据传,他在山上碰到仙人,并且学会如动物一般的长眠之术,能一梦百日。他在思想上倾向道家,写过有关长生不老的文章。死后,陈抟的尸体七日不凉。下葬后一个月,他的墓透出光芒。他曾多次被朝廷召见。不过,从他的诗作,如《归隐》来看,仕途对他没有多大吸引力:

十年踪迹走红尘,回首青山入梦频。
紫陌纵荣争及睡,朱门虽贵不如贫。
愁闻剑戟扶危主,闷见笙歌聒醉人。
携取旧书归旧隐,野花啼鸟一般春。

杨亿是北宋初期西昆体的代表诗人。杨亿七岁能文,十岁能赋诗,十一岁时在京城即兴赋诗《喜朝京阙》:

七闽波渺邈,双阙气岧峣。
晓登云外岭,夜渡月中潮。
愿秉清忠节,终身立圣朝。

杨亿少时说话很晚。据说,有一天,杨亿被人带到一座塔顶。突然,他咏出李白的《夜宿山寺》:

危楼高百尺,手可摘星辰。
不敢高声语,恐惊天上人。

之前,介绍朱熹时,我们曾提过邵雍。邵雍是一位著名理学家,还是著名诗人、数学家、道士。他经常外出云游,十分爱好学习。据说,他冬天不烤火,夏天不摇扇。此外,他还三十多年不睡枕头,甚至不用床垫。但下面这首《插花吟》,我们可以看出邵雍并非一位苦行者:

头上花枝照酒卮,酒卮中有好花枝。
身经两世太平日,眼见四朝全盛时。

邵雍

况复筋骸粗康健,那堪时节正芳菲。
酒涵花影红光溜,争忍花前不醉归。

邵雍敏于观察自然界的变化,并且善于用《易经》中的内容解释这些变化。有一次,他和朋友一起散步,听到杜鹃的叫声。邵雍紧锁眉头，忧心忡忡，对朋友说，"根据往日经验，天下将治，地气自北而南；将乱，地气自南而北。禽鸟之类先天气而行，今杜鹃飞到北方，说明地气将自南而北。杜鹃是南方之鸟，洛阳过去从来没有见过，今日飞来，预兆朝廷中将有南方人掌权，天下将乱"。熙宁初年，即公元1070年，江西临川人王安石做了宰相，印证了邵雍的预言。

这里提到的伟大改革家王安石，在大刀阔斧变法之余，也沉迷于诗歌创作。在引用的诗作《春夜》中，王安石描述了一个"不眠之夜"，很好地显示了绝句诗体的创作难度：

金炉香尽漏声残，剪剪轻风阵阵寒。
春色恼人眠不得，月移花影上栏杆。

下面诗歌是北宋著名文学家和书法家黄庭坚的《清明》。这首诗由清明的美景想到死者，并且由死想到生，进而开始思考人生的意义：

佳节清明桃李笑，野田荒垅只生愁。
雷惊天地龙蛇蛰，雨足郊原草木柔。
人乞祭余骄妾妇，士甘焚死不公侯。
贤愚千载知谁是，满眼蓬蒿共一丘。

程颢是位严肃认真的学者，但他的诗歌有时会露出诙谐的一面。下面这首诗歌《题淮南寺》便出自程颢笔下：

南去北来休便休，白苹吹尽楚江秋。
道人不是悲秋客，一任晚山相对愁。

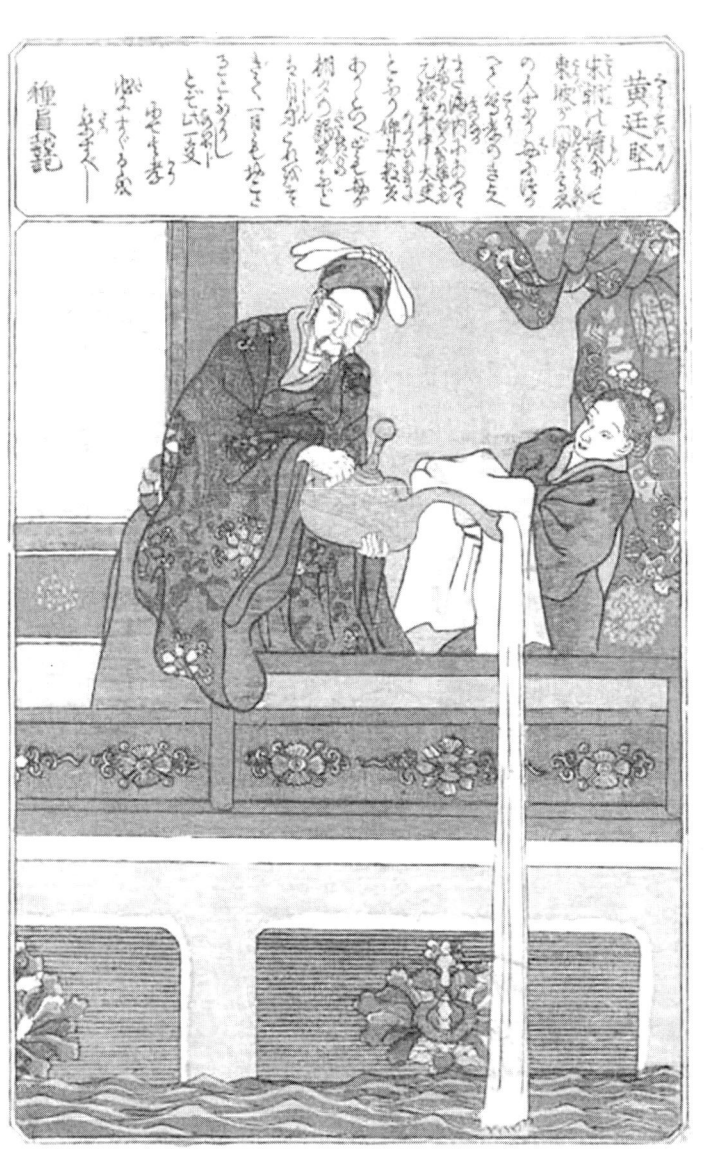

二十四孝中的黄庭坚

叶适是位文学家,但他更被人熟知的身份是政治家。下面这首绝句《游园不值》描述了游园不成,红杏出墙的动人情景,并且被认为是他最优秀的作品之一[①]:

应怜屐齿印苍苔,小扣柴扉久不开。
春色满园关不住,一枝红杏出墙来。

人们对高翥所知不多,不过很多诗集都录入他这首《清明日对酒》:

南北山头多墓田,清明祭扫各纷然。
纸灰飞作白蝴蝶,泪血染成红杜鹃。
日落狐狸眠冢上,夜归儿女笑灯前。
人生有酒须当醉,一滴何曾到九泉。

---

① 此处是本书作者翟理斯的讹误,《游园不值》的作者是叶适的学生叶绍翁。

第4章

两宋的辞典、百科全书与法医学

宋代的学者曾写过几部重要词典，但其中掺杂着一些价值一般的哲学著作。中国人一直热衷于研究自己的语言，毫无疑问其部分原因是中国人从不屈尊关注别国的语言。中国人以研究语言的最初形态为乐，那时的语言形式多是简单的图案。不过，很少有证据证明最初的图案最终激发语言的产生和发展。

陈彭年博闻强识，才华出众，被朝廷器重，并且最终官至贵显，但他被时人称作"九尾野狐"。他受命编撰《广韵》，一部包含两万六千字的古韵书，即古代语音词典。不过，这部书后来被《集韵》超过。《集韵》是一部古韵书，号称收录五万三千个汉字，其编撰者是宋祁及当时一些知名学者。

公元1241年，戴侗中进士，由国子监主簿调任台州知州。后来，蒙古人来犯并灭亡南宋。戴侗不愿在蒙古人的统治下为臣。于是，在公元1275年，戴侗称病归家，过上退休隐居的生活。回乡后，戴侗开始专注写作《六书故》，一部研究汉字起源和发展的著作。有的研究者称公元1250年《六书故》已经完成，但另有研究者认为直到公元1319年《六书故》才完成。

两宋时期，中国诞生了其第一部百科全书，并且这部百科全书注定在中国文学史上产生重要影响。吴淑的作品享有开创殊荣。吴淑幼时俊爽敏捷,为韩熙载、潘佑器重。吴淑仕南唐,以校书郎直内史;后入宋,试学士院,授大理评事,预修《太平御览》《太平广记》《文苑英华》等书。他创作的《事类赋》是一部按天部、岁时部、地部、什物部、草木部等条目分类的百科全书,更是此类书中的第一部。《事类赋》以散文诗的形式写就,并且奠定了时至今日类书写作的基础。吴淑参与的更有名也更宏大的作品是《太平御览》。《太平御览》的主要负责人是李昉,一位受当朝皇帝器重的宰相。李昉晚年曾有次受邀进宫过元宵节。当时,皇帝让李昉坐在自己身边,并且钦赐美酒和佳肴。然后,皇帝对众位大臣说:"李昉已经两次拜为宰相,但他从未伤害任何人。这实在是一大美德。"宋太宗赵炅曾花整整一年时间亲自审阅《太平御览》的所有书稿。因此,这部书得名《太平御览》。《太平御览》共引古书一千多种,仅文献就有四百多页。[1]公元1812年,《太平御览》重印,并且被装订成三十二大卷。

李昉之后还主持编撰了《太平广记》,以作为《太平御览》的补充。《太平广记》是中国古代文言纪实小说的第一部总集。它的前面有一个引用书目,共三百四十三种,占据两百六十页书稿。《太平广记》公元1566年的版本最珍贵,共十二大册,现存剑桥大学图书馆内。

两宋时,另一位百科全书作者是马端临,其父乃朝廷显官,马端临也曾想步其父后尘。马端临生于公元1254年,其卒年史志无载。南宋灭亡后,他从公众视野消失,回到家乡避乱。随后,他以教书为生。他以孜孜不倦的思辨能力闻名,并且吸引慕名而来的八方学子。他著有《文献通考》,这部著作以唐代杜佑的《通典》为基础编撰而成,但比《通典》多了五个部分,分别是经籍、帝系、封建、象纬、物异。完成这部作品花了马端临二十年的心血。欧洲人对《文献通考》很感兴趣,奋力在旧货市场上积极搜寻其书稿。

---

[1] 公元1812年是清嘉庆十七年。此版《太平御览》被称作歙鲍氏刻本。

南宋覆亡之际出现了一部法医方面的奇书《洗冤集录》。除了记载多个案例并引起世人注意，《洗冤集录》更被法医界奉为圭臬并被沿用至今。验尸官都是随身带着《洗冤集录》尸解。这部书的作者宋慈是南宋著名提点刑狱官，类似现代法医。从一本保存比较好的1842年版《洗冤集录》的前言中，我们可见如下文字，"法中所以通着今佐理据者，谨之至也"。

人有三百六十五节，按一年三百六十五日。

髑髅骨：男子自顶及耳并脑后共八片，蔡州人有九片。脑后横一缝，当正直下发际别有一直缝；妇人只六片，脑后横一缝，当正直下无直缝。

牙有二十四，或二十八，或三十二，或三十六。

胸前骨三条。

心骨一片，嫩，如钱大。

肩井及左右饭匙骨各一片。

左右肋骨，男子各十二条，八条长，四条短。妇人各十四条。①

若骨上有被打处，即有红色路、微荫；骨断处其接续两头各有血晕色；再以有痕骨照日看，红活，乃是生前被打分明。骨上若无血荫，纵有损折，乃死后痕。②

滴血验亲法，谓如：某甲是父或母，有骸骨在，某乙来认亲生男或女，何以验之？试令某乙就身刺一两点血，滴骸骨

---

① 此处来自《洗冤集录·十七·验骨》。——原注
② 此处来自《洗冤录集·十八·论沿身骨脉及要害去处》。——原注

上，是亲生，则血沁入骨内，否则不入。俗云"滴骨亲"，盖谓此也。①

注意事项：如果骨头用盐水洗过，那么即使是血亲关系，血也不会沁入。验血前要谨防这一点。

如果父子，或夫妻，各自取一滴血滴进装着水的盆内，那么两滴血会相溶。如果两人不是亲人，那么两滴血不会相溶。

两兄弟自小失散，很想验明亲人身份。对此，寻常的办法不能解决这一问题。于是，让两人各自取一滴血滴入水盆中。如果两人是亲兄弟，那么两滴血会相溶；如果不是亲兄弟，那么两滴血不会相溶。但在加入一点盐或醋后，新鲜的血会相溶。于是，有人会在水盆的水中打主意，以达到他们的目的或是欺骗别人。因此，验血前一定要将盆洗干净，或是去店铺买一个新盆。如此就能防止作弊。

如尸被火化尽，只是灰，无条段骨殖者，勒行人邻证供状：缘上件尸首，或失火烧毁，或被人烧毁，即无骸骨存在，委是无凭检验，方与备申。

将人打死，烧毁弃掷。寻找确定尸场；净草柴烧；胡麻数斗撒上；用帚扫之；麻油入土即成人形；除麻；猛火再烧；和糟水泼上；再烧；喷之以醋；用新金漆桌履上；桌面之上全具人形。②

---

① 此处来自《洗冤录集·十八·论沿身骨脉及要害去处》。——原注
② 此处来自清代许梿的《洗冤录详义》卷二。——原注

第六部分

元代

公元 1271 年—公元 1368 年

第1章
元代杂文与诗歌

公元13世纪到14世纪见证了中国政治方面的巨大变迁。中国被蒙古人统治全中国,这是历史上中国的皇位第一次落入外族人手中①。史书上并没详细记载皇权的确切交接日期。公元1264年,忽必烈定都北京,改名大都,并且在公元1271年改国号为元。然而,直到公元1279年,南宋爱国大臣赵平背着末代小帝王②,在毫无退路且复国无门的情况下,纵身跳入大海。此时,南宋王朝才彻底灭亡。

忽必烈是一位坚定的佛教徒,十分敬仰儒家文化,也很重视文学的发展。公元1269年,他指派畏兀儿人塔塔统阿以回鹘字母为基础创制蒙古文字。公元1280年,元代更新历法。公元1287年,忽必烈下令创办国子监。然而,他没有原谅南宋著名的爱国者和文学家文天祥,因为文天祥曾经勇敢地抵抗元朝军队的进攻,尽管最终抵抗失败了。公元1279年,反抗失败的文天祥被带到北京,在路上的八天他拒绝饮食。元代统治阶层想尽各种办法,劝降文天祥为自己效力,但最终只是徒劳。在监

---

① 此处指的是全国性的统一王朝。
② 背年仅八岁的帝昺(赵昺)投海自尽的是南宋丞相陆秀夫。赵平(Chao Ping)可能指赵昺(Zhao Bing),因为韦氏拼音"Chao Ping"跟汉语拼音"Zhao Bing"很接近。此处应是作者记述失误。

文天祥

狱内,文天祥被关押三年,最后被带到忽必烈面前。忽必烈问他:"你想要什么?"文天祥回答:"想在宋帝跟前效忠。我既然已经是宋朝的臣子,必不能效忠二主。我只求一死。"随后,文天祥被处决。临刑前,文天祥泰然自若,并且面朝南方跪下,好似南宋王朝正在其都城临安统治四方一般。下面是文天祥在狱中所作的诗歌《正气歌》:

天地有正气，杂然赋流形。下则为河岳，上则为日星。
于人曰浩然，沛乎塞苍冥。皇路当清夷，含和吐明庭。
时穷节乃见，一一垂丹青。在齐太史简，在晋董狐笔。
在秦张良椎，在汉苏武节。为严将军头，为嵇侍中血。
为张睢阳齿，为颜常山舌。或为辽东帽，清操厉冰雪。
或为出师表，鬼神泣壮烈。或为渡江楫，慷慨吞胡羯。
或为击贼笏，逆竖头破裂。是气所磅礴，凛烈万古存。
当其贯日月，生死安足论。地维赖以立，天柱赖以尊。
三纲实系命，道义为之根。嗟予遘阳九，隶也实不力。
楚囚缨其冠，传车送穷北。鼎镬甘如饴，求之不可得。
阴房阒鬼火，春院闷天黑。牛骥同一皂，鸡栖凤凰食。
一朝蒙雾露，分作沟中瘠。如此再寒暑，百沴自辟易。
嗟哉沮洳场，为我安乐国。岂有他缪巧，阴阳不能贼。
顾此耿耿在，仰视浮云白。悠悠我心悲，苍天曷有极。
哲人日已远，典刑在夙昔。风檐展书读，古道照颜色。

17世纪著名的评论家林西仲曾提到自己曾因牵扯进福建的叛乱下狱两年。当时，林西仲身患重疾，每天吟诵《正气歌》，最终病愈。可见诗文的力量可以感天动地，并且也不是只有杜甫的诗才能抵御疾病。

公元1256年，文天祥参加科举殿试，最终名列第七。然而，放榜前，宋理宗赵昀在翻阅所有考生的试卷时，被文天祥的考卷深深吸引，并且叫来主考官重新考虑一下排名。赵昀说，这篇文章呈现出犹如明镜一般明朗的古代先贤的道德品质，更显示出这位考生坚如磐石的忠心。主考官听取了宋理宗赵昀的意见，因此，最后放榜时，文天祥名列前茅。这位主考官王应麟也是位盛名在外的学者。他的盛名既不是因为他与中国最有名的爱国者文天祥之间的这层联系，也不是因为他所著众多经学注释作品，虽然其中一部内容庞杂的百科全书至今仍然珍藏在荷兰莱顿大学，而是因为一部幼儿启蒙读物《三字经》。众所周知，《三字经》出自王应麟笔下。此后六百年，《三字经》始终是中国幼儿启蒙的首选读物。《三字经》包含各方面，如哲学、经学、历史、传记及常识方面的知识，也被称作《中国通史》的袖珍版本。《三字经》每行三个字，配以打油诗的韵律，使它很容易被记住。因此，《三字经》也是每位中国读书人烂记于心的作品。《三字经》的体例曾被基督新教及天主教的传教士们模仿，并且用于传教。甚至太平天国政权有感于《三字经》的巨大影响力，发布了一部模仿《三字经》体例的宣传册子。这里节选部分内容：

> 人之初，性本善；
> 性相近，习相远。
> 苟不教，性乃迁。
> 教之道，贵以专。

还有一点值得注意，在学习过程中，《三字经》并没有向孩子们解释其中文字的意义。孩子们要做的是学习《三字经》中五百六十多个字的音和形。

刘因是元代著名理学家、诗人。小时候，刘因十分聪明，并且因对其继母的孝道名扬天下。刘因曾被朝廷授予官职，但为侍奉生病的母亲，他毅然辞官。当朝廷再次征召他时，他因病拒绝，继续过着隐居的生活。下面的《渡江赋》出自他之手：

> 纵横万里，浪浊滔天，长江自古天险。古之勇士横槊渡江，仰天长啸，致之死地而后生，其豪气长使人钦慕不已。吾少时于江边戏水，亦常有渡江之心，畏险而止。

刘因

夷陵之水，上接巴蜀之疾流，下引荆湘之浪滔。风云忽变，挟有雷霆万钧之势；缓缓而来，又如银河星转之玄。夷陵之山，坐地而起，虽无五岳之雄奇，亦不乏峡江之险峻。齐眉南望，霞光万道而耀目；垂首俯畅，舟女一笑而动魄。

昔曹孟德挥师百万而止于此，非是周郎之勇，实乃心中之虚也。故东风与便，二乔南飞，铜雀春深，空余斯人。

今有善游者，多花甲之长者，击水中流，不分冬夏。江南江北之往复，如履平地，谈笑之间耳。人有不屑者言：渡江何难，顺流而漂即可。然所言者多不敢一试，或有试者多不敢言。

元朝统治中国时也有一定数量的诗歌出现，但其数量并不可观，质

刘基

量也不算上乘,肯定不能跟前朝历代的诗作相比。公元1787年,康熙皇帝发布了一部元代诗歌总集,共八大册。不过,后人很少拜读元代诗歌。

　　元代最有名的诗人是刘基,字伯温,经学家、天文爱好者。他是大明王朝的开国元勋之一,也是明太祖朱元璋多年来比较信任的臣子。然而,最终,刘基失去朱元璋的信任,并且在朱元璋的授意下被自己的对手毒死。《古戍》记述了刘基游历边疆后的感想:

　　　　古戍连山火,新城殷地笳。
　　　　九州犹虎豹,四海未桑麻。
　　　　天迥云垂草,江空雪覆沙。
　　　　野梅烧不尽,时见两三花。

下面这首《绝句》是刘基被经常引用的诗作，很多诗歌选集都会收入这首诗：

人生无百岁，百岁复如何？
古来英雄士，各已归山河。

刘基的散文因其淳朴的文风受世人仰慕，人们称其风格古雅。刘基的一篇散文《司马季主论卜》讲述了公元前206年，秦国一位贵族东陵侯因秦朝灭亡突然间丧失所有，被迫以种瓜为生的故事。这位落魄贵族想知道自己以后的命运能否改变。于是，他来到一位大占卜师跟前询问。

季主乃言曰："呜呼！天道何亲？惟德之亲。鬼神何灵？因人而灵。夫蓍，枯草也，龟，枯骨也，物也。人，灵于物者也，何不自听而听于物乎？且君侯何不思昔者也？有昔者必有今日，是故碎瓦颓垣，昔日之歌楼舞馆也；荒榛断梗，昔日之琼蕤玉树也；露蛬风蝉，昔日之凤笙龙笛也；鬼磷萤火，昔日之金釭华烛也；秋荼春荠，昔日之象白驼峰也；丹枫白荻，昔日之蜀锦齐纨也。昔日之所无，今日有之不为过，昔日之所有，今日无之不为不足。是故一昼一夜，华开者谢；一秋一春，物故者新。激湍之下，必有深潭；高丘之下，必有浚谷。君侯亦知之矣，何以卜为？"

刘基的另一篇散文《卖柑者言》，是一篇针砭时政，特别是揭露腐败的作品：

杭有卖果者，善藏柑。涉寒暑不溃，出之烨然，玉质而金色。置于市,贾十倍,人争鬻之。予贸得其一,剖之,如有烟扑口鼻,视其中,则干若败絮。

予怪而问之曰:"若所市于人者,将以实笾豆,奉祭祀,供宾客乎?将衒外以惑愚瞽乎?甚矣哉,为欺也!"

卖者笑曰:"吾业是有年矣,吾赖是以食吾躯。吾售之,人取之,未闻有言,而独不足子所乎?世之为欺者不寡矣,而独我也乎?吾子未之思也。今夫佩虎符、坐皋比者,洸洸乎干城之具也,果能授孙、吴之略耶?峨大冠、拖长绅者,昂昂乎庙堂之器也,果能建伊、皋之业耶?盗起而不知御,民困而不知救,吏奸而不知禁,法斁而不知理,坐縻廪粟而不知耻。观其坐高堂,骑大马,醉醇醴而饫肥鲜者,孰不巍巍乎可畏、赫赫乎可象也?又何往而不金玉其外、败絮其中也哉?今子是之不察,而以察吾柑!"

予默默无以应。退而思其言,类东方生滑稽之流。岂其忿世疾邪者耶?而托于柑以讽耶?

第 2 章

元代戏曲

元代没有在传统的诗歌、经学、散文等领域留下太多令人记忆深刻的珠玉之作，但这一时期，新兴的另外两大文学体裁让人们看到永恒的文学价值。这两大文学体裁是元代统治中国一个世纪时成形的戏剧和小说。回溯到孔子生活以前的时代或者人们称为神话传说的时代，人们可以看到自古以来中国人有在祭祀或典礼等庄重或欢快的场合载歌载舞的传统。因此，我们才可以在《诗经》中读到如下诗句：

简兮简兮，方将万舞。
日之方中，在前上处。

庙堂歌舞的动作遵循特定的规则，其节奏比较舒缓且呈现出高度的庄严感。舞者们手上拿着长长的羽毛和长笛，随着左右移动而不停挥舞。之后，舞蹈又增加可以吟唱的歌词。于是，在舞蹈中，边歌边舞流行起来，直到最后代替挥舞等动作。这样的形态更像歌剧表演而非戏剧表演，其中的歌词也多是诗歌的形式而非音乐剧的形式。《左传》曾记载，公元前545年一群马童尝试自创歌舞，结果惊吓到马并使之奔逃。孔子曾记载一位傲慢的贵族在自己的家庙中让一群歌唱者演唱，但歌唱者的数量达到天子享有的规格。当时，几乎不需要用法术驱散鬼魂，官员们袒胸露背，手拿矛和盾，在呼叫声和人群的簇拥下走街串巷即可做到。之所以提这些，是因为很多人认为这是中国戏剧最初的缘起。其实，真正被证实的只是早期人类的祭祀或者宗教仪式中都普遍佐以音乐、歌曲、舞蹈等形式，并且这种形式延续多时。

公元8世纪中叶，唐明皇李隆基十分喜欢音乐并创建了一座皇家音乐机构，名唤梨园，旨在训练三百多名歌舞伎，男女皆有。对此，还有一段传奇，话说唐明皇李隆基遨游月宫后才有这一灵感，因为月宫中精彩的歌舞表演令他念念不忘。虽然有人说梨园里的年轻人是真正的演员，但梨园其实只是一家为皇室训练乐器演奏、歌唱和舞蹈表演人才的机构。"梨园"一词被沿用至今，专指戏剧表演团体。然而，公元13世纪，戏剧这一现代人熟悉的舞台表演形式突然在中国产生。就目前掌握的有限知识而言，我们很难讲清戏剧是如何及为何产生。因此，我们不能像考察古希腊戏剧那样，探寻中国戏剧如何一步步从最初的合唱队表演发展而来。我们面对的仅仅是已经发展成熟的戏曲艺术形态。

与此同时，我们还听闻蒙古人也有早期的戏曲表演。公元1031年，孔道辅，即孔子四十五代孙，被北宋王朝派去出使契丹，并且受到契丹人的盛情款待。在接下来的戏曲表演环节，孔道辅的先人孔子被羞辱成一位滑稽演员。于是，孔道辅愤而离席，最终契丹人被迫道歉。总体而言，戏曲并非完全在中国本土土生土长，它可能源自蒙古。无论具体情形如何，可以肯定的是，戏曲在元代统治时期的形态与今日戏曲的形态相差无几，我们对其几点粗略的看法并不显得不合时宜。

除了正月要为一位过世的先皇哀悼，戏曲在中国的主要城市全年上演。看戏是免费的，但所有看客都要带点茶点。在各自的经营场所前，各式各样的行业组织或者商会搭起露天戏台，定期上演免费的戏剧。不过，观众都得站着看戏。满族人和一些有钱人会经常请戏班子到自己家中表演，并且常常在举行宴会时表演。在农村，演出费用一般采用众筹的形式，并且多在寺庙或者大路旁临时搭建舞台。舞台的风格大同小异，没有帘幕、侧舞台或者吊景。舞台背后有两扇门，分别是出口和入口。表演第一幕的演员从入口进去，演完后从出口退出舞台。与此同时，表演第二幕的演员从入口进入舞台。因为中间没有过场，台上的演员不能停歇，所以有人认为中国的戏剧特别长。事实上，中国的戏曲一般时长半个小时到一个小时。不过，有些剧长达三个小时到五个小时，但这都是只停留在书本上的剧目。一次普通宴会要表演八个到十个剧目，通常可供客人们挑选的剧目多达四十个。

戏曲演员要经历长期刻苦的训练，一般训练期长达九年到十四年。戏曲演员们要学习各种杂技技艺，因为这些技艺要用到武戏的表演中。此外，他们还要训练女人般的走路姿势，因为直到乾隆皇帝时期，女性才被允许登台表演。戏曲演员每天在室外训练一小时，以增强他们的各项基本功。最后，他们要配合训练，严格控制饮食。一个戏班通常有五六十名演员，每名演员要熟练掌握一百台到两百台戏，这还不包括只存在于书上的四幕戏或者五幕戏。因此，训练演员不是一件操之过急的事。无论是常用的表演剧目还是特意创作的短小闹剧，都为适应舞台演出，在演出时有所删减。演员们根据自身条件分成五大类，即生、旦、净、末、丑。因此，根据所选剧目，他们就知道自己在戏中的戏份。跟古希腊戏剧表演者拥有重要的社会地位不同，中国的戏曲表演者只属于社会下层，并且其后三代子孙不能参加科举考试。然而，他们拥有特定的谋生技能，即使在现实中无产无业，他们还可以仰仗艺术想象让自己变得强大。在艺术王国中，他们是无敌的。他们会在舞台上表演骑马、下马，将马交给马夫，在街上散步、在店铺前停下、调戏俏丽的女子，或者在树林中躲藏，从城垛的墙后厮杀出来。戏曲演员们通过表演构建起一个场景中的所有细节，但在西方戏剧表演的舞台上，场景都被幕后工作人员在幕布拉起前在舞台上精心布置。通过演员的服装，所有场景布置上的短板得到弥补。中国戏曲服装，特别是皇室贵族服装，其制作之精美及造价之昂贵，足以令伦敦西区的剧场经理咂舌。

中国戏曲演员还堪称柔术表演者，擅长做各种高难度的姿势和动作。此外，中国戏曲演员必须有一副好嗓子。在一幕剧中，唱和白的内容大体差不多。中国戏曲排斥现实主义，如在舞台上死人会站起来自己走下台去，甚至有时死人还要充当抬棺者，看着就像自己将自己抬下去。或者一位仆人扮相的演员走近主角，奉上一杯茶让主角润润嗓子。

上演剧目的优劣跟演员的表演技巧似乎关系不大。中国戏曲观众主要不是为听戏，更多是为看演员。根据《三冈续识略》卷下记载，公元1678年，即康熙年间的一天，上海嘉善县枫泾镇赛神，并且请戏班子演出，演的是精忠报国的英雄岳飞被大奸臣秦桧设计谋杀。在中国，秦桧的名字人人唾弃。那次表演在观众中引起巨大轰动，导致一位观众过于激动，走上舞台将饰演秦桧的演员刺死。

很多中国戏曲剧目情节简单，有些细节甚至经不起推敲。中国戏曲可以粗略分为文戏和武戏。如果将中国戏曲随意地与悲剧喜剧画上等号，那么会大错特错。武戏通常讲述重要的历史事件、著名历史人物的英雄事迹或者孝道故事。在舞台上，帝王将相与他们的士卒飞快地穿梭，有时会相互过几招，有时会展示各式武打动作。战场的厮杀及对坏人的处决都会呈现在观众眼前。文戏大多表现日常生活的纠葛，通常会出现一名滑稽演员。当中国戏曲出现在经典选集或者表演选集时，相信它们与中国古代诗歌及散文一样不会遭到反对。然而，在舞台上，演员们需要插科打诨，也许这种表演形式使良家妇女对戏院避而远之。

人们需要知道的是中国存在三种形式的戏曲：一种是在书中读到的戏曲，一种是供表演使用的戏本，还有一种是演员表演的戏曲。这三者存在不小的区别。

岳飞

下面选取的戏本片段可以让我们更好地了解中国戏曲的剧本:

《三疑记》

该剧又名《香罗带》《拾绣鞋》,讲述一位怀疑自己妻子与他人有染而妒火中烧的丈夫的故事。明代末年,一位将领夜以继日地待在营帐

第 2 章 元代戏曲 | 227

里，谋划抵抗前来进犯并已经占领北京的叛军。在他家中，为儿子聘请的教书先生病了，畏寒卧床。这位学生着急减轻先生的痛苦，便到自己母亲房间取来一床厚被子为先生御寒。半夜里，将军突然回家，并且听到家中女仆提到照料生病的先生及借棉被等事。于是，这位将军来到先生所住房间查看，没想先生睡着了。正在即将离开时，将军发现地上的一双绣花鞋。实际上，这双绣花鞋是随被子一道搬进来的。关键是，将军知道这双鞋是谁的。于是，快步走出房间后，将军带上一把锋利的佩刀冲进自己妻子的房间。他一把揪住自己妻子的头发，直言要一刀结束她的生命。在妻子的一再哀求下，将军才道出在先生房间发现绣花鞋之事。仆人们恳求将军大发慈悲，最后将军愿意平息怒火将这件事查个水落石出。将军派一名婢女前往先生的房间，自己带着佩刀紧随婢女，并且让婢女假扮夫人传话说她在房间等先生。听到这样的邀请，先生的声音从房间内传出："什么？这么晚了找我？快滚开，你这个坏女人，不然将军回来我一定告诉他！"然而，这没有解开将军心中的疑虑。这位妒火中烧的将军逼着自己的妻子亲自去见先生。将军心想，如果先生敢迈出房门，那么他就一刀结束先生的生命。但我们知道，这种要人性命的事在这类故事中是不会发生的。先生从紧闭的房间里说："夫人，我虽然不算圣人，但我起码谨遵先贤的教导。您走吧，让我好好休息一会儿。"最终，将军明白这是一场误会，遂改变自己对妻子的态度。但这位受伤的妻子难以释怀，一心上吊自尽，直到她的丈夫一再道歉才放弃轻生的念头。在将军跪下请求妻子原谅的过程中，一位婢女为她的男主人端来一杯酒。将军喝下后口中顿觉很酸，众人也狂笑不止。原来，这一举动是用来嘲笑这位吃了醋的丈夫。

　　下面是一个短剧的演出脚本，展现中国观众普遍喜欢，但文学价值稍显薄弱甚至有所欠缺的中国戏曲。这出戏的韵律基本上是打油诗的韵律。

《抛彩球》[①]

剧中角色

游人甲、游人乙、游人丙、游人丁——追求者

薛平贵——讨饭郎

月老——讨饭郎的守护神

王宝钏——首相王允之女

门官

【第二场】

(众游人同上。)

游人甲	(念)	春游芳草地,
游人乙	(念)	夏赏绿荷池。
游人丙	(念)	秋饮黄花酒,
游人丁	(念)	冬吟白雪诗。
众游人	(同白)	请了。今有王相府,高搭彩楼,抛球招婿。你我前去走走,请了请了。
游人甲	(西皮摇板)	二月二日龙抬头,

(门官上。)

游人乙	(西皮摇板)	三姐打扮上彩楼。
游人丙	(西皮摇板)	但愿彩球到我手,
游人丁	(白)	列位,
	(西皮摇板)	我与三姐轧姘头。
门官	(白)	你们各位可是接彩的?请进。

[①] 根据《京剧汇编》第二十一集潘侠风藏本整理。

（三游人同下。）

门官	（白）	你这老头儿做什么？
游人丁	（白）	我也是接彩的。
门官	（白）	你年纪大了，不能进去的。
游人丁	（白）	我人老心不老。
门官	（白）	不能进去。
游人丁	（白）	我与你商量商量：没有胡子，可能进去？
门官	（白）	等你没胡子，再作商量。
游人丁	（白）	剃头的等着。

（游人丁下。薛平贵上。）

薛平贵	（西皮摇板）	急急忙忙往前行， 高打彩球闹盈盈。 迈步且把花园进，
门官	（西皮摇板）	胆大花郎哪里行？
薛平贵	（白）	我是来接彩的。
门官	（白）	里面俱是王孙公子，哪有花郎之份？
薛平贵	（白）	他们接他们的，我也好接的。
门官	（白）	不许你进去。
薛平贵	（白）	偏要进去。
门官	（白）	赶出去！
薛平贵	（白）	不好了！
	（哭板）	听说门官不放进，
	（西皮摇板）	唬得我胆战心又惊。 大街上哭坏了俺薛平贵，

（月老上。）

月老	（西皮摇板）	这旁来了一仙翁。
		上前遮住门官眼，
		我今带你彩楼前。

（薛平贵、月老同下。游人丁上。）

门官	（白）	你这老头儿又来了，这只手怎么不放下来？
游人丁	（白）	放下来有点难为情。
门官	（白）	不要紧。
游人丁	（白）	我就放下来。
门官	（白）	你这胡子哪里去了？
游人丁	（白）	剃头的没有，找了一个修脚的，一根一根的修去了。
门官	（白）	还是不能进去。
游人丁	（白）	怎么讲？
门官	（白）	到底年纪大了。
游人丁	（白）	我有个脾气，你让我不进去，我偏要进去；你叫我进去，我就不进去了。
门官	（白）	哦，我来试验试验。老头子，我不让你进去——
游人丁	（白）	我偏要进去！
门官	（白）	我让你进去吧——

（游人丁溜进，下。）

| 门官 | （白） | 我上了他的当了。 |

（门官下。）

【第三场】

众游人　　　（内同白）　　　　远远三姐来也。
王宝钏　　　（内西皮导板）　　梳妆打扮出绣房，

（王宝钏、四丫鬟同上。）

王宝钏　　　（西皮摇板）　　　在后堂辞别了二老爹娘。
　　　　　　　　　　　　　　　老天爷若得随奴愿上，
　　　　　　　　　　　　　　　彩球打着薛平郎。
　　　　　　　　　　　　　　　叫丫鬟带路彩楼上，

（众游人同上。）

王宝钏　　　（西皮摇板）　　　手扶着栏杆，
　　　　　　（西皮二六板）　　看端详：
　　　　　　　　　　　　　　　也有王孙公子样，
　　　　　　　　　　　　　　　也有士农与经商。
　　　　　　　　　　　　　　　楼下人儿纷纷嚷，
　　　　　　　　　　　　　　　倒叫奴含羞带愧脸无光。
　　　　　　　　　　　　　　　举目抬头四下望，

（众游人喝，月老引薛平贵上。）

王宝钏　　　（西皮快板）　　　因何故不见薛平郎？
　　　　　　　　　　　　　　　花园赠金对他讲，
　　　　　　　　　　　　　　　看来他是无义郎。
　　　　　　　　　　　　　　　不打彩球回府往，
众人　　　　（同白）　　　　　不要回去。
王宝钏　　　（西皮快板）　　　回府去怎对二爹娘？
　　　　　　　　　　　　　　　姻缘本是月老掌，
　　　　　　　　　　　　　　　岂由奴家作主张。

| | （白） | 看彩球！ |

（王宝钏拿球。）

| 王宝钏 | （西皮快板） | 手拿彩球朝下打， |
| 月老 | （西皮快板） | 彩球付与薛平郎。 |

（众游人、薛平贵同下。）

王宝钏	（西皮快板）	耳边厢听得人喧嚷，
		想必打中讨饭郎。
		莫非就是薛平郎，
		不由宝钏喜洋洋。
		丫鬟带路彩楼下，
		回府去禀告二爹娘。

（王宝钏、丫鬟同下。）

【第四场】

（众游人同上。）

游人甲	（白）	在我这里——无有吓！
游人乙	（白）	在我这里——无有吓！
游人丙	（白）	在我这里——无有吓！
游人丁	（白）	在我这里——无有吓！

（薛平贵上。）

| 薛平贵 | （白） | 在这里。 |
| 游人丁 | （白） | 与你两百钱，卖与我吧。 |

（薛平贵下。）

游人甲	（念）	王孙公子，
游人乙	（念）	不如花子；
游人丙	（念）	花掉了银子，

游人丁	（念）	我剃了胡子。
众游人	（同白）	有兴而来，无兴而回。
		回去吧。
游人甲	（念）	命里有来总是有，
（游人甲下。）		
游人乙	（念）	命里无来莫强求。
（游人乙下。）		
游人丙	（念）	叫声世兄跟我来，
（游人丙下。）		
游人丁	（念）	我为了下头，剃掉上头。
（游人丁下。）		
（完）		

从一位欧洲观众的角度，即使其中更长更精致的剧目，中国戏曲看起来都不吸引人，并且现场演出的剧目与书本上的剧目存在差距。很多戏曲选集都曾出版，更不用说一些通行的演出戏本。不少书摊出售戏本，似乎价格不菲。其中，最广为人知的戏曲选集是厚厚的八卷本《元曲选》。《元曲选》收录了一百多部剧目，在其公元1615年的版本中，每部剧还配有相应的图片。其中，大部分剧目的作者已经无从考证，因此都标注佚名。即使有的剧目写了作者的名字，但他们代表的戏曲创作群体仍然不能算严格意义上的文学家，因为戏曲被排除在中国文学的大门之外。

下面介绍的是一出在中国十分知名的五幕戏曲《赵氏孤儿》，其作者是纪君祥。这出戏根据春秋时期的真实历史故事改编，是最接近古希腊悲剧定义的真实悲剧：

公元前6世纪的春秋时期，晋国奸臣屠岸贾设计诛杀了他的对手赵盾，并且将赵氏灭门。在楔子中，屠岸贾说自己曾训练了一条凶猛的狗准备咬死他的仇家，但没有成功。这条狗很多天没有喂食，然后将它带到一个装扮成他仇人的人偶跟前。这个人偶内塞进羊的心和肺。最终，屠岸贾设法除掉赵家的所有男丁。因此，赵家三百口人就这样被杀害。不过，当屠岸贾得知赵朔的妻子产下一个男丁后，《赵氏孤儿》的故事才真正开始。屠岸贾迅速出动，想找到这个男婴，但此时，这个男婴早已被藏匿到安全之处。赵家的一个忠实仆人抱着另一个男婴躲到一个山洞中。然后，他的同伴向屠岸贾举报了这个声称是赵氏孤儿的藏身之处。屠岸贾带人找到他们，并且亲手杀死这个男婴。眼见孩子被杀，这位仆人自杀了。于是，真正的赵氏孤儿才得以逃脱。赵氏孤儿长大成人后，积极为其家人报仇雪恨，杀死了凶残的屠岸贾，也杀了仇家的族人。

《赵氏孤儿》的故事及类似的一些故事，从头到尾看不出其语言的振奋人心抑或哀婉动人之处。至少，这类戏曲不是西方观众理解的那类悲剧。同样地，我们看不出《赵氏孤儿》中有任何掩藏在日常口语之下的修辞亮点。在这样的戏本之外，中国戏曲演员可以有很多自己的发挥。不过，对一位译者来说，他没有这样的发挥空间。戏曲的背景介绍中有很多介绍角色的内容。因此，在中国戏曲中，介绍故事背景的楔子十分普遍。演员上台会介绍自己的角色，这有助于观众了解情节发展。下面的故事能让我们对中国戏曲中演员的表演有一个初步了解。

一次，我在厦门被一群聚在一起看露天戏曲表演的观众吸引。当时，人群中发出阵阵笑声和欢呼声，我忍不住停下来想一探究竟，到底什么表演竟如此有趣。让我吃惊的是，台上竟然站着一对穿着破烂的西方人，正在奋力表演想让观众大笑不止。然而，驻足一会儿后，我发现这对西方人是假的，他们只不过是根据剧情需要装扮成的西方人。不过，这身打扮确实很像西方人。可以毫不夸张地说，这身打扮只是为达到逗趣的目的，并不是真正的模仿或者表演。演员带着小礼帽，贴着红色的八字胡和络腮胡并显得面色红润。他们身着西装和轻便长裤,打着蓝色领带,甚至还拄着礼杖。相信多半笑声是由于礼杖,因为在表演中,这两人频繁挥动礼杖导致差点打中对方。礼杖动作太多,有时相互对着挥动,有时对着观众挥动,都令观众觉得好笑。

介绍到此,我最好还是介绍另一出戏曲的故事梗概。这个故事不会枯燥,在中国同样家喻户晓。这出戏是《辕门斩子》,其情节故事如下:

北宋时期,杨家将镇守边关。元帅杨延昭派其子杨宗保前往穆柯寨取降龙木。在穆柯寨,杨宗保与穆桂英交战,并且被绑赴穆柯寨。穆桂英因爱慕杨宗保人品武艺,私自招亲。杨宗保返回北宋军营后,杨延昭大怒,要将杨宗保在辕门斩首示众。众将求情,杨延昭不允,并且称再有求情者斩。众将无奈,只能请八贤王赵德芳。赵德芳求情仍然不允。赵德芳以官压之,杨延昭辞官,赵德芳亦无奈。杨延昭的母亲佘太君求情,但杨延昭还是不准。佘太君相逼,杨延昭要自杀,佘太君也无法。佘太君、八贤王两次求情未果。穆桂英得知消息后,救夫心切,来到杨延昭面前。杨延昭认出穆桂英是之前擒获自己的女将。穆桂英向杨延昭献上破阵急需的"降龙木",并且恳求杨延昭允许杨宗保戴罪立功。杨延昭得知穆桂英智勇双全、才貌出众,加上佘太君、八贤王作保,遂免杨宗保死罪。杨宗保、穆桂英披挂上阵,大破天门阵。

我看到这个戏本时,其书页配有讽刺19世纪西方人的漫画。这点令中国人拍手称快。其实,这只是一种舞台上的插科打诨。当穆桂英从死神手中救下丈夫杨宗保时,台上的人物其实心有不满。赵德芳生气是因为他的威严从一开始就没有被尊重,佘太君生气是因为她的请求没有答应,但她生的气比赵德芳的轻。杨延昭异常愤怒,不但因为自己要杀掉儿子杨宗保的命令被置若罔闻,而且他眼睁睁看着杨宗保被一个山寨女子穆桂英救走。各方的愤怒需要平息,此时只有杀戮能解决一切。这样,戏剧的冲突才能缓和,观众的情绪才能得到安抚。最终,八贤王赵德芳下令杀掉两名山寨侍从，以告慰各方。两名山寨侍从被带上台跪在观众面前，刽子手立即行刑，在围观人群的欢呼声中砍掉了他们的头。

公元1885年，上海的一座剧院上演了一出特别的戏，全因戏里有一艘仿造的挤满外国男女的明轮船。人们在幕后操纵船的行驶方向。戏里的外国男女身着中世纪服装，但戏曲的结局是船里的乘客都被抓进监狱并被处死。

在元曲作品中，最被人熟知也被人最多拜读的无疑是《西厢记》，一部诞生于16世纪的作品。《西厢记》作者王实甫，著杂剧约十三种。有评论家认为，《西厢记》中很多对话关乎风花雪月，是在暗示这是一出爱情剧。知识分子阶层很流行阅读这出戏文，或许人们更多将其当成小说。

前朝崔相国死了，夫人郑氏携小女崔莺莺，送丈夫崔相国灵柩返回河北安平安葬。途中因故受阻，暂住河中府普救寺。书生张生碰巧遇到到殿外玩耍的小姐崔莺莺与红娘，便对容貌俊俏的崔莺莺心生爱慕。机缘巧合下，张生从匪徒手中解救了崔莺莺母女，还因救人前崔莺莺母亲郑氏承诺搭救她们母女之人将成为她的乘龙快婿。无奈得救后，郑氏反悔，张生只好黯然离开。不过，崔莺莺的丫鬟红娘聪明机智，设计最终让崔莺莺与张生走到一起，为《西厢记》画上圆满的句号。

中国从不缺少女诗人。实际上，在戏曲界，中国不乏女剧作家的身影。《相国寺公孙合汗衫》，另一名为《汗衫记》的四幕剧，其吸引人处更多在于对其作者性别的猜测。该剧署名作者张国宾可能是一位在当时受过教育的风尘女子。

解典铺张员外与妻赵氏、子张孝友和儿媳李玉娥一家四口赏雪饮酒，见一名叫陈虎的汉子因无钱付账被店家赶出门外，心生怜悯便救了他。张孝友遂认陈虎作义弟。随后，张员外又资助一个叫赵兴孙的人。谁知陈虎不怀好意，趁李玉娥怀孕八月还未生产时，哄骗张孝友夫妇携带钱财随他前往家乡徐州求签。张员外夫妇劝阻不成，撕下张孝友一半贴身汗衫以作慰藉。途中，陈虎将张孝友推入黄河，迫使李玉娥为妻。十八年后，李玉娥当初产下的儿子长大成人，取名陈豹。陈豹屡受陈虎欺凌，便辞别母亲李玉娥进京应武举。李玉娥给了他另一半汗衫，让他寻找张员外夫妇。陈豹中了武状元，授家乡提察使。一日在相国寺中，陈豹设斋济贫，恰好遭遇因火灾沦为乞丐的张员外老夫妇前来讨斋。偶然间，张员外夫妇见到半块汗衫，立即祖孙相认。陈豹让张员外夫妇前往他们家乡的金沙院，自己赶回家中。询问母亲李玉娥得知详情后，陈豹立即前去捉拿陈虎。此时，当初张员外救下的赵兴孙任巡检，奉命缉捕盗贼，与陈豹合力捉住陈虎，并且一同返回金沙院。恰好李玉娥前往金沙院作道场，超度亡夫张孝友。实际上，张孝友当初被推下黄河后被渔家救起，此时正在金沙院出家为僧。于是，一家祖孙三代大团圆，陈虎受到严厉惩罚。

　　中国戏曲中最好的戏班不光只有京剧戏班，还有很多用各自方言演出的地方戏班。对中国别处的观众来说，地方戏很难听懂。这种现象十分怪异。中国戏曲演员的收入很可观，这算是对他们长期离家、颠沛流离的一种补偿。

第3章

元代小说

　　小说的出现是元代除戏剧外的第二大文学成就。实际上，中国小说的起源同戏剧一样被迷雾笼罩且充满神秘感。可以说，中国小说的起源不详。它有可能随着蒙古人征服欧亚地区，起源自中亚这个长于讲故事的天堂。三百多年转瞬即逝，小说这种文学体裁在中国达到顶峰。很久以来，中国读者对寓言、奇闻，甚至短文等文学体裁都很熟悉，但这些文学体裁和小说之间存在巨大的鸿沟，即使到近代其中的差距也没有较好地缩小。有些人坚称小说发端于戏剧，所举的例子是上一章提到的《西厢记》。即这种说法承认《西厢记》更适合私下阅读，而不是台上表现。其实，很多西方戏剧也遇到同样的问题。

　　中国小说基本可以归为四类：即权谋小说、爱情小说、封建迷信小说和匪徒小说。每种类型的小说都将分别提供例证。

　　《三国演义》的作者是罗贯中。这部历史小说是根据公元3世纪初三国时期群雄争霸的史实创作的。《三国演义》中有刀光剑影的战争厮杀，谋士良将的运筹帷幄，骁勇兵士的浴血奋战。不计其数的军队和战船在一场接一场的战斗中被消耗殆尽，但在小说中，残酷的场面都以一种平静而引人入胜的方式叙述，遂使《三国演义》为无数老少中国人带来诸多阅读乐趣。如果要在中国人中票选最受欢迎的小说，那么毋庸置疑《三国演义》会名列榜首。

在中国，诸葛亮草船借箭的故事妇孺皆知。诸葛亮率领二十只船向他强大的对手曹操军队的大营出发。出发前，船身已经用青布幔子遮起来，还有一千多个草把子，排在船两边。这是二十条快船，每条船上有三十名军士。当时，大雾漫天，江上连对面人影都看不清。天还没亮，船已经靠近曹军水寨。诸葛亮下令将船头朝西，船尾朝东，一字摆开。又令船上军士一边擂鼓，一边大声呐喊。由于江上雾大，看不清虚实，曹操听到鼓声和呐喊声后，只得下令弓弩手朝对手射箭，不让他们靠

诸葛亮

张郃

近。天渐渐亮了,雾还没有散。此时,船两边的草把子上都插满箭。诸葛亮估计差不多有十万支箭时,便下令返回本方军营。

另外,《三国演义》中描述的将士们的射箭比赛也令人印象深刻。奖品是一件战袍,挂在树枝上,下设一箭垛。射箭的人在百步开外。当然,每个人都射到靶心,只不过张郃从背后射出,夏侯渊从头上射出。当然,最厉害的一位徐晃直接射中树枝。树枝被射断后,战袍落下被徐晃和许褚撕烂。人称这次射箭比赛为铜雀台比武。

下面节选的内容比较有趣,讲述的是麻醉术的使用,虽然麻醉术被广泛使用是很多世纪后的事。曹操由于想新建宫殿,砍伐了一棵百年梨树。没想到此举得罪了梨树之神，曹操受到惊吓头疼不止。他的手下华歆向他举荐了当时的名医华佗：

> 华歆曰："华佗字元化，沛国谯郡人也。其医术之妙，世所罕有。但有患者，或用药，或用针，或用灸，随手而愈。若患五脏六腑之疾，药不能效者，以麻肺汤饮之，令病者如醉死，却用尖刀剖开其腹，以药汤洗其脏腑，病人略无疼痛。洗毕，然后以药线缝口，用药敷之；或一月，或二十日，即平复矣：其神妙如此！一日，佗行于道上，闻一人呻吟之声。佗曰：'此饮食不下之病。'问之果然。佗令取蒜齑汁三升饮之，吐蛇一条，长二三尺，饮食即下。广陵太守陈登，心中烦懑，面赤，不能饮食，求佗医治。佗以药饮之，吐虫三升，皆赤头，首尾动摇。登问其故，佗曰：'此因多食鱼腥，故有此毒。今日虽可，三年之后，必将复发，不可救也。'后陈登果三年而死。又有一人眉间生一瘤，痒不可当，令佗视之。佗曰：'内有飞物。'人皆笑之。佗以刀割开，一黄雀飞去，病者即愈。有一人被犬咬足指，随长肉二块，一痛一痒，俱不可忍。佗曰：'痛者内有针十个，痒者内有黑白棋子二枚。'人皆不信。佗以刀割开，果应其言。此人真扁鹊、仓公之流也！现居金城，离此不远，大王何不召之？"
>
> 操即差人星夜请华佗入内，令诊脉视疾。佗曰："大王头脑疼痛，因患风而起。病根在脑袋中，风涎不能出，枉服汤药，不可治疗。某有一法：先饮麻肺汤，然后用利斧砍开脑袋，取出风涎，方可除根。"操大怒曰："汝要杀孤耶！"佗曰："大王曾闻关公中毒箭，伤其右臂，某刮骨疗毒，关公略无惧色；今大王小可之疾，何多疑焉？"操曰："臂痛可刮，

刮骨疗毒

脑袋安可砍开？汝必与关公情熟，乘此机会，欲报仇耳！"呼左右拿下狱中，拷问其情。贾诩谏曰："似此良医，世罕其匹，未可废也。"操叱曰："此人欲乘机害我，正与吉平无异！"急令追拷。

华佗在狱，有一狱卒，姓吴，人皆称为"吴押狱"。此人每日以酒食供奉华佗。佗感其恩，乃告曰："我今将死，恨有《青囊书》未传于世。感公厚意，无可为报；我修一书，公可遣人送与我家，取《青囊书》来赠公，以继吾术。"吴押狱大喜曰："我若得此书，弃了此役，医治天下病人，以传先生之德。"佗即修书付吴押狱。吴押狱直至金城，问佗之妻取了《青囊书》；回至狱中，付与华佗检看毕，佗即将书赠与吴押狱。吴押狱持回家中藏之。旬日之后，华佗竟死于狱中。吴押狱买棺殡殓讫，脱了差役回家，欲取《青囊书》看习，只见其妻正将书在那里焚烧。吴押狱大惊，连忙抢夺，全卷已被烧毁，只剩得一两叶。吴押狱怒骂其妻。妻曰："纵然学得与华佗一般神妙，只落得死于牢中，要他何用！"吴押狱嗟叹而止。因此《青囊书》不曾传于世，所传者止阉鸡猪等小法，乃烧剩一两叶中所载也。后人有诗叹曰：华佗仙术比长桑，神识如窥垣一方。惆怅人亡书亦绝，后人无复见《青囊》！

一代名医华佗就这样被曹操杀害，但不久，曹操因头痛不治命归西天。

《水浒传》的作者是生活在公元14世纪的施耐庵，但有关施耐庵生平事迹的资料很少。据说，他原籍苏州，后迁淮安。三十六岁时，他与刘基同榜高中进士，为官三年后弃官回乡，闭门著书。《水浒传》的故事源自北宋时期一场波及数省的农民起义。不过，12世纪初，这场起义

鲁智深

被镇压下去。《水浒传》中有些情节十分有趣，并且从中可以窥见普通中国人的行为习惯和风俗礼仪。《水浒传》中有鲁智深为逃避官府追捕躲进五台山文殊院剃度出家后的滑稽故事。在寺中，鲁智深难守佛教的清规戒律，结果酒醉大闹五台山。按佛教戒律，和尚不能饮酒，但鲁智深很喜欢喝酒，并且很难经得住美酒的诱惑。一次，鲁智深喝得烂醉如泥还撒起酒疯，几十个人都按不住他。第二次喝酒，他闯的祸更大。鲁智深假借过往僧人的名义喝酒吃狗肉，在半山拽拳使脚，打塌亭子。僧人们不让他进寺，他便打坏金刚，要烧寺院。进入寺后，鲁智深呕吐，还向僧人嘴里塞狗腿，导致寺内僧人卷堂而散。监寺、都寺遣众人来打鲁智深，但鲁智深趁酒醉大闹一场。最终，鲁智深被长老喝住，事件才算平息。

《水浒传》描写人物众多，人物各个形象饱满、栩栩如生。其语言也接近口语体，深受大众喜爱并广泛流传。在中国文学史上，《水浒传》占据着重要的地位。

《西游记》①文风平实，是一部受到各个阶层喜爱的小说。《西游记》根据唐玄奘前往古印度求取佛经、佛像，并且拜访佛教圣地深悟佛

唐玄奘西行

---

① 《西游记》成书于明代中后期，此处是作者翟理斯失误之处。

教教义的经历创作的小说。但除了书中主人公名字跟玄奘有联系，以及整个故事与西天取经有关，整部小说和求经的具体过程实乃作者吴承恩的想象。《西游记》是中国人十分喜欢的一类小说，下面权且了解其故事梗概。

东胜神洲傲来国花果山灵石孕育迸裂而成的明灵石猴。在花果山中，这只石猴很快成为猴群中的大王，并且自称为"美猴王"。后来，石猴历经八九载，跋山涉水，在西牛贺洲灵台方寸山拜须菩提为师，并且赐名"悟空"，习得七十二变化之本领。悟空学艺回来后，大闹龙

孙悟空

宫，抢得兵器"定海神针"金箍棒，并且被玉皇大帝封为"弼马温"。当知道"弼马温"乃一微不足道的小官后，孙悟空大闹一场。玉帝只好派天兵天将前去捉拿，不料天兵天将奈何不了悟空。最后，玉帝无奈只好封孙悟空为"齐天大圣"以息事宁人。不久，孙悟空又闯下祸端。在看管王母娘娘的蟠桃园时，他偷吃了蟠桃。得知蟠桃会并没有邀请自己后，孙悟空喝掉了为蟠桃会准备的美酒。孙悟空喝醉后来到兜率宫，吃光了太上老君为玉帝炼制的仙丹，闯下大祸。

孙悟空的罪行暴露后，大小神仙前来向玉帝告状，数落其罪状。玉帝勃然大怒，派李天王和哪吒统帅十万天兵天将前往花果山捉拿孙悟空。一众神仙都不能降服孙悟空。直到孙悟空与二郎神酣战时，太上老君使出金刚琢，才将孙悟空拿下。孙悟空被带回天庭后，无论刀砍斧剁，还是雷劈火烧，都不能伤他半根毫毛。原来，孙悟空吃过太上老君的仙丹，已经炼成金刚不坏之身。

玉帝无法降住孙悟空，只好请西天如来佛祖帮忙。在《西游记》第七回中，孙悟空说自己是花果山的灵猴，想要坐坐玉帝的宝座，要玉帝让位。

  佛祖听言，呵呵冷笑道："你那厮乃是个猴子成精，焉敢欺心，要夺玉皇上帝龙位？他自幼修持，苦历过一千七百五十劫。每劫该十二万九千六百年。你算，他该多少年数，方能享受此无极大道？你那个初世为人的畜生，如何出此大言！不当人子，不当人子！折了你的寿算！趁早皈依，切莫胡说！但恐遭了毒手，性命顷刻而休，可惜了你的本来面目！"大圣道："他虽年劫修长，也不应久占在此。常言道：'皇帝轮流做，明年到我家。'只教他搬出去，将天宫让与我便罢了；若还不让，定要搅攘，永不清平！"佛祖道："你除了长生变化

孙悟空与众神

之法，再有何能，敢占天宫胜境？"大圣道："我的手段多哩！我有七十二般变化，万劫不老长生。会驾筋斗云，一纵十万八千里。如何坐不得天位？"佛祖道："我与你打个赌赛：你若有本事，一筋斗打出我这右手掌中，算你赢，再不用动刀兵苦争战，就请玉帝到西方居住，把天宫让你；若不能打出手掌，你还下界为妖，再修几劫，却来争吵。"那大圣闻言，暗笑道："如来十分好呆！我老孙一筋斗去十万八千里。他那手掌，方圆不满一尺，如何跳不出去？"急发声道："既如此说，你可做得主张？"佛祖道："做得！做得！"伸开右手，却似个荷叶大小。

那大圣收了如意棒，抖擞神威，将身一纵，站在佛祖手心里，却道声："我出去也！"你看他一路云光，无影无形去了。佛祖慧眼观看，见那猴王风车子一般相似不住，只管前进。大圣行时，忽见有五根肉红柱子，撑着一股青气。他道："此间乃尽头路了。这番回去，如来作证，灵霄宫定是我坐也。"又思量说："且住！等我留下些记号，方好与如来说话。"拔下一根毫毛，吹口仙气，叫"变！"变作一管浓墨双毫笔，在那中间柱子上写一行大字云："齐天大圣，到此一游。"写毕，收了毫毛。又不妆村，却在第一根柱子根下撒了一泡猴尿。翻转筋斗云，径回本处，站在如来掌内道："我已去，今来了。你教玉帝让天宫与我。"

如来骂道："我把你这个尿精猴子！你正好不曾离了我掌哩！"大圣道："你是不知。我去到天尽头，见五根肉红柱，撑着一股青气，我留个记在那里，你敢和我同去看么？"如来道："不消去，你只自低头看看。"那大圣睁圆火眼金睛，低头看时，原来佛祖右手中指写着"齐天大圣，到此一游"。

后来，孙悟空皈依佛门，并且被派遣护送玄奘前往西天求取真经。西行路上，他又帮助猪八戒皈依佛门。不过，在高老庄收服八戒的过程中，孙悟空先变成庄主的女儿。在房中，悟空要求猪八戒背他，猪八戒同意了。在路上，孙悟空越变越重。经过多个回合的较量，悟空最终将八戒收服。遇到孙悟空和猪八戒后，玄奘又收第三位徒弟沙僧。沙僧代表人性中的痴念，孙悟空和猪八戒分别代表人性中的嗔念和贪念。三位徒弟帮助玄奘渡过西行路上的九九八十一难。直到最后，他们受仙人指

孙悟空与玄奘

点找到佛祖的宝殿,想在那里求得真经。下面的场景选自《西游记》第九十八回,叫作"天路历程"①再贴切不过:

> 三藏遂拜辞而去。大圣引着唐僧等,徐徐缓步,登了灵山。不上五六里,见了一道活水,滚浪飞流,约有八九里宽

猪八戒

---

① 《天路历程》是17世纪英格兰作家约翰·班扬的作品,该词用来指宗教信徒的朝圣之旅。

阔，四无人迹。三藏心惊道："悟空，这路来得差了，敢莫大仙错指了？此水这般宽阔，这般汹涌，又不见舟楫，如何可渡？"行者笑道："不差！你看那壁厢不是一座大桥？要从那桥上行过去，方成正果哩。"长老等又近前看时，桥边有一扁，扁上有"凌云渡"三字。原来是一根独木桥。正是：

远看横空如玉栋，近观断水一枯槎。

维河架海还容易，独木单梁人怎蹅！

万丈虹霓平卧影，千寻白练接天涯。

十分细滑浑难渡，除是神仙步彩霞。

三藏心惊胆战道："悟空，这桥不是人走的。我们别寻路径去来。"行者笑道："正是路，正是路！"八戒慌了道："这是路，那个敢走？水面又宽，波浪又涌，独独一根木头，又细又滑，怎生动脚？"行者道："你都站下，等老孙走个儿你看。"

好大圣，拽开步，跳上独木桥，摇摇摆摆。须臾，跑将过去，在那边招呼道："过来！过来！"唐僧摇手，八戒、沙僧咬指道："难，难，难！"行者又从那边跑过来，拉着八戒道："呆子，跟我走，跟我走！"那八戒卧倒在地道："滑，滑，滑！走不得，你饶我罢，让我驾风雾过去。"行者按住道："这是什么去处，许你驾风雾？必须从此桥上走过，方可成佛。"八戒道："哥啊，佛做不成也罢，实是走不得！"

他两个在那桥边，滚滚爬爬，扯扯拉拉的要斗，沙僧走去劝解，才撒脱了手。三藏回头，忽见那下溜中有一人撑一只船来，叫道："上渡，上渡！"长老大喜道："徒弟，休得乱顽。那里有只渡船儿来了。"他三个跳起来站定，同眼观看，那船儿来得至近，原来是一只无底的船儿。行者火眼金睛，早已认得是接引佛祖,又称为南无宝幢光王佛。行者却不题破,只管叫:"这里来!撑拢来!"霎时撑近岸边,又叫:"上渡,上渡!"三藏见了,又心惊道:"你这无底的破船儿,如何渡人?"佛祖道:"我这船:

　　鸿蒙初判有声名,幸我撑来不变更。
　　有浪有风还自稳,无终无始乐升平。
　　六尘不染能归一,万劫安然自在行。
　　无底船儿难过海,今来古往渡群生。"

孙大圣合掌称谢道:"承盛意,接引吾师。师父,上船去。他这船儿虽是无底,却稳;纵有风浪,也不得翻。"长老还自惊疑,行者叉着脖子,往上一推。那师父踏不住脚,毂辘的跌在水里,早被撑船人一把扯起,站在船上。师父还抖衣服,垛鞋脚,抱怨行者。行者却引沙僧、八戒,牵马挑担,也上了船,都立在艀艎之上。那佛祖轻轻用力撑开,只见上溜头泱下一个死尸。长老见了大惊。行者笑道:"师父莫怕,那个原来是你。"八戒也道:"是你,是你!"沙僧拍着手也道:"是你,是你!"那撑船的打着号子,也说:"那是你!可贺,可贺!"

　　他们三人,也一齐声相和。撑着船,不一时,稳稳当当的过了凌云仙渡。三藏才转身,轻轻的跳上彼岸。四众上岸回头,连无底船儿却不知去向,行者方说是接引佛祖。

最终,师徒四人求到真经,并且被允许将经书带回大唐。

第七部分

明代

公元 1368 年—公元 1644 年

第1章

明代杂文、中药学及农业典籍

明代开国皇帝朱元璋,人称乞丐皇帝,因为他早年生活艰难曾以乞讨为生。在推翻元代统治并巩固自己的统治根基后,朱元璋开始关注文学和教育领域的发展。明代的科举考试制度进一步完善,并且被沿用

朱元璋

到清朝末年。朱元璋在位时曾下令编修过一部《大明律》，变通了司法体例，调整了刑罚，肯定了明初人身地位的变化。他还曾下令编写《徭役黄册》，旨在规范税收制度。公元1369年，朱元璋下诏任命宋濂与王炜为总裁官，撰修《元史》。宋濂早期曾为太子朱标讲授"五经"。不过，后来他辞官，专攻学术。此后，他被拜为翰林院学士。晚年的宋濂因长孙宋慎牵涉胡惟庸党案被流放茂州，途中病死于夔州，终年七十二岁。除了上述生平事迹，宋濂还编撰过一部语音词典《洪武正韵》。他的文学作品一共编成三册之多。下面这篇文章《秦士录》是宋濂对无视人才的讽刺。宋濂认为无视人才是元代统治的一大弊端：

宋濂

邓弼，秦人也，身长七尺，能以力雄人。邻牛方斗不可擘，拳其脊，折仆地。然好使酒，怒视人，人见辄避，曰："狂生不可近，近则必得奇辱。"

一日，独饮娼楼，两书生过其下，急牵入共饮。两生素贱其人，力拒之。弼怒曰："君终不我从，必杀君，亡命走山泽耳，不能忍君苦也！"

两生不得已，从之。酒酣，解衣箕踞。两生雅闻其酒狂，欲起走。

弼止之曰："勿走也！今日非邀君饮，欲少吐胸中不平气耳。四库书从君问，即不能答，当血是刃。"两生遽摘七经数十义扣之，弼历举传疏，不遗一言。弼笑曰："君等伏乎未也？"两生不敢再有问。弼被发跳叫曰："古者学在养气，今人一服儒衣，反奄奄欲绝，徒欲驰骋文墨，儿抚一世豪杰。此何可哉！君等休矣。"

两生素负多才艺，闻弼言，大愧。归，询其所与游，亦未尝见其挟册呻吟也。

方孝孺是一位与宋濂齐名的学者，受到时人敬仰。他曾是明代第二位皇帝建文帝朱允炆的老师。父亲太子朱标死后，建文帝在1398年继承其祖父朱元璋的皇位。随后，明太祖朱元璋的第四子燕王朱棣发动政变。当南京城门被攻破后，建文帝朱允炆消失不见了。有传言说他一身僧侣装扮逃到云南，并且说这一切都是遵照他祖父朱元璋的嘱咐。在外漂流四十载后，朱允炆回到北京的皇宫，过着隐居生活并直到去世。据说，一位宦官记得他左脚上的一颗痣，并且认出他，但这位宦官并没有说出他的身份。由于拒绝在新皇帝明成祖朱棣朝前为官，方孝孺被朱棣处置，并且被斩首示众。他的家人被发配边疆，他所有的著作也被付之

方孝孺

一炬。不过，一位忠实的弟子偷偷地保存了方孝孺的小部分作品。多年后，这些作品才面世。下面的引文选自方孝孺的一篇散文《深虑论》，是针对明初的政治形势提出的治国方略：

> 虑天下者，常图其所难，而忽其所易；备其所可畏，而遗其所不疑。然而祸常发于所忽之中，而乱常起于不足疑之事。岂其虑之未周与？盖虑之所能及者，人事之宜然，而出于智力之所不及者，天道也。

作者举了诸多历史上各朝衰亡的例子后，接着写道：

良医之子多死于病；良巫之子多死于鬼。岂工于活人而拙于活己之子哉？乃工于谋人而拙于谋天也。

古之圣人，知天下后世之变非智虑之所能周，非法术之所能制，不敢肆其私谋诡计，而唯积至诚、用大德以结乎天心，使天眷其德，若慈母之保赤子而不忍释。故其子孙虽有至愚不肖者足以亡国，而天卒不忍遽亡之，此虑之远者也。夫苟不能自结于天，而欲以区区之智笼络当世之务，而必后世之无危亡，此理之所必无者也，而岂天道哉！

1403年，明代第三位皇帝朱棣登基。他的篡权导致其侄子建文帝朱允炆神秘失踪。与几位兄弟相比，朱棣最具政治和军事才能，后来的事

朱棣

实也证明他十分重视文学。他曾提议编撰历史上最宏大的一部百科全书《永乐大典》。这项浩大的工程动用了二千一百六十九位学者，花费三年多时间才编纂完成。《永乐大典》的编纂由五位主要负责人统领。在他们下面，明朝政府又安排了二十位次一级负责人。从公元1795年的版本中看到，《永乐大典》共五十万页。成书后，《永乐大典》就没有再版过，因为其成本太昂贵。后世还曾出版过两套不完整的版本，只有两万页，其中一套保存在北京的翰林院中，另一套在明代灭亡时被毁。《永乐大典》不仅保存了中国古代文学史中的所有作品，还很好地保存了不少可能的遗失之作。其中，六十六部儒家经典、四十一部史书、一百零三部哲学著作和一百七十五部诗集被单独抄出，存放于皇家藏书楼内。

很多知名学者要不是由于《永乐大典》，很可能在历史中默默无闻。这些文人受到后人的尊重和仰慕，因为中国人将经学研究置于学问的最高等级，戏剧小说之流只被当作文学的附庸。两者之间还存在大量诗词文集。一方面，这些诗词文集令挑剔的中国评论家从诗歌创作数量方面得到的满足感远胜于这些作品内容本身。另一方面，欧洲读者也对中国文学为数众多的作品深感兴趣。

杨继盛是明代名臣、爱国者。不过，他年轻时很胆小。他先是由于反对与蒙古人在边境互市交易马为自己招惹了麻烦，罪名是威胁国家安全。但被短期降职后，他恢复原职。后来，杨继盛妄图弹劾一位同僚，被称为明朝六大奸臣之一的严嵩。无奈严嵩势力太强大，杨继盛随后被打入大牢。关押三年后，杨继盛被砍去头颅。杨继盛文名不扬，在此提及他的名字全因他妻子呈给皇帝朱厚熜的这封信：

> 臣夫继盛误闻市井之言，尚狃书生之见，遂发狂论。圣明不即加戮，俾从吏议。两经奏谳，俱荷宽恩。今忽阑入张经疏尾，奉旨处决。臣仰惟圣德，昆虫草木皆欲得所，岂惜一回宸

杨继盛

顾，下垂覆盆？倘以罪重，必不可赦，愿即斩臣妾首，以代夫诛。夫虽远御魑魅，必能为疆场效死，以报君父。

严嵩将这封信扣下不奏。于是，1555年十月初一，杨继盛在西市被执行死刑，暴尸街头，年仅四十岁。杨继盛临刑时赋诗说："浩气还太虚，丹心照千古。生平未报恩，留作忠魂补。"天下人相互涕泣传颂这件事。1562年，严嵩被没收家产，削官还乡，无家可归。1564年后，严嵩病逝，终年八十七岁。他死时，寄食于墓舍，既无棺木下葬，更没人前去吊唁。

沈束与杨继盛有着相似的经历，但他的结局更圆满。由于弹劾严嵩，沈束被革礼科给事一职，并且被下诏狱。直到严嵩倒台，沈束在狱中已经关了十六年。其妻张氏向皇帝朱载垕上书，声泪俱下：

臣夫家有老亲，年八十有九，衰病侵寻，朝不计夕。往臣因束无子，为置妾潘氏。比至京师，束已系狱，潘矢志不他适。乃相与寄居旅舍，纺织以供夫衣食。岁月积深，凄楚万状。欲归奉舅，则夫之饘粥无资。欲留养夫，则舅又旦暮待尽。辗转思维，进退无策。臣愿代夫系狱，令夫得送父终年，仍还赴系，实陛下莫大之德也。

在16世纪的中国，据称宗臣享有一定声望。年轻时，他相貌俊美引人注目，特别是他那双明眸可以点亮火光。后来，他为前述的杨继盛出资下葬。另外，他还曾有力抗击福建的倭寇。当时，他遣人佯装投降，

宗臣

诱倭寇进城，并且在城墙处将倭寇歼灭。下面的内容选自他的信《报刘一丈书》，不少句子带着一丝少年豪气：

> 数千里外，得长者时赐一书，以慰长想，即亦甚幸矣；何至更辱馈遗，则不才益将何以报焉？书中情意甚殷，即长者之不忘老父，知老父之念长者深也。
>
> 至以"上下相孚，才德称位"语不才，则不才有深感焉。夫才德不称，固自知之矣；至于不孚之病，则尤不才为甚。
>
> 且今之所谓孚者何哉？日夕策马，候权者之门，门者故不入，则甘言媚词作妇人状，袖金以私之。即门者持刺入，而主人又不即出见，立厩中仆马之间，恶气袭衣袖，即饥寒毒热不可忍，不去也。抵暮，则前所受赠金者出，报客曰："相公倦，谢客矣，客请明日来！"即明日又不敢不来。夜披衣坐，闻鸡鸣即起盥栉，走马推门，门者怒曰："为谁？"则曰："昨日之客来。"则又怒曰："何客之勤也？岂有相公此时出见客乎？"客心耻之，强忍而与言曰："亡奈何矣，姑容我入！"门者又得所赠金，则起而入之，又立向所立厩中。幸主者出，南面召见，则惊走匍匐阶下。主者曰："进！"则再拜，故迟不起，起则上所上寿金。主者故不受，则固请。主者故固不受，则又固请，然后命吏纳之，则又再拜，又故迟不起，起则五六揖始出。出揖门者曰："官人幸顾我，他日来，幸无阻我也！"门者答揖，大喜，奔出。马上遇所交识，即扬鞭语曰："适自相公家来，相公厚我！厚我！"且虚言状。即所交识亦心畏相公厚之矣。相公又稍稍语人曰："某也贤，某也贤。"闻者亦心许交赞之。此世所谓上下相孚也，长者谓仆能之乎？

前所谓权门者，自岁时伏腊一刺之外，即经年不往也。间道经其门，则亦掩耳闭目，跃马疾走过之，若有所追逐者。斯则仆之褊衷。以此长不见怡于长吏，仆则愈益不顾也。每大言曰："人生有命，吾惟有命，吾惟守分而已。"长者闻之，得无厌其为迂乎？

乡园多故，不能不动客子之愁。至于长者之抱才而困，则又令我怆然有感。天之与先生者甚厚，亡论长者不欲轻弃之，即天意亦不欲长者之轻弃之也，幸宁心哉！

公元1547年，汪道昆高中进士，少年得志，堪称一帆风顺。汪道昆不但武略超群，是位成功的将领，而且文韬出众，为文简洁有法，作诗风骨俱佳。关于他的著作，有《太函集》一百二十卷，收散文一百零六卷，诗歌一千五百二十首，堪称多产作家，并且在明代文人中占有一席之地。有人如此评论他的作品，文风华丽、辞藻古雅。他的作品收录于《太函集》，并且流传至今。

公元1601年，徐谢完成学业，并且被授予翰林院内的职务。翰林院掌修国史，记载皇帝言行，进讲经史，以及草拟有关典礼的文稿。但徐谢英年早逝，留下不好相处的名声。不过，他高度专注于学术。他曾发誓如果哪天写作可以登峰造极，那么他甚至愿意跳进大海散布他的文稿。他曾写过一篇《旧砚台论》，暴露收集古玩的陋习，受到很多人的喜爱。

最后介绍两位知名人士。李时珍通过不懈努力，花了二十六年，最终在公元1578年完成《本草纲目》。1596年，这部著作的手稿呈送到当时的皇帝朱翊钧面前，朱翊钧随即命令印刷。《本草纲目》分为水、火、土、金石、草、谷、菜、果、木、服器、虫、鳞、介、禽、兽、人等十六部。序论部分首先列举《神农本草经》《名医别录》《雷公炮炙论》《唐本草》等四十一种本草著作,并且加以简要评介,基本上反映出明代以前本草学发展的概况。另外,《本草纲目》附列引用医书二百七十七种,经史百家著作四百四十种,共计七百一十七种。著名的"以形补形"理论便出自《本草纲目》。这种理论认为可以用动物的五脏六腑治疗人体相应器官的疾病。

徐光启被认为是中国第一位具有影响力的天主教教徒。公元1597年参加完会试,以及在公元1604年参加完殿试并高中进士后,他与利玛窦

利玛窦(左)与徐光启(右)

在1606年开始合作翻译《几何原本》前六卷。1607年春，《几何原本》翻译完毕并刻印刊行。翻译完《几何原本》后，他又根据利玛窦的口述翻译了《测量法义》。徐光启在天文历法方面的成就，主要集中在编译《崇祯历书》和为改革历法写下的各种疏奏中。1639年，《农政全书》刻版付印，此时徐光启已经去世六年。《农政全书》基本囊括了中国古代汉族农业生产和人民生活的各个方面。与他在天文历法方面的著述相比，从卷帙来看，徐光启的农学著作虽然数量不那样多，但他写作时花费时间之长、用功之勤，实皆有过之而无不及。徐光启曾与天主教传教士们一起合译过不少科学方面的著作。这些传教士编撰过不少富有哲理的宣传册子，方便传教使用。有些宣传册子在旧书店中仍可觅得。

第2章
明代的小说和戏曲

在作品数量上，明代小说蔚为可观，但其中很多作品的作者已经无从考证。小说巨作《金瓶梅》的书名来自小说中三位女主人公潘金莲、李瓶儿、庞春梅名字的缩写。该书的作者是大学问家和史学家王世贞。不过，这也只是人们的揣测①。另外，有人认为这部小说可能成书于公元17世纪，暗讽康熙皇帝后宫的情形。《金瓶梅》风格平易，语言接近北京方言，故事的实际背景发生于公元12世纪早期。此外，这部小说还有一大特点，即小说中多处采用双关的修辞手法。《金瓶梅》使用了很多鲜活生动的市民口语，甚至有些词语不堪入耳。这使整部小说充满浓郁的市井气息。

《玉娇梨》，又名《双美奇缘》，是一部15世纪的小说，书名由女主角白红玉、卢梦梨的名字连缀而成。《玉娇梨》名声在外，远高于其在中国的地位。其部分原因是这部小说长度适中，不像许多中国古代小说那样长，甚至有些中国小说中有不少类似《荷马史诗》的重复之处。不过，《荷马史诗》的重复是由于口口相传，记录时间比较晚导致

---

① 这部小说的作者署名为兰陵笑笑生，此人的真实身份已经成为历史谜案。因此，翟理斯认为王世贞只是人们揣测的《金瓶梅》作者是正确的。

的。但中国古代小说中的重复或许是模仿别人作品造成的，因为前面提到中国小说或许源自中亚。然而，《玉娇梨》仅二十回，是明末清初才子佳人小说的一部代表作，主要描写青年才子苏友白与宦家小姐白红玉，以及卢梦梨为爱情经历种种磨难，最终成就美好姻缘的爱情故事。明正统、景泰年间，金陵太常卿白太玄之女白红玉才貌双全，选择考诗择婿。才子苏友白赋诗应考，被恶少张轨如窃其诗稿以自荐，幸被丫鬟嫣素和白红玉识破。白红玉与苏友白立下婚约。苏友白赴京应试，遇见女扮男装的才女卢梦梨，两相倾慕，暗订婚约。苏友白中进士后，抚台逼婚，苏友白辞官而去。几经曲折，苏友白最终与白红玉、卢梦梨美满团圆。这种情形在西方可能更难应付，但由于古代中国社会允许一夫多妻，所以能成就圆满结局。

《列国志传》是一部长篇历史演义小说，讲述春秋战国时期的历史故事，其故事背景上自公元前8世纪，下到秦始皇统一中国。

下面引文节选自《列国志传》中的秦哀公临潼斗宝，讲述诡计多端的秦国谋划用假冒宝物进行一场展览，意在引出各国将各自珍贵宝物进献给周王室。不过，这激起各国王公贵族的残杀，并且使秦国的计谋落空。

  当时秦哀公预先摆布坛会，埋伏兵机专候至期，以图大事。
  闻诸侯至，出关迎入，相见礼毕，序爵而坐。遂起告列侯曰："寡人奉天子命，大开此会，广聚宝物，然后收集贡上。今公等既齐，合出宝以别轻重。"诸侯唯唯听命。齐大夫晏平仲见坛下一派杀气，知其有埋伏，乃向前告曰："古者诸侯会盟，必得一公明正直之士，定议列国是非，谓之明辅。今乃斗宝之会，聚天下诸侯，必先立一明辅，然后斗宝，庶无交争之患！"
  哀公喜曰："齐大夫之言是也！"遂降诏问："列国中谁敢出任明辅之职？"道未了，郑都尉下庄出曰："臣敢承任此职！"

哀公曰："都尉有甚才能？"庄曰："臣虽不才，曾于玄象岗下一拳，打死双虎，武力超伦，所以敢任明辅之职！"秦哀公令取金牌，付与卞庄。卫国部下有一人高呼曰："打虎者乃一勇夫！何足当此职？金牌留下，待我来挂！"哀公视之，乃卫国公子蒯聩也。公曰："汝有何能敢争明辅？"聩曰："臣昔日曾于泸水之上，斩一蛟龙，所以敢当此任。"哀公即令卞庄取牌付与蒯聩，卞庄不肯，要与蒯聩见一高低。

二人相争不止，晏平仲出而解曰："打虎乃猛夫，诛龙止术士，皆非文武兼全之才，不足当此！臣观殿前一鼎重有千斤，大王必先立下文题，令列国群英，有能答明文字，复举此鼎，在十八镇诸侯座前遍游一匝者，则是才力兼全之士，方许挂牌受职！"哀公准奏，书下八句题目，令军吏提照列国群英。此八句题目是：

天何所附地何依，天地相生求已知。

江水源头从何出，泰山派自那支离。

五行迭远谁为重，万物丛生孰最奇。

试举六题关要问，有能明此是男儿。

道犹未了，秦邦大将军姬辇，读罢文题，向前先请答题曰：

天无所依地无依，天地生生术岂知。

江水只从河上出，泰山焉别那支离。

五行迭远皆为重，万物丛生总是奇。

六件奥题原止此，我争明辅是男儿。

姬辇题罢，抠衣向殿前用手举鼎，去地三尺，满面通红，列国群臣鼓角齐鸣，同声喝采！哀公亲赐金牌，令姬辇任行明辅权柄，子箴将谢恩就职。

楚国保驾将军伍员向前高叫："姬辇论文不破题，举鼎不离座,焉敢任此大职,且留此牌,待臣来挂!"哀公本有牢笼诸侯之意,欲将明辅与本国人做,及伍员争牌,甚是不忿!乃曰:"汝能改明文题,举鼎遍游,即将明辅改任。"子胥承旨,援笔立就,呈与哀公。

　　天无依地地依天,天地皆从五数先。
　　河水自从天上降,泰山已发昆仑源。
　　土坤尊守五行信,人道贵为万物全。
　　请举此诗明六向,篇篇透彻不胡言。

　　哀公观其文意,明白透彻,有高出子箴之论,乃曰:"文则佳矣!试举此鼎以观勇力何如?"子胥左手揽衣,右手向前一举,将鼎向诸侯座前遍游二匝,复置原所,脸无变色,诸侯面面相觑,咸称英雄,哀公不能推阻,即取明辅之牌,付与子胥。

　　与前述小说相比,《镜花缘》[①]非旦没有太远离生活,反倒多了一些真实有趣的人物。《镜花缘》故事的背景是武则天统治时期。公元690年,武则天越过自己的儿子们登上皇位,统治中国十六年。《镜花缘》主人公唐敖赴京赶考,中得探花。此时,徐敬业起兵讨伐武则天,有奸人污蔑唐敖与徐敬业结拜。唐敖遂被革去功名,降为秀才。从此,唐敖对仕途灰心丧气,并且随妻兄林之洋一道出海经商、游历。他们路经三十多个国家,其中君子国最奇异。唐敖一行抵达君子国后,便速速赶往其国都:

　　走了数里,离城不远,只见城门上写着"惟善为宝"四个大字。
　　话说唐、多二人把匾看了,随即进城。只见人烟辏集,作

[①] 《镜花缘》成书于清代,此处是作者的错误。

武则天

买作卖,接连不断。衣冠言谈,都与中原一样。唐敖见言语可通,因向一位老翁问其何以好让不争之故。谁知老翁听了,一毫不懂。又问国以君子为名是何缘故,老翁亦回不知。一连问了几个,都是如此。多九公道:"据老夫看来,他这国名以及'好让不争'四字,大约都是邻邦替他取的,所以他们都回不知。刚才我们一路看来,那些耕者让畔,行者让路光景,已是不争之意。而且士庶人等,无论富贵贫贱,举止言谈,莫不恭而有礼,也不愧'君子'二字。"唐敖道:"话虽如此,仍须慢慢观玩,方能得其详细。"

说话间来到闹市,只见有一隶卒在那里买物,手中拿着货物道:"老兄如此高货,却讨恁般贱价,教小弟买去,如何能安？务求将价加增，方好遵教。若再过谦，那是有意不肯赏光交易了。"唐敖听了，因暗暗说道："九公，凡买物只有卖者讨价，买者还价。今卖者虽讨过价，那买者并不还价，却要添价。此等言谈，倒也罕闻。据此看来那'好让不争'四字，竟有几分意思了。"只听卖货人答道："既承照顾，敢不仰体？但适才妄讨大价，已觉厚颜，不意老兄反说货高价贱，岂不更教小弟惭愧？况敝货并非言无二价，其中颇有虚头。俗云：'漫天要价，就地还钱。'今老兄不但不减，反要加增，如此克己，只好请到别家交易，小弟实难遵命。"唐敖道："'漫天要价，就地还钱'，原是买物之人向来俗谈；至'并非言无二价，其中颇有虚头'，亦是买者之话，不意今皆出于卖者之口，倒也有趣。"只听隶卒又说道："老兄以高货讨贱价，反说小弟克己，岂不失了忠恕之道？凡事总要彼此无欺，方为公允。试问那个腹中无算盘，小弟又安能受人之愚哩！"谈之许久，卖货人执意不增，隶卒赌气，照数付价，拿了一半货物。刚要举步，卖货人那里肯依，只说价多货少，拦住不放。路旁走过两个老翁，作好作歹，从公评定，令隶卒照价拿了八折货物，方才交易而去。唐、多二人不觉暗暗点头。

　　走未数步，市中有个小军，也在那里买物。小军道："刚才请教贵价若干，老兄执意吝教，命我酌量付给；及至尊命付价，老兄又怪过多。其实小弟所付业已刻减。若说过多，不独太偏，竟是违心之论了。"卖货人道："小弟不敢言价，听兄自付，因敝货既欠新鲜，而且平常，不如别家之美。若论价值，只照老兄所付减半，已属过分，何敢谬领大价。"唐敖道："货色平常，原是买者之话；付价刻减，本系卖者之话。那知此处却句句相反，另是一种风气。"

只听小军又道:"老兄说那里话来!小弟于买卖虽系外行,至货之好丑,安有不知?以丑为好,亦愚不至此。第以高货只取半价,不但欺人过甚,亦失公平交易之道了。"卖货人道:"老兄如真心照顾,只照前价减半,最公平;若说价少,小弟也不敢辩,惟有请向别处再把价钱谈谈,才知我家并非相欺哩。"小军说之至再,见他执意不卖,只得照前减半付价,将货略略选择,拿了就走。卖货人忙揽住道:"老兄为何只将下等货物选去?难道留下好的,给小弟自用么?我看老兄如此讨巧,就是走遍天下,也难交易成功的。"小军发急道:"小弟因老兄定要减价,只得委曲从命,略将次等货物拿去,于心庶可稍安。不意老兄又要责备。且小弟所买之物,必须次等,方能合用;至于上等,虽承美意,其实倒不适用了。"卖货人道:"老兄既要低货方能合用,这也不妨。但低货自有低价,何能付大价而买丑货呢?"小军听了,也不答言,拿了货物,只管要走。那过路人看见。都说小军欺人不公。小军难违众论,只得将上等货物、下等货物,各携一半而去。

二人看罢,又朝前进。只见那边又有一个农人买物。原来物已买妥,将银付过,携了货物要去。那卖货的接过银子仔细一看,用戥秤了一秤,连忙上前道:"老兄慢走。银子平水都错了。此地向来买卖,都是大市中等银色,今老兄既将上等银子付我,自应将色扣去。方才小弟秤了一秤,不但银水未扣,而且秤头过高。此等平色小事,老兄有余之家,原不在此;但小弟受之无因,请照例扣去。"农人道:"些须银色小事,何必锱铢较量?既有多余,容小弟他日奉买宝货,再来扣除,也是一样。"说罢又要走。卖货人拦住道:"这如何使得?去岁有位老兄照顾小弟,也将多余银子存在我处,留言后来买货再算。谁知至今不见,各处寻他,无从归还。岂非欠了来生债么?今老兄又要如此,倘一去不来,到了来生,小弟变驴变马归还先前那位老兄,业已尽够一忙,那里还有工夫再还老兄?岂非下一世又要变驴变马归结老兄?据小弟愚见,与其日后买物再算,何不就在今日?况多余若干,日子久了,倒恐难记。"彼此推让许久,农人只得将货拿了两样作抵此银而去。卖货人仍口口声声只说"银多货少,过于偏枯",奈农人业已去远,无可如何。忽见有个乞丐走过,卖货人自言自语道:"这个花子只怕就是讨人便宜的后身,所以今生有这报应。"一面说着,即将多余平色用戥秤出,尽付乞丐而去。唐敖道:"如此看来,这几个交易光景,岂非'好让不争'一幅行乐图么?我们还打听甚么!且到前面再去畅游。如此美地,领略领略风景,广广识见,也是好的。"

只见路旁走过两个老者,都是鹤发童颜,满面春风,举止大雅。唐敖看罢,知非下等之人,忙侍立一旁。四人登时拱手见礼,问了名姓。原来这两个老者都姓吴,乃同胞弟兄,一名吴之和,一名吴之祥。唐敖道:"不意二位老丈都是泰伯之后,失敬,失敬!"吴之和道:"请教二位贵乡何处?来此有何贵干?"多九公将乡贯、来意说了。吴之祥躬身道:"原来贵邦天朝!小子向闻天朝乃圣人之国,二位大贤荣列胶庠,为天朝清贵,今得幸遇,尤其难得。第不知驾到,有失迎迓,尚求海涵!"唐、多二人连道:"岂敢!"吴之和道:"二位大贤由天朝至此,小子谊属地主,意欲略展杯茗之敬,少叙片时,不知可肯枉驾?如蒙赏光,寒舍就在咫尺,敢劳玉趾一行。"二人听了,甚觉欣然。于是随着吴氏弟兄,一路行来。

话说吴之和道:"小子向闻贵处世俗,于殡葬一事,作子孙的，并不计及死者以入土为安，往往因选风水，置父母之柩多年不能入土，甚至耽延两代、三代之久，相习成风。以至庵观寺院，停柩如山；旷野荒郊，浮厝无数。""况善风水之人岂无父母？若有好地，何不留为自用？如果一得美地，即能发达，那通晓地理的，发达曾有几人？""据小子愚见，殡葬一事，无力之家，自应急办，不可蹉跎；有力之家，亦惟择高阜之处，得免水患，即是美地。父母瞑目无恨，人子扪心亦安。此海外愚谈，不知可合尊意？"

吴之和道："吾闻尊处向有妇女缠足之说。始缠之时，其女百般痛苦，抚足哀号，甚至皮腐肉败，鲜血淋漓。当此之际，夜不成寐，食不下咽，种种疾病，由此而生。小子以为此女或有不肖，其母不忍置之于死，故以此法治之。谁知系为美观而设，若不如此，即不为美。试问鼻大者削之使小，额高者削之使平，人必谓为残废之人；何以两足残缺，步履艰难，却又为美？"

不知不觉间，数小时已经过去，唐敖、多九公二人起身匆匆告别，离了吴氏相府。不多时，二人回到船上。

《今古奇观》是一部白话短篇小说选集，明抱瓮老人编，主要选自冯梦龙的"三言"和凌濛初的"二拍"。《今古奇观》已经被翻译成多国文字，全书由四十个故事组成，多角度、全方位反映了当时市民阶层的生活面貌和思想感情。与另一部小说《平山冷燕》完全不同，《今古奇观》文风简洁。《平山冷燕》，又名《四才子书》，中国古典名著，是刊行于清初的一部流传甚广、影响颇大的才子佳人小说。《平山冷燕》叙述了大学士山显仁献女儿山黛所作《白燕诗》并得到皇帝赏识。皇帝召见山黛，赐玉尺衡量天下文士，赐金如意抵御强暴。山显仁为女儿建玉尺楼，并且聘扬州才女冷绛雪为其助手。冷绛雪路过山东汶上县闵子祠，题诗于壁，才子平如衡见而和之，两人互相倾慕。松江府才子燕白颔，寻访才子，与平如衡结为莫逆之交。后来，皇帝下诏求贤，为山黛、冷绛雪相婿。吏部尚书之子张寅，在帮闲文人宋信的支持下，为谋取山黛，竟剽窃燕白颔、平如衡的诗作，终被识破。燕白颔、平如衡被皇帝选中，一赐状元，一赐探花，一娶山黛，一娶绛雪。最终，《平山冷燕》以两对夫妇金殿上歌赋一首《白燕诗》结束。实际上，这部小说的书名即取四人姓氏而成。

风筝咏
巧将禽鸟作容仪，哄骗愚人与小儿。
蔑片作胎轻且薄，游花涂面假为奇。
风吹天上空摇摆，线缚人间没转移。
莫笑脚跟无实际，眼前落得燥虚脾。

《二度梅》成书于公元16世纪到17世纪，作者佚名，主题涉及孝道、友情、义气等。《二度梅》文风质朴，没有过多卖弄典故，但有不少戏剧性场景。总体而言，《二度梅》比较生动地反映了中国人的日常生活风貌。与《玉娇梨》的情形一样，《二度梅》的两位男主人公分别遇到两位女主人公。每位男主人公都娶了两位妻子。这部长篇小说以唐肃宗统治时期为背景，展现了广阔的生活画面，描述了梅陈两家的悲欢离合，并且着意描写了梅魁之子梅良玉、陈东初之女陈杏元的爱情故事。在小说中，山东济南府历城知县梅魁，在任十年，为官清正，"只吃民间一杯水，不要百姓半文钱"。晋升为吏部都给事后，梅魁对奸相卢杞之流不但不趋炎附势，而且敢于正面斗争。最终，梅魁被奸相卢杞陷害，斩首西郊。随后，卢杞假借圣意，捉拿梅魁全家。梅魁之子梅良玉及其母，只好弃家而逃，开始颠沛流离的生活。梅良玉几经周折,来到陈东初家,并且与陈东初之女陈杏元联姻。但为陷陈东初于死地,卢杞逼迫陈杏元出关和番,将梅良玉和陈杏元这对情侣活活拆散。在奸相卢杞的搜捕中,梅良玉得到邹伯符的庇护。经过几番艰难曲折后,梅良玉终于闱战得捷,名列金榜首位,并且被钦封为巡按,除暴安良。在皇帝的亲自主持下,梅良玉与陈杏元完婚团聚。在梅良玉的曲折、痛苦的经历中,《二度梅》交叉叙述了陈东初之子陈春生的故事。在父母被捕天牢,姐姐陈杏元被逼和番,奸相卢杞追捕的情况下,陈春生历尽艰辛,被渔家所救,被邱公收养,最终高中榜眼,与周玉姐结成伉俪。在小说中,这两个爱情故事交插描写,彼此辉映,构成曲折复杂、引人入胜的故事情节。《二度梅》变化多端,波澜起伏,不时陷入绝境,旋即绝处逢生,扣人心弦,感人肺腑,使读者随着主人公的经历与遭际,时喜、时怒、时哀、时乐。可以说,《二度梅》是一部可读性很强的小说。

在元曲的基础上,明代戏曲获得进一步的发展。无论中国戏曲起源于国外还是国内,戏曲实际上已经成为中国人生活的一部分。有闲的知识分子在戏曲的诗意中打发悠闲的时光,广大劳动人民在忙碌的生活之余从戏曲中找到生活的乐趣。

《琵琶记》[①]在明代戏曲中位列榜首[②],不少人甚至认为它是中国最好的戏曲作品。《琵琶记》有几种不同的版本,有的版本分二十四幕,有的分四十二幕,不同版本也有不小的差异。《琵琶记》首演于公元1704年,被认为在元曲的基础上采用了更先进的戏曲艺术。《琵琶记》作者高明,字则诚。他笔下的人物取材于现实生活,主人公是根据他身边一位白手起家的朋友塑造而成。下面介绍一下《琵琶记》的情节。

书生蔡伯喈与赵五娘新婚不久,恰逢朝廷开科取士。蔡伯喈以父母

---

① 《琵琶记》创作于元末,此处是作者翟理斯的失误。
② 此乃翟理斯的主观判断。

年事已高，欲辞试留在家中，服侍父母。但蔡公不许，邻居张太公也在旁劝说。蔡伯喈只好告别父母、妻子赵五娘赴京应试。最终，蔡伯喈应试及第，中了状元。牛丞相有一女未嫁，奉旨招新科状元为婿。蔡伯喈以父母年迈，在家无人照顾，需回家尽孝为由，欲辞婚、辞官。但牛丞相与皇帝不允，强迫其滞留京城。

蔡伯喈离家后，其家乡陈留连年遭受旱灾。妻子赵五娘任劳任怨，服侍公婆，让公婆吃米饭，自己背着公婆私下自咽糟糠。婆婆一时痛悔过甚而亡，蔡公也死于饥荒。蔡伯喈被强赘入牛府后，终日思念父母。他写信去陈留家中，但信被拐儿骗走，导致音信不通。一日，在书房弹琴抒发幽思，为牛氏听见，得知实情，告知父亲。牛丞相被女儿说服，遂派人迎取蔡伯喈父母、妻子来京。蔡公、蔡婆去世后，赵五娘祝发买葬，罗裙包土，自筑坟墓，又亲手绘成公婆遗容，身背琵琶，沿路弹唱乞食，前往京城寻夫。不过，在赵五娘到达京城前，蔡伯喈收到一封伪造的信，旨在骗取一些银两。这封信说蔡伯喈的父母身体康健，正前往京城与他团聚。赵五娘来到京城，正遇弥陀寺大法会，便向寺中募化求食，并且将公婆真容供于佛前。正逢蔡伯喈前来寺中烧香，祈祷父母路上平安。见到父母真容后，蔡伯喈拿回府中并挂在书房内。赵五娘寻至牛府，被牛氏请到府内弹唱。赵五娘见牛氏贤淑，便将自己身世告知牛氏。牛氏为让赵五娘与蔡伯喈团聚，但怕蔡伯喈不肯相认，便请赵五娘来到书房，并且在公婆的真容上题诗暗喻。蔡伯喈回府，见画上所题之诗，正欲问牛氏，牛氏便带赵五娘入内，蔡伯喈与赵五娘遂得以团聚。赵五娘告知家中之事，蔡伯喈悲痛至极，立即上表辞官，回乡守孝。得到牛丞相的同意后，蔡伯喈遂携赵五娘、牛氏同归故里，皆大欢喜。如果中国戏曲有幕布，那么此时应该降下幕布。

《琵琶记》与莎士比亚的戏剧长度大约相同，但它没有莎剧中的很多戏剧效果。按照中国评论家的看法，戏曲最主要的美在于歌颂帝

重訂慕容喈琵琶記序 見江陰徐充暖姝由筆

白雲散仙歸自蓬萊為酒食演琵琶記以娛客曰此南戲之祖妙哉散仙曰是戲詞麗調高謂為南戲之祖信矣然不免誣詆前賢耳史稱蔡邕三世同居父子同朝又稱邕至孝侍母病不解衣廬母墓致瑞蓋非貧仰於鄰而賴妻洵葬者也此戲失真何以取信下世客曰必求其真則鑿矣但取其戲之足以動人可也散仙云

琵琶記序

《琵琶记》序

王的德政，对长辈的孝行，甚至妾室们在复杂的家庭关系中如何和平相处……实际上，在《琵琶记》中，伪造的那封信是个败笔，因为儿子应该熟悉父亲的字迹。因此，相关情节应该是不合理的。正如有人认为并不能由于鹳鸟脖子很长，人们就能在砍掉鹳鸟脖子一截后解决鹳鸟脖子长的问题。然而，《琵琶记》中人物的悲惨遭遇还是令中国观众高度关注这出戏。正如我们在前面提过的，让人笑比让人哭容易得多。如果记住这点，那么人们欣赏《琵琶记》时流下的眼泪就越发弥足珍贵。

第 3 章

明代诗歌

虽然明诗数量可观,但明代少有能与唐宋诗人比肩的大诗人。按时间顺序,明代首位知名诗人是解缙。解缙出生于1369年,即明朝建立后一年。随后,在二十岁时,解缙考中进士。解缙的早慧为他赢得"神童"的美誉。后来,皇帝十分欣赏他。甚至解缙写字时,皇帝为他举砚。解缙曾主持编撰《永乐大典》。他写过一首一百五十多行的诗,这首诗曾广泛流传。在这里,我只能说"大概一百五十行",因为这首诗不同版本长度不一,并且每一行诗的内容也有出入。不过,这首诗的真实作者是否是解缙,仍有疑问①。另外,这首诗有明显剽窃早期汉乐府诗的痕迹,韵律和逻辑都有不协调之处,使其过渡部分显得生硬。但这首诗所有版本的开头四句都是一致的,即"天子重英豪,文章教尔曹;万般皆下品,惟有读书高"。这其实是老套的说教:

少小须勤学,文章可立身;
满朝朱紫贵,尽是读书人。

---

① 这首诗诗名为《神童诗》,真实作者为宋代的汪洙。

这首诗后面还有四句诗经常被人们引用描述人生中的四件极乐之事,

久旱逢甘露,他乡遇故知;
洞房花烛夜,金榜题名时。

上述四行诗并没有阐明这些时刻会有什么事发生。这首诗的某些版本补上了缺少的内容。读完这首诗后,我们明白经典才是最应该发掘的。下面四句诗中的省略蕴含着无限的诗意:

土脉阳和动,韶华满眼新;
一枝梅破腊,万象渐回春。

接下来是劝人熬夜苦读的诗句。让人摸不着头脑的是这首诗接着建议一日三杯酒能让头脑清醒,以及在酩酊大醉时,人所有的忧虑都将消失:

长安游冶子,日日醉春风。

总体而言,这首诗是一个大拼盘,有些部分看上去像出自解缙笔下。下面的短诗《蒲剑》确定是解缙之作:

三尺青青古太阿,舞风斫碎一川波。
长桥有影蛟龙惧,流水无声日夜磨。
两岸带烟生杀气,五更弹雨和渔歌。
秋来只恐西风恶,销尽锋棱恨转多。

解缙的结局很凄惨。由于向明成祖朱棣力荐皇长子朱高炽继承皇位,所以解缙得罪了朱棣心仪的二皇子朱高煦。最终,朱高煦降罪解缙,并且使解缙受罚。另外,朱高煦抓住解缙另一把柄并将其投入大

朱高炽

牢。在被关押四年后，锦衣卫首先将解缙灌醉，后将他埋进雪堆活活冻死。当时，解缙年仅四十七岁。

公元1521年到公元1566年，明朝第十一位皇帝明世宗朱厚熜在位，年号嘉靖，后世称嘉靖皇帝。明世宗朱厚熜不是一位特别受到尊敬的皇帝，特别是他晚年耗费大量钱财修建宫殿庙宇，将时间浪费在炼制长生不老药上。公元1539年，明世宗朱厚熜派大将毛伯温平定安南国的叛乱，并且在出征前赠给他一首诗。中国的评论人士认为这首《送毛伯温》振奋人心，并且经常将其收入各类诗集，可见这首诗的价值并不仅仅体现在其作者朱厚熜尊贵的身份上：

> 大将南征胆气豪，腰横秋水雁翎刀。
> 风吹鼍鼓山河动，电闪旌旗日月高。
> 天上麒麟原有种，穴中蝼蚁岂能逃。
> 太平待诏归来日，朕与先生解战袍。

现在，中国古代的名媛阶层已经不存在。如同古希腊的交际花，中国古代的名媛都受过良好教育，并且曾有一定的社会影响力。中国古代最有名的名媛故事还有记载，并且可以追溯到公元7世纪。下面的引文选自清代姜绍书的《无声诗史》，其内容与一位活跃在公元14世纪的名妓薛素素有关，"她的美貌古今无几人能及"：

> 京师妓。姿色艳雅，言动可爱。书法黄庭小楷，尤工兰竹。下笔迅扫，各具意态。又善驰马挟弹，能以两弹先后发，必使后弹击前弹，碎于空中。又置弹于地，以左手持弓向后，右手从背上反引其弓以击地下之弹，百不失一。绝技翩翩，亦青楼中少双者。

明世宗朱厚熜

女性创作的诗歌或者戏曲被人们珍藏,有的还被当作正统选集的补充一道出版。明代虽然缺乏真正有很高艺术价值的诗作,但明诗没有掺杂任何粗俗的成分。

第八部分

清代

公元 1644 年—公元 1900 年

第1章

《聊斋》与《红楼梦》

公元1644年，明王朝对中国的统治气数将尽。统治腐败、宦官掌权等问题导致中国各地爆发起义，实力强大的起义军逼近北京。1644年4月25日，北京沦陷。1644年4月24日晚，明朝最后一位皇帝崇祯帝朱由检拒

崇祯帝

绝出逃,并且杀死他的长子朱慈烺,逼迫自己的皇后周氏自杀,藏匿了他的另外三个儿子。1644年4月25日傍晚,朱由检亲自在前殿鸣钟召集百官,但无一人前来。于是,他与太监王承恩登上煤山寿皇亭,脱下皇袍,在衣襟上愤然写下最后一道圣旨:"朕凉德藐躬,上干天咎,然皆诸臣误朕。朕死,无面目见祖宗,自去冠冕,以发覆面。任贼分裂,无伤百姓一人。"写完后,他上吊自尽,随行的宦官王承恩随他而去。就在这个节骨眼,明朝抗清大将吴三桂投降清军,北京很快被清军占领。实际上,在明朝统治时期,清军一直默默发展,并且逐渐壮大成一支足以威胁明朝统治的力量。早在1635年,清军已经开始挥师南下,剑指皇权宝座,并且在其征服地区强行推行"剃发留辫"。

崇祯帝杀死自己的一个女儿

满族人

　　这是强大的中华帝国，接壤四海，国土宽广，除了一些未开化的偏远地区，其人民知书识礼。中国有着两千多年的文明历史，善于农耕，也长于征战。但将要统治他们的满族人，其书写文字公元1599年才创立，文学禀赋有待发展。但我们将在这一部分第二章提到的清朝历史上的两位皇帝对文学的喜爱和推崇在中国历史上都很罕见。这造就了当时整个社会文学的繁荣。

　　清代的文学成就需要先从一位说故事的人谈起。前面提过戏曲和小说在中国被排除在主流文学之外，这是中国人的观念使然。但在理论层面，戏曲和小说当然属于文学领域。

蒲松龄生于1640年，是《聊斋志异》的作者。虽然他的文学成就很高，亦是一位出色的学者，但跟许多读书人的命运一样，在科考中，他屡次失利。很多人认为文人科场失意，很有可能是他们对考试科目学得不严谨导致的。不管怎么说，科场失利对蒲松龄打击很大，并且让他出仕的愿望落空。除了与当时很多知名学者交往的记载，关于蒲松龄更多

蒲松龄

信息来自他完成《聊斋志异》——这部让他在中国文坛占据一席之地的作品后,所作的序言《聊斋自志》。《聊斋自志》有这样的记载:

> 披萝带荔,三闾氏感而为骚;牛鬼蛇神,长爪郎吟而成癖。自鸣天籁,不择好音,有由然矣。松,落落秋萤之火,魑魅争光;逐逐野马之尘,罔两见笑。才非干宝,雅爱搜神;情类黄州,喜人谈鬼。闻则命笔,遂以成编。久之,四方同人,又以邮筒相寄,因而物以好聚,所积益夥。甚者,人非化外,事或奇于断发之乡;睫在目前,怪有过于飞头之国。遄飞逸兴,狂固难辞;永托旷怀,痴且不讳。展如之人,得毋向我胡卢耶?然五父衢头,或涉滥听;而三生石上,颇悟前因。放纵之言,或有未可概以人废者。
>
> 松悬孤时,先大人梦一病瘠瞿昙,偏袒入室,药膏如钱,圆粘乳际,寤而松生,果符墨志。且也:少羸多病,长命不犹。门庭之凄寂,则冷淡如僧;笔墨之耕耘,则萧条似钵。每搔头自念,勿亦面壁人果是吾前身耶?盖有漏根因,未结人天之果;而随风荡堕,竟成藩溷之花。茫茫六道,何可谓无其理哉!独是子夜荧荧,灯昏欲蕊;萧斋瑟瑟,案冷疑冰。集腋为裘,妄续《幽冥》之录;浮白载笔,仅成《孤愤》之书。寄托如此,亦足悲矣。嗟乎!惊霜寒雀,抱树无温;吊月秋虫,偎阑自热。知我者,其在青林黑塞间乎!

《聊斋志异》问世后多年仅有手抄本流传。在《聊斋志异》首版尾页,蒲松龄的孙子提到由于作者蒲松龄太穷无法负担印刷的费用。直到公元1740年,就在蒲松龄来到阴间——他擅长描述的空间多年后,他的孙子印刷并出版了《聊斋志异》,使这部短篇小说集被广泛知晓。此后，市面上出现多个《聊斋志异》的印刷版本，但最好的版本当属盐商但明伦1842年刻印的版本。1842年版《聊斋志异》八开本共十六册，每册一百六十多页。不过，更确切的说法应是十六册本是其著名的初刻本，即1762年赵氏青柯亭刻本。

　　读完《聊斋志异》后，国外读者不能理解为何这部著作在中国文学史享有如此盛誉。答案或许是其独特的风格，即使这部小说中最卑贱的人物都刻画得入木三分。可以说，《聊斋志异》强烈地体现了中国文学作品中独有的美感。《聊斋志异》内容十分精炼，冗余的小品词绝少出现。《聊斋志异》还不时会有一些词义活用的现象，只有最具文字功底的文学大师才能将这些词用到极致。此外，蒲松龄运用大量的典故和引用，其出处遍布整个中国文学史。《聊斋志异》中还大量运用比喻和其他修辞手法。在英语文学中，似乎只有托马斯·卡莱尔的作品可以与之比肩。因此，《聊斋志异》朴实优美的风格已经深入中国人的内心，并

托马斯·卡莱尔

且被认为是中国小说中的最上乘之作。《聊斋志异》中的小说故事有时叙述得平静舒缓，但或许接下来便深奥难懂。由于大量源自中国三千多年文学积淀中的古诗引用和历史典故，我们只有通过熟读相关评论或者查找相关文献才能懂得其中奥妙之处。

其中用某个版本编者的话说，《聊斋志异》的目的是"惩恶扬善"。下面将要介绍的故事题为《瞳人语》，可以很好地诠释"惩恶扬善"：

> 长安士方栋，颇有才名，而佻脱不持仪节。每陌上见游女，辄轻薄尾缀之。清明前一日，偶步郊郭，见一小车，朱茀绣幰；青衣数辈，款段以从。内一婢，乘小驷，容光艳美。稍稍近觇之，见车幔洞开，内坐二八女郎，红装艳丽，尤生平所未睹。目眩神夺，瞻恋弗舍，或先或后，从驰数里。忽闻女郎呼婢近车侧，曰："为我垂帘下，何处风狂儿郎，频来窥瞻！"婢乃下帘，怒顾生曰："此芙蓉城七郎子新妇归宁，非同田舍娘子，放教秀才胡觑！"言已，掬辙土扬生。
>
> 生眯目不可开。才一拭视，而车马已渺。惊异而返。觉目终不快。倩人启睑拨视，则睛上生小翳；经宿益剧，泪簌簌不得止；翳渐大，数日厚如钱；右睛起旋螺，百药无效。懊闷欲绝，颇思自忏悔。闻《光明经》能解厄，持一卷，浼人教诵。初犹烦躁，久渐自安。旦晚无事，惟趺坐捻珠。持之一年，万缘俱净。忽闻左目中小语如蝇，曰："黑漆似，叵耐杀人！"右目中应曰："可同小遨游，出此闷气。"渐觉两鼻中蠕蠕作痒，似有物出，离孔而去。久之乃返，复自鼻入眶中。又言曰："许时不窥园亭，珍珠兰遽枯瘁死！"生素喜香兰，园中多种植，日常自灌溉；自失明，久置不问。忽闻此言，遽问妻："兰花何使憔悴死？"妻诘其所自知，因告之故。妻趋

验之，花果槁矣。大异之。静匿房中以俟之，见有小人自生鼻内出，大不及豆，营营然竟出门去。渐远，遂迷所在。俄，连臂归，飞上面，如蜂蚁之投穴者。如此二三日。又闻左言曰："隧道迂，还往甚非所便，不如自启门。"右应曰："我壁子厚，大不易。"左曰："我试辟，得与而俱。"遂觉左眶内隐似抓裂。有顷，开视，豁见几物。喜告妻，妻审之，则脂膜破小窍，黑睛荧荧，如劈椒。越一宿，悙尽消。细视，竟重瞳也，但右目旋螺如故，乃知两瞳人合居一眶矣。生虽一目眇，而较之双目者，殊更了了。由是益自检束，乡中称盛德焉。

下面这个故事《劳山①道士》更多一些幽默的成分。世家子弟王姓书生仰慕道学，听说崂山有很多仙人，王生就背着书箱求道。来到崂山，王生见道长精通玄理，便求道长收其为徒。然而，道长怕王生娇生惯养受不了苦修，想劝其回家。王生坚称自己能坚持。于是，道长收其为徒，并且让他与众人一起去砍柴。这样，过了一个月，王生觉得太辛苦便暗地有了回家的念头。但看到道长的法术后，他又打消念头，继续坚持了一个多月。

又一月，苦不可忍，而道士并不传教一术。心不能待，辞曰："弟子数百里受业仙师，纵不能得长生术，或小有传习，亦可慰求教之心；今阅两三月，不过早樵而暮归。弟子在家，未谙此苦。"道士笑曰："吾固谓不能作苦，今果然。明早当遣汝行。"王曰："弟子操作多日，师略授小技，此来为不负也。"道士问："何术之求？"王曰："每见师行处，墙壁所

---

① 即今崂山，也称牢山，在今青岛市东北部。

不能隔，但得此法足矣。"道士笑而允之。乃传一诀，令自咒毕，呼曰："入之！"王面墙，不敢入。又曰："试入之。"王果从容入，及墙而阻。道士曰："俯首骤入，勿逡巡！"王果去墙数步，奔而入；及墙，虚若无物；回视，果在墙外矣。大喜，入谢。道士曰："归宜洁持，否则不验。"遂助资斧，遣之归。

抵家，自诩遇仙，坚壁所不能阻。妻不信。王效其作为，去墙数尺，奔而入，头触硬壁，蓦然而踣。妻扶视之，额上坟起，如巨卵焉。妻揶揄之。王惭忿，骂老道士之无良而已。

不过，《聊斋志异》中随处可见的仍然是表现惩戒恶人的内容。如《画皮》中的：

身变作浓烟，匝地作堆。道士出一葫芦，拔其塞，置烟中，飗飗然如口吸气，瞬息烟尽。道士塞口入囊。

《种梨》也是一个很好的惩戒恶行的例子：

有乡人货梨于市，颇甘芳，价腾贵。有道士破巾絮衣，丐于车前。乡人咄之，亦不去；乡人怒，加以叱骂。道士曰："一车数百颗，老衲止丐其一，于居士亦无大损，何怒为？"观者劝置劣者一枚令去，乡人执不肯。肆中佣保者，见喋聒不堪，遂出钱市一枚，付道士。道士拜谢。谓众曰："出家人不解吝惜。我有佳梨，请出供客。"或曰："既有之，何不自食？"曰："我特需此核作种。"于是掬梨大啖，且尽，把核于手，解肩上镵，坎地深数寸，纳之而覆以土。向市人索汤沃灌。好事者于临路店索得沸渖,道士接浸坎处。万目攒视,见有勾萌出,渐大;俄成树,枝叶扶苏;倏而花,倏而实,硕大芳馥,累累满树。道士乃即树头摘赐观者,顷刻向尽。已,乃以镵伐树,丁丁良久,方断;带叶荷肩头,从容徐步而去。

初,道士作法时,乡人亦杂众中,引领注目,竟忘其业。道士既去,始顾车中,则梨已空矣。方悟适所表散,皆己物也。又细视车上一靶亡,是新凿断者。心大愤恨。急迹之。转过墙隅,则断靶弃垣下,始知所伐梨本,即是物也。道士不知所在。一市粲然。

下面场景的后半部分让人们相信英国19世纪戏剧家威廉·施文克·吉尔伯特是位中国迷,他的戏剧《甜心》的最精华部分来自《聊斋·婴宁》:

威廉·施文克·吉尔伯特

次日，至舍后，果有园半亩，细草铺毡，杨花糁径；有草舍三楹，花木四合其所。穿花小步，闻树头苏苏有声，仰视，则婴宁在上。见生来，狂笑欲堕。生曰："勿尔，堕矣。"女且下且笑，不能自止。方将及地，失手而堕，笑乃止。生扶之，阴捘其腕。女笑又作，倚树不能行，良久乃罢。生俟其笑歇，乃出袖中花示之。女接之，曰："枯矣。何留之？"曰："此上元妹子所遗，故存之。"问："存之何意？"曰："以示相爱不忘也。自上元相遇，凝思成病，自分化为异物；不图得见颜色，幸垂怜悯。"女曰："此大细事。至戚何所靳惜？待郎行时，园中花，当唤老奴来，折一巨捆负送之。"生曰："妹子痴耶？"女曰："何便是痴？"生曰："我非爱花，爱拈花之人耳。"女曰："葭莩之情，爱何待言。"生曰："我所谓爱，非瓜葛之爱，乃夫妻之爱。"女曰："有以异乎？"曰："夜共枕席耳。"女俯思良久，曰："我不惯与生人睡。"

最终，这对情侣还是喜结连理。虽然婴宁说出自己狐女的身份，但这并不影响他们幸福地在一起生活，只是婴宁偶然会施点小法术。有一次，爱花如命的她翻墙到邻居家采花，她的法术便派上用场。

西人子谓示约处，大悦。及昏而往，女果在焉，就而淫之，则阴如锥刺，痛彻于心，大号而踣。细视非女，则一枯木卧墙边，所接乃水淋窍也。邻父闻声，急奔研问，呻而不言。妻来，始以实告。爇火烛窍，见中有巨蝎如小蟹然，翁碎木捉杀之。负子至家，半夜寻卒。

在《画壁》中，一位书生被庙里的散花天女壁画吸引，便站在画

刘易斯·卡罗尔

前看呆了。忽然间,他感到自己的身子飘飘悠悠,像是驾着云雾来到壁画中。这与英国童话作家刘易斯·卡罗尔的《爱丽丝镜中奇遇记》中的某些情节相似。在画壁中,他遇到之前倾心观看的散花天女中的垂发少女,并且与她结为秦晋之好。但一个凡人的出现引起一位黑脸金甲神的怀疑,男主人公差点被他发现。不过,不久,男主人公又回到寺庙内。当他找到一直等他的朋友们时,大家发现画里的女子已经螺髻高翘不再垂发,俨然一副已婚妇女的发式。

《聊斋志异》还有一个类似美国文学作品《瑞普·凡·温克》的故

事《贾奉雉》。在这篇小说中，主人公一觉醒来感伤的心境，可以用如下古诗描述：

> 昔我往矣，杨柳依依；
> 今我来思，雨雪霏霏。

《聊斋志异》中还有水蛇的故事和大鹏鸟的故事。其中，类似约拿的故事名为《孙必振》。孙必振坐船过江。船到江心时，遇上狂风暴雨，船身颠簸得很厉害，与他同船上的人都很害怕。这时，人们忽然看到一尊金甲神站在云中，手拿金字大牌朝着下面。乘客们一齐抬头看去，上面清楚写着"孙必振"三个大字。大家对孙必振说："一定是你有罪，天神前来捉拿你。请你赶紧到别的船上，不要连累我们！"孙必振还没来得及回答。乘客们不管孙必振同意不同意，见旁边有一只小船，就一齐将他推了上去。孙必振刚登上船，回头一看，他先前坐的那只船已经翻到江中不见了。

下面引文是《凤仙》的节选。一位刘姓书生爱上一位叫凤仙的姑娘，但凤仙是个狐女，拥有神奇的法力：

> "如相见爱，一物可以相赠。"旋出一镜付之曰："欲见妾，当于书卷中觅之；不然，相见无期矣。"言已不见。怊怅而归。视镜，则凤仙背立其中，如望去人于百步之外者。因念所嘱，谢客下帷。一日，见镜中人忽现正面，盈盈欲笑，益重爱之。无人时，辄以共对。月馀，锐志渐衰，游恒忘返。归见镜影，惨然若涕；隔日再视，则背立如初矣。始悟为己之废学也。乃闭户研读，昼夜不辍。月馀，则影复向外。自此验之：每有事荒废，则其容戚；数日攻苦，则其容笑。于是朝夕悬

之,如对师保。如此二年,一举而捷。喜曰:"今可以对我凤仙矣!"揽镜视之,见画黛弯长,瓠犀微露,喜容可掬,宛在目前。爱极,停睇不已。忽镜中人笑曰:"'影里情郎,画中爱宠',今之谓矣。"惊喜四顾,则凤仙已在座右。

蒲松龄十分喜欢创作阴间故事。下面的《孽僧》即是这一题材的故事。世人都认为人死后魂魄会被阎王召进阴曹地府,但阎王也会犯错。全身麻痹或者出神状态会被艺术加工成走了一趟地府,但之后又活过来。

张姓暴卒,随鬼使去,见冥王。王稽簿,怒鬼使误捉,责令送归。张下,私浼鬼使,求观冥狱。鬼导历九幽,刀山、剑树,一一指点。末至一处,有一僧扎股穿绳而倒悬之,号痛欲绝。近视,则其兄也。张见之惊哀,问:"何罪至此?"鬼曰:"是为僧,广募金钱,悉供淫赌,故罚之。欲脱此厄,须其自忏。"张既苏,疑兄已死。时其兄居兴福寺,因往探之。入门,便闻其号痛声。入室,见疮生股间,脓血崩溃,挂足壁上,宛冥司倒悬状。骇问其故。曰:"挂之稍可,不则痛彻心腑。"张因告以所见。僧大骇,乃戒荤酒,虔诵经咒。半月寻愈。遂为戒僧。

《聊斋志异》中有很多诗句,可以让读者感受蒲松龄的文学功力。与此同时,这些诗句也让读者觉到小说没有那么枯燥。下面几句诗来自《连琐》,十分受人喜欢:

玄夜凄风却倒吹,流萤惹草复沾帏。
幽情苦绪何人见?翠袖单寒月上时。

对蒲松龄，我们已经介绍很多。正如韩愈曾感叹的，"化当世，莫若口；传来世，莫若书"。中国文学界给予《聊斋志异》崇高的声誉，并且见证其广泛的传播，这是对已逝先人最好的慰藉。

《红楼梦》被认为是中国小说中无法逾越的一座高峰。这部小说的成书时间很有可能是17世纪后期①，作者是曹雪芹。《红楼梦》通行的版本是八开页的二十四册本，共计一百二十回。按每回三十多页来算，《红楼梦》共有四千多页，出场大小人物总计四百多人②，其情节的连

曹雪芹

---

① 《红楼梦》成书于18世纪中后期，此处为作者翟理斯的失误。
② 关于红楼梦出场人物的数量，清嘉庆年间姜祺统计共四百四十八人。本书作者翟理斯就依照这种说法。但实际上，经后人统计，《红楼梦》男性角色出场四百九十五人，女性角色出场四百八十人，合计九百七十五人。

贯性和完整性能和英国小说家亨利·菲尔丁的小说媲美。亨利·菲尔丁的小说对众多人物的刻画堪称西方小说的典范。作为一部全景式展现中国人日常生活的小说,《红楼梦》几乎涉及中国社会及中国人日常生活的方方面面。可以说,截至目前还没有一部中国小说能与之匹敌。简单来说,《红楼梦》是一部独特且感人的爱情小说。这部小说文笔简练,接近口语体,书中充满幽默及对普通人的同情,并且穿插不少优美的诗词。《红楼梦》开篇第一回是超现实的,意在连接俗世与仙界。这部小说后面的内容只关乎世间的叙述,但世间一切的发展似乎都是上天早有定数,每个人物都挣脱不开既定的命运。对《红楼梦》故事的全貌,读者可以从下面的情节梗概中一窥究竟。

亨利·菲尔丁

女娲

话说四千六百二十三年前,四根擎天大柱倾倒,九州大地裂毁,天不能覆盖大地,大地无法承载万物。在这种情况下,女娲冶炼五色石修补苍天。当时,女娲氏于大荒山无稽崖炼成高十二丈、方二十四丈顽石三万六千五百零一块。娲皇氏只用了三万六千五百块,只剩下一块未用,弃在青梗峰下。

谁知此石自经煅炼后,灵性已通,因见众石俱得补天,独自己无材不堪入选,遂自怨自叹,日夜悲号惭愧。

一日,正当嗟悼之际,俄见一僧一道远远而来,说说笑笑来到峰下,坐于石边高谈阔论。只见一块鲜明莹洁的美玉,又缩成扇坠大小,可佩可拿。眼见石头哀叹不止，那僧遂将石头托于掌上，笑道："形体倒也是个宝物了！还只没有实在的好处，须得再镌上数字，使人一见便知是奇物方妙。"说着，那僧人便袖了这石，准备离开。

那道人问："不知你要携了这块石头到何地方？"

僧人道："我欲携此石到那昌明隆盛之邦，诗礼簪缨之族，花柳繁华地，温柔富贵乡去安身乐业。"该石被女娲氏弃用后，便时常畅游于天地间。一日，那石来到警幻仙子处，看见一株绛珠草甚是可爱，遂日以甘露灌溉。这仙珠草始得久延岁月，后来既受天地精华，复得甘露滋养，遂脱了草木之胎，得换人形，仅仅修成女体。

这仙草因顽石而幻化成人，甚是喜悦，便说："我受了他雨露之惠，我并无此水可还。他既下世为人，我也去下世为人，但把我一生所有的眼泪还他，也偿还得过他了。"

后来，不知过了几世几劫，因有个空空道人访道求仙，从这大荒山无稽崖青埂峰下经过，忽见一大块石上字迹分明，编述历历。空空道人从头一看，原来是无材补天，幻形入世，蒙茫茫大士、渺渺真人携入红尘，历尽离合悲欢炎凉世态的一段故事。

空空道人遂向石头说道："石兄，你这一段故事，据你自己说有些趣味，故编写在此，意欲问世传奇。据我看来并无大贤大忠理朝廷治风俗的善政，其中只不过几个异样女子，或情或痴，或小才微善，亦无班姑、蔡女之德能。我纵抄去，恐世人不爱看呢。"

石头笑答道："我师何太痴耶！我这一段故事，虽不敢说强似前代书中所有之人，但事迹原委，亦可以消愁破闷，也有几首歪诗熟话，可以喷饭供酒。至若离合悲欢，兴衰际遇，则又追踪蹑迹，不敢稍加穿凿，徒为供人之目而反失其真传者。"

空空道人听如此说，思忖半晌，将《石头记》再检阅一遍，因见上面有诗云：

无材可去补苍天，枉入红尘若许年。

空空道人见其中虽然大旨谈情，亦不过实录其事，又非假拟妄称，一味淫邀艳约、私订偷盟之可比。因毫不干涉时世，方从头至尾抄录回来，问世传奇。按那石上书云：

此段故事无年代可考，只说宁荣二府的先人宁国公和荣国公是一对兄弟，因效忠皇帝而深沐圣宠，并且被皇帝赐予世袭爵位。宁荣二府都十分富有，并且他们的府邸在京城附近。在《红楼梦》故事的开头，宁荣两府的后人仍然享受祖先留下的荣誉和创造的财富。宁国公和荣国公各有一个儿子继承爵位，但此时，宁荣二府父子四人都已经离开人世。只剩下荣国府的儿媳妇贾母健在。此时，贾母是一位即将年入八旬的慈祥老太太。贾母的女儿贾敏，嫁到南方。贾敏的女儿名唤黛玉，正是《红楼梦》的女主人公。贾母的孙子，即黛玉的表兄，跟贾母住在一处，名唤宝玉。

故事开始时，荣宁二府正处在财富和权势的顶峰。他们的府邸十分奢华。宴会和听戏更是日常生活的重要组成部分，重要的是宝玉的姐姐元春被选入宫，是皇上的七十二个妃子之一。没人会想到世事无常多变化，今日荣华富贵，可能明日就富贵散尽：富人变穷，穷人变富。即使有人想到天意难测，也可能不会想到变化会来得这样快，甚至在其有生之年便到来。

此时，黛玉的母亲贾敏已经离世，黛玉的外祖母念黛玉无人依傍教育，遣人去接。黛玉的父亲林如海虽然不舍，但最终同意送黛玉前往京城。黛玉在家中所聘教书先生贾雨村等一行人的陪同下，不日到达都城。黛玉容貌秀丽，天资聪慧，但她刻意隐藏自己的优点。到了荣国府后，黛玉得到众人的喜爱。

荣国府的成员对黛玉很友善。特别是贾母，她因黛玉母亲贾敏的早逝更心疼黛玉。在她的子女中，她所疼者独有贾敏，不想贾敏竟先她而去。贾母一想到，自然哀伤不止。贾母给黛玉一一介绍了亲戚，如舅

黛玉

母、嫂子、表妹……可怜黛玉要记住这么多人的名字。随后，她们便坐下说话，说贾敏如何得病，如何请医吃药，如何送死发丧。不免贾母又伤感起来。众人见黛玉身体面庞虽然怯弱不胜，但有一段自然的风流态度，便知她有不足之症。贾母问道："常服何药，如何不急为疗治？"

黛玉道："我自来是如此，从会吃饮食时便吃药，到今日未断，请了多少名医修方配药，皆不见效。那一年，我三岁时，听得说来了一个癞头和尚，说要化我去出家，还说这是治好我的唯一办法。如今还是吃人参养荣丸。"

贾母道："正好，我这里正配丸药呢。叫他们多配一料就是了。"

黛玉又被带去拜见她的舅母王夫人，即宝玉的母亲。王夫人传贾政的话，要黛玉留心宝玉，以后不要睬他。他嘴里一时甜言蜜语，一时有天无日，一时又疯疯傻傻，只休信他。"舅母说的，可是衔玉所生的这位哥哥？"黛玉笑道，"况我来了，自然只和姊妹同处。兄弟们自是另院另室的，岂得去沾惹之理？"王夫人笑道："你不知道原故：他与别人不同，自幼因老太太疼爱，原系同姊妹们一处娇养惯了的。若姊妹们有日不理他，他倒还安静些，纵然他没趣，不过出了二门，背地里拿着他两个小幺儿出气，咕唧一会子就完了。若这一日姊妹们和他多说一句话，他心里一乐，便生出多少事来。所以嘱咐你别睬他。"

晚饭时间到，吃完后，贾母问黛玉念何书。黛玉回只刚念了《四书》。黛玉又问姊妹们读何书。贾母道："读的是什么书，不过是认得两个字，不是睁眼的瞎子罢了！"

一语未了，只听外面一阵脚步响，已经进来一位年轻的公子，比黛玉年长一岁光景。头上戴着束发嵌宝紫金冠。面若中秋之月，色如春晓之花，鬓若刀裁，眉如墨画，面如桃瓣，目若秋波。项上金螭璎珞，又有一根五色丝绦，系着一块美玉。黛玉一见，便吃一大惊，心下想着好生奇怪，倒像在哪里见过一般，何等眼熟！

只见宝玉向贾母请了安，贾母便命："去见你娘来。"宝玉即转身去了。

宝玉名字的由来，皆因他一落胎胞，嘴里便衔下一块五彩晶莹的玉，上面还有许多字迹，就取名宝玉。贾家因宝玉是个神奇之物，认为肯定跟宝玉的前途命运相关，视其为宝玉的命根子。既然这块玉随他来到世上，那便是要终生陪伴他。因此，宝玉才将它挂在脖子上，天天佩戴。这件奇事也广为流传，以致黛玉在进贾府前早有耳闻。

宝玉虽然淘气异常，但他聪明乖觉，只是不好读书以求功名。他父亲贾政时常责罚他。每次挨父亲贾政打时，宝玉都会"姐姐""妹妹"乱叫。对此，宝玉解释道，急疼之时，因叫了一声"姐姐""妹妹"，便觉不疼了。得了这个秘法后，每当疼痛难忍时，宝玉便连叫起姐妹来。此外，宝玉还说"女儿是水做的骨肉，男人是泥做的骨肉。我见了女儿便清爽，见了男子便觉浊臭逼人"。

宝玉回来后，贾母将黛玉正式介绍给他。宝玉看罢，笑道："这个妹妹我曾见过的。"贾母笑道："可又是胡说，你又何曾见过他？"宝玉笑道："虽未曾见过他，然我看着面善，心里就算是旧相识，今日只作远别重逢，亦未为不可。林妹妹眉尖若蹙，我送妹妹一妙字，莫若'颦颦'二字极妙。"后来，当聊到黛玉也没有玉，宝玉十分生气要摔自己的玉。他说家中的姐姐妹妹都没有玉，他不想再戴这块玉了。这次小风波平息后，黛玉便上床歇息，不禁为此事暗自啜泣。

不久，宝玉的姨母薛姨妈一家因惹上人命官司来到京城。薛姨妈带着女儿宝钗一道前来。宝钗比宝玉年长一岁，也是宝玉的表亲。在热情的欢迎和款待后，薛姨妈一家在贾府安顿下来。从此，命运将宝玉和他的两位表亲安排在同一个屋檐下生活。

他们三人很快熟识。宝钗父亲在世时，很喜欢自己的女儿，令其读书识字。因此，宝钗在博学的黛玉面前毫不逊色。宝玉喜欢跟她们二人

宝玉

相处。他本就喜好身旁有漂亮女子相伴，宝黛这等知书又聪慧的女子更让他倾心。

然而，宝玉时常会情绪低落，这因为周遭功利的世俗环境。他最讨厌别人规劝他好好读书，求取功名。他曾说过，"还提什么念书，最厌这些道学话。更可笑的是八股文章，拿他诳功名混饭吃也罢了，还要说代圣贤立言。好些的，不过拿些经书凑搭凑搭还罢了，更有一种可笑的，肚子里原没有什么，东拉西扯，弄的牛鬼蛇神，还自以为博奥。这哪里是阐发圣贤的道理"。

见到自己的表亲后，宝玉所有的消极想法都烟消云散了。宝玉将很多本该学习的时间花在与她们二人相处。宝玉时常前往她们二人住所找她们，或者在贾母处跟她们二人一起玩闹。一日，宝玉前去梨香院探望身体抱恙的宝钗，宝钗要看他随身佩戴的宝玉。只见玉上刻着：

莫失莫忘，仙寿恒昌。

宝钗的丫鬟莺儿听了，说玉的字听上去与宝钗的金项圈上的字像是一对儿。宝玉听后坚持要看宝钗的项圈。上面刻着：

不离不弃，芳龄永继。

就在此时，黛玉已经摇摇地走了进来。一见了宝玉，黛玉笑道："嗳哟，我来的不巧了！"但她的语气中透着丝丝妒意，这在以后的故事中进一步显明。实际上，黛玉跟宝玉独处的时间更长。跟娴静端庄的宝钗比起来，宝玉发现自己越来越沉迷于率真聪颖的黛玉。此时，宝钗心中毫无妒忌。宝钗也喜欢跟宝玉一道说话、赋诗或者猜谜……但她严守男女之大防，不让自己有丝毫越举行为。

宝钗

黛玉却不这样想。宝钗到来前，她已经和宝玉吃穿在一处了。她将宝玉当成自己的一部分。当然，直到宝钗加入，她才意识到这一点。实际上，宝玉在很多场合都显示了自己对黛玉的偏爱，但黛玉还是会由于宝玉对宝钗表露的点点关心而心生妒忌。很多时候，宝玉的关心只是想让黛玉开心。宝玉和黛玉这对小情侣经常会吵嘴。吵得越多，他们的感情也随之慢慢升温。通常吵到最后，黛玉会动用女人的终极武器——眼泪。当然，丝毫不失绅士风度的宝玉，肯定会拭去这些眼泪。只是有一次，黛玉说自己快死了。宝玉说那样的话他就去做和尚，余生遁入佛门。这次是宝玉流泪，黛玉替他擦去泪水。

一直以来，黛玉和宝钗都互相以礼相待。随后，黛玉的父亲林如海去世了。此后，黛玉的命运只能依附于她寄居的外祖母家。元春省亲后，黛玉得到一个和宝钗一样的金锞子。三个年轻人又在一处玩闹，只想着每天如何打发时日寻开心。然而，有时候，黛玉心中还是会有挥之不去的孤独感。一日，宝玉撞见黛玉在大观园僻静处，收集被风吹落的花瓣，埋头葬花，并且吟诵着下面的诗作：

  花谢花飞花满天，红消香断有谁怜？
  游丝软系飘春榭，落絮轻粘扑绣帘。
  闺中女儿惜春暮，愁绪满怀无释处，
  手把花锄出绣闺，忍踏落花来复去。
  柳丝榆荚自芳菲，不管桃飘与李飞。
  桃李明年能再发，明年闺中知有谁？
  三月香巢已垒成，梁间燕子太无情。
  明年花发虽可啄，却不道人去梁空巢也倾。
  一年三百六十日，风刀霜剑严相逼。
  明媚鲜妍能几时，一朝漂泊难寻觅。

花开易见落难寻，阶前闷杀葬花人。
独倚花锄泪暗洒，洒上空枝见血痕。
杜鹃无语正黄昏，荷锄归去掩重门。
青灯照壁人初睡，冷雨敲窗被未温。
怪奴底事倍伤神？半为怜春半恼春：
怜春忽至恼忽去，至又无言去不闻。
昨宵庭外悲歌发，知是花魂与鸟魂？
花魂鸟魂总难留，鸟自无言花自羞。
愿奴胁下生双翼，随花飞到天尽头。
天尽头，何处有香丘。
未若锦囊收艳骨，一抔净土掩风流。
质本洁来还洁去，强于污淖陷渠沟。
尔今死去侬收葬，未卜侬身何日丧？
侬今葬花人笑痴，他年葬侬知是谁？
试看春残花渐落，便是红颜老死时。
一朝春尽红颜老，花落人亡两不知！

此时，宝玉的父亲贾政接到调令，前往外地为官。于是，宝玉在大观园中的生活更加轻松自在。贾母喜欢在园中设宴并和一众年轻人嬉笑游戏，也喜欢看他们在一处饮酒赋诗。大观园中一片欢笑，洋溢着喜悦。然而，大观园中也有一些事似乎不太对劲。天下没有不散的宴席，即使富贵如贾府，此时的日子也似乎没有以前充裕，甚至不时露出资财枯竭的端倪。荣宁二府中在朝廷供职的男丁们遇到了些麻烦。贾府中也偶然有谋害、自尽、盗窃等事件发生。贾府的兴盛已经达到顶点，并且即将迈入衰亡之路。然而，贾府年轻人的生活还是充满了欢声笑语，宝玉和黛玉的感情也日久弥坚。宝玉和黛玉身边的家人和仆人们自然将他们二人的感情看在眼里。薛姨妈一家搬离了贾府，并且在京城另寻了一处住所。宝钗自然随其母一道搬走。此前，黛玉的丫鬟紫鹃无意中告诉宝玉，黛玉要离开贾府回南方。当时，宝玉整个人都呆了，后直接回到自己院子一头倒在床上。然而，宝钗的离开没在宝玉身上惊起波澜，他只是听不得黛玉离开的消息。

　　黛玉已经深深倾心宝玉。有段日子，黛玉的丫鬟紫鹃听到消息后，悄悄告诉黛玉，贾家同意她和宝玉的亲事。此后，黛玉日夜想着自己与宝玉的亲事，只恨自己父母双亡，没人可以倚靠并帮助自己达成心愿。一天晚上，黛玉心上千头万绪。想多后，黛玉反觉着累，便和衣躺在床榻上。不知不觉中，黛玉见凤姐同邢夫人、王夫人、宝钗等来向她道喜。黛玉一阵惊慌不知所为何事。凤姐告诉她，她的父亲林如海升了湖北粮道，娶了一位继母，十分合心合意。如今想着将黛玉撂在这里，不成事体，林如海便托贾雨村做媒，将黛玉许给她继母的什么亲戚，还说是续弦。因此，林家派人到贾府接黛玉回去，必须即刻动身。黛玉早已哭成泪人，跑去央告贾母，求外祖母不要将自己送走。她不想嫁人，情愿留在贾府给贾母当个婢女也强过回南方嫁人。黛玉竭力恳求贾母，还搬出自己死去的母亲贾敏。黛玉原想贾母看在贾敏的份上肯定会答应自己留下。然而，对此，贾母无动于衷。最后，贾母说做了女人，终是要出嫁的，留在贾府终非了局。黛玉祈求贾母不是办法，不如自尽。于是，她站起来就往外走，见宝玉站在面前，笑嘻嘻地向她贺喜。

　　黛玉听了这一句话，越发急了，说："好，宝玉，我今日才知道你是个无情无义的人了。"

　　宝玉道："我怎么无情无义？你既有了人家儿，咱们各自干各自的了。"

　　黛玉越听越气，越没了主意，只得拉着宝玉哭道："好哥哥，你叫我跟了谁去？"

宝玉道："你要不去，就在这里住着。你原是许了我的，所以你才到我们这里来。我待你是怎么样的，你也想想。"

黛玉恍惚间想到曾许过宝玉的，心内忽又转悲作喜，问宝玉道："我是死活打定主意的了。你到底叫我去不去？"

宝玉道："我说叫你住下。你不信我的话，你就瞧瞧我的心。"

说着，宝玉拿起一把小刀向自己的胸口一划，只见鲜血直流。黛玉吓得魂飞魄散，忙用手握着宝玉的心窝，哭道："你怎么做出这个事来，你先来杀了我罢！"宝玉道："不怕，我拿我的心给你瞧。"说着，宝玉还在划开的地方乱抓。黛玉又颤又哭，又怕人撞破，抱住宝玉痛哭。宝玉道："不好了，我的心没有了，活不得了。"说着，宝玉眼睛往上一翻，咕咚一声就倒了。黛玉拼命放声大哭。

黛玉一翻身，却知道这原来是一场噩梦。不过此后，黛玉的身体越发虚弱。奇怪的是，宝玉这时也病倒了。贾府叫大夫给黛玉看病，把过脉后大夫摇了摇头。喝了口茶后，大夫说黛玉的病需要静养，并且开了个方子。至于宝玉的病，大夫认为只是一时脾胃失调导致的。

黛玉稍稍恢复后，宝玉已经完全康复。此时，贾政回到家中，宝玉不得不多花些时间在学习上，便不能常跟大观园中的姐姐妹妹们一起玩闹。当时，宝玉已经到了谈婚论嫁的年龄，他的祖母父母将他的婚事放在首要位置。关于宝玉的妻子，贾府的家长提过很多名字，贾政也特意提到一个人选。不过，最终，贾府的家长都认为没必要到远处为宝玉寻一门亲事。他们将目光聚集到家中常跟宝玉在一处的两位漂亮表亲身上。不过，选谁是一道难题。在前面提过的文学作品中，这种情况很好处理，即男主人公将二位人选都娶进门。但现在，宝玉的家人在这件事上分成两派。宝黛二人都美丽聪慧，全家老小上至贾母下至一众婢女都喜欢她们。虽然宝黛的美并不同类，但难分伯仲。黛玉说起来更聪明，宝钗的身体更健康。在长辈们的心中，身体健康更重要。最终，大家决定宝钗才是宝玉合适的妻子。

当然，贾府家长为宝玉选妻自然是秘密进行的。口头定下宝钗后，贾府还需要做一系列准备，才能下聘礼。事实上，贾府上下的男人们还能守住这一秘密，但这个秘密很多在场的婢女听到了。一天晚上，病中的黛玉独自躺在房中，心中想着她的意中人。隐约间，她听到两位婢女在房间外说着悄悄话，似乎提到宝玉的名字。黛玉凝神静听，这两位婢女果然在议论宝玉的亲事，说宝玉定了桩门当户对的亲事。这时，房里的鹦鹉叫道："林妹妹来了，倒茶。"听到鹦鹉的叫声后，两位丫鬟吓了一跳，慌忙分开。其中一位丫鬟进屋来到黛玉跟前，看到黛玉脸泛红光。实际上，黛玉此时仍然在病中。

当时，黛玉已经病得很重。她粒米未进，还咳得厉害。任何一个大夫都看得出黛玉身体虚弱，但看不出她的病乃是出自内心。

一天晚上，黛玉变得越来越虚弱，甚至出现将要咽气的迹象。她的丫鬟跑去找到贾母。不过，贾母房中有不少人正在谈论宝玉的婚事。其中一人说道："已经都定了，老太太不会同意老爷选的亲家。老太太已经另有主意——就是我们都喜欢的，住在咱们家的姑娘。"丫鬟回去将听到的话告诉黛玉，黛玉脸上泛出一丝红晕，毕竟她是为宝玉选中的新娘。黛玉想，如果新娘不是她，那么还会是谁？这样想着，黛玉竟然坐了起来。让丫鬟们吃惊的是，黛玉还要喝一口茶。她们原以为黛玉即将离世，但此时，她们高兴地盼着黛玉好起来。

这时，黛玉身体又恢复了一点儿，但只是恢复了一点儿，因为心病无法靠药物治愈。然而，接下来发生的事又为大观园蒙上一层阴影。宝玉随身佩戴的玉弄丢了。宝玉在换衣服时，将玉放在桌上忘记戴了。当想起拿玉时，玉已经不见了。贾府众人在府内上上下下找了个遍，但没有找到玉。没人敢将玉丢失这件事告诉贾母，怕她动怒。对此事，宝玉本人看得很淡。不过，过了些时日，人们发现宝玉的言行举止发生变化。他时常失魂落魄，甚至管不住自己的舌头，说些胡话。最终，宝玉的精神状况堪忧。他的家人只能采取办法,在万般无奈中禀告贾母。贾母闻讯后哀叹不已,但随即想到一个主意。她让家人贴告示出赏银,寻回丢失的这块玉。不多几天,便有人前来领赏。但过了些日子,这块玉渐渐失去色泽。仔细一查看,贾府的家长们方知此玉乃是仿造,众人一片愕然。然而,宝玉的病一天比一天重。与此同时,贾政再次接到调令,要去另一地为官。因此,贾府的家长们决定在贾政临走前为宝玉举办婚礼。不巧此时,贾府适逢丧事,贾府中有人反对匆匆为宝玉办喜事。随后,另一件重大变故降临,贾府送进皇宫的女儿元春,即皇上的妃子,去世了。这样,贾府在皇宫的势力大大削弱。但经过一番仔细考量,贾府决定立即准备为宝玉操办婚事。以前,宝玉的父亲贾政不怎么关心他这个儿子的性格。然而,此时,他对宝玉的变化感到吃惊。此前,宝玉曾被整个贾府寄予厚望,但目前变得神情黯淡、呆若木鸡,说话前言不搭后语,全然没有以前的潇洒风度。眼看大夫治不好宝玉的病,贾母找人寻来一位算命先生。这位算命先生说要娶金命的人冲喜,帮扶宝玉,宝玉的病才会好,否则只怕宝玉性命不保。

薛姨妈将宝玉的这门亲事告诉了宝钗,问宝钗是否愿意与宝玉结婚。哪知宝钗说女孩儿家的事向来是父母做主,如今没了父亲,亲事自然由母亲做主。宝钗表现得恭敬温顺,薛姨妈反不好再提宝玉了。从那天起,宝钗自己不再提宝玉的名字。然而,宝玉那里是另一番情形,宝玉对黛玉的爱人尽皆知。确定宝玉和宝钗的婚事后,宝玉的丫鬟袭人跑去跟王夫人说,宝玉的心在黛玉身上。如果宝玉知道自己娶的不是黛玉,那么只怕宝玉不愿与宝钗结婚。这样一来,宝玉的身体状况只会更差。于是,凤姐想出调包计,骗宝玉说他娶的是黛玉。此时,婚礼已经安排妥当,就为了让宝玉重新焕发神采。

然而,不久,黛玉无意中听到这个残酷的消息。那天,黛玉在园中撞见傻大姐,与她谈话中得知宝玉要娶宝钗。黛玉听了这句话,如同遭遇疾雷，心头乱跳。在转身回潇湘馆的路上，黛玉只觉身子竟有千百斤重。黛玉心中终是放不下，便挣扎着前往贾母处寻宝玉。黛玉没有注意到房内的丫头们，径直走进房内。黛玉看见宝玉坐在那里，但不起来让坐，只对着自己傻笑。黛玉坐下，也瞅着宝玉笑。宝玉和黛玉不问好，不说话，也不退让，只对着脸傻笑起来。忽然，黛玉说道："宝玉，你为什么病了？"宝玉笑道："我为林姑娘病了。"宝玉与黛玉又不答言，只顾傻笑起来。

丫鬟们见此情景，方觉应该将宝玉与黛玉分开。于是，丫鬟们搀起黛玉。黛玉站起来，瞅着宝玉只管笑，只管点头。随后，黛玉回身笑着出来，仍旧不用丫鬟们搀扶，甚至走得比往常还快。但离住所潇湘馆门口不远时，黛玉身子往前一栽，"哇"的一声，一口血直吐出来。

此时，宝玉和宝钗的婚期已经确定，婚礼的细节已经敲定。婚礼并不铺张，但嫁妆肯定会有。宝钗有时会哭，但她不知自己为何要哭。由于忙于筹备自己的终身大事，宝钗没有多少工夫细想自己哭泣的原因。黛玉正躺在床上，身边只有她的丫鬟陪同。此时，贾府已经没有人有精力关心黛玉了。等婚礼结束，贾府上下可能会加倍关心她。

宝玉婚礼那天早上，黛玉命丫鬟将她之前的诗稿及往日与宝玉在一起的物件翻出来。黛玉用她纤细柔弱的手指一遍遍抚摸着这些心爱之物。最终一狠心，她将心爱之物扔进火盆内。这一扔，黛玉用尽了最后的力气，身边的丫鬟紫鹃见黛玉已经奄奄一息，便慌忙跑去找贾母。紫鹃发现贾母房中空无一人，心想贾母一定跟宝玉在一处。于是，紫鹃又一口气跑到宝玉居住的怡红院内，让她吃惊的是怡红院也房门紧闭，冷冷清清。正在一筹莫展之际，紫鹃反身准备回潇湘馆，却看到墨雨飞跑。紫鹃忙叫住墨雨，得知宝玉这天成亲，另收拾了一处房子做新房。此时，宝玉还喜滋滋地盼望着和黛玉成亲。他的家人告诉他要娶的是一位表亲，宝玉想新娘必黛玉无疑。新娘子蒙着红盖头，轿子旁是黛玉从南方带来的丫鬟雪雁。大轿抬进新房后,新婚夫妇要拜堂,正式结为夫妻。最后,宝玉揭下新娘的盖头。当时,宝玉呆住了,两眼直视,半晌无语。他的家人将宝钗送进里间坐下。此时,宝钗自然是低头不语。

宝玉定了一会神,轻轻地叫袭人道:"我是在哪里呢?这不是做梦么?"

袭人道:"你今日好日子,什么梦不梦的混说!老爷可在外头呢。"

袭人

宝玉悄悄地指道:"坐在那里的这一位美人儿是谁?"

袭人半晌才说道:"那是新娶的二奶奶,宝姑娘。"宝玉道:"林姑娘呢?"说着,宝玉口口声声要找黛玉去。还说他要死了,横竖黛玉也是要死的,不如趁早将他和黛玉抬在一处。活着一处医治、服侍,死了好一处停放。宝玉伤心欲绝,泣不成声,眼泪不住向下流。

此时,黛玉心口还有一丝微气,稍微缓过来后微微睁开了眼。她知道自己已经是不中用的人了,只愿马上死去。黛玉身边的丫鬟们不时给她喂口汤水,但眼看着黛玉的目光慢慢散了。紫鹃摸了摸黛玉的手,已经凉了。这时,黛玉颤抖着双唇,直声叫道:"宝玉!宝玉!你好——"说到"好"字,黛玉两眼一翻,已经香消玉殒。

一时间,黛玉的丫鬟痛哭了一阵。她们只听得远远一阵音乐,侧耳一听,却又没有。紫鹃走出院外再听时,唯有竹梢风动,月影移墙,好不凄凉冷淡。

这时,宝玉病得更重。次日,宝玉都坐不起来。宝玉的病一日比一日重,甚至汤水不进。宝玉一心要找黛玉。知道黛玉噩耗的宝钗只好告诉他,黛玉已经亡故。宝玉听后,不禁放声大哭,倒在床上。忽然,他眼前漆黑,辨不出方向。宝玉心中正自恍惚,只见眼前好像有人走来。宝玉茫然问道:"借问此是何处?"那人道:"此阴司泉路。你寿未终,何故至此?"宝玉道:"适闻有一故人已死,遂寻访至此,不觉迷途。"那人道:"故人是谁?"宝玉道:"姑苏林黛玉。"那人道:"黛玉已归太虚幻境,汝若有心寻访,潜心修养,自然有时相见。"那人说毕,袖中取出一石,向宝玉心口掷来。宝玉听了这话,又被这块石头打中心窝,吓得即欲回家,只恨自己迷路。正在踌躇时,宝玉忽听有人召唤自己,回首看时,贾母、王夫人、宝钗、袭人等人正围在自己身旁哭泣,自己仍躺在床上。

家人们以为宝玉也撒手人寰。看到他活过来后,他的家人甚感欣喜。虽然宝玉还是跟以前一样疯疯傻傻，但他的家人们都对他充满希望。看到宝玉的身体状况一天比一天好，宝玉的家人想着宝玉的神志也肯定会恢复到往日的状况。渐渐地，宝玉很少提到黛玉的名字，也慢慢更恭敬温和地对待宝钗。

此时，贾家荣宁二府的状况每况愈下。宝玉的大伯贾赦卷进一场可耻的欺霸风波。他的父亲贾政由于做官刚正不阿、不懂变通，在新官任上开罪同道。贾政不想收受贿赂，却获不善治理之罪遭人弹劾。最致命的打击是皇帝一纸令下，要对贾家抄家革职。与此同时，贾府的直系男丁都将受到惩罚。此时，曾经充满欢声笑语的大观园，已经一副惊慌衰败景象。在自己的兄长和侄子即将发配时，贾政大呼："老天，岂让我贾家落魄至此！"

贾母见到诸般变故深受打击。她已经尽享八十三载荣华富贵，身旁一直儿孙环绕，宾朋满座。此时，贾府钱财已空，昔日宾客见到贾府之人唯恐避之不及，府内的仆人也都一哄而散。从此，贾母一病不起，行将就木。临终前，贾母对身边之人说出遗言，唯独对宝钗只有一声叹息。宝钗嫁给宝玉，但宝玉的心随着黛玉埋进墓中。贾母死后，贾家倾其所有给她风光下葬。宝钗披麻戴孝，虽然衣着素净，但仍是仪态动人，风姿绰约。

家里的亲人死的死，离的离，宝玉变得越发愤世嫉俗。他形容枯槁，但一个人的到来让他恢复清醒。一位道士来到贾府门前，手中拿的正是宝玉丢失的那块玉。贾府众人十分高兴，但没有得到之前告示中承诺的悬赏金，道士坚决不肯送还玉。可是，以贾家当时的状况，一时半会儿到哪里才能筹到如此大的一笔钱呢？那块玉是不计代价一定得赎回的，因为那块玉是宝玉的命根子，宝玉正是贾府唯一的希望。最终，道士拿到那笔钱，玉被带到宝玉的房间。宝玉看到自己的玉后，急着伸手去拿。但宝玉惊呼一声，玉摔到地上，宝玉应声倒在床上。

一时间，宝玉的呼吸越来越微弱。一个仆人忙跑出来寻方才那位道士，心想道士也许有办法救宝玉。哪知出门一看，那位道士早已不知去向。转身回来看时，宝玉已经口关紧闭，脉息全无。

　　谁知宝玉的魂魄早已出窍。他恍恍惚惚赶到前厅，见到送玉的道士，便随他一同走了出去。行了一程，到了一处荒野后，宝玉远远望见一座牌楼，好像曾经到过。不一会儿，有人对宝玉说："你林妹妹请你呢！"宝玉忽见别有一洞天，楼阁高耸，殿角玲珑，好些宫女隐约其间，似乎有熟悉的面孔。宝玉顺步走入一座宫门，内有奇花异卉，但都不认识，唯有白石花栏围着一株青草，叶头上略有红色。虽然这株小草没有花朵，但其妩媚之态，不禁令宝玉心动神怡，魂消魄丧。一位仙女告诉宝玉，这草为绛珠草，正由自己看管，不令其蜂缠蝶恋。宝玉正去见黛玉，见一正房，珠帘高挂。走进一看，一女子端坐于内，正是黛玉。宝玉正伸手前去，想跟黛玉说话，只见珠帘被突然放下。同他一起前来的道士将他的玉一推，宝玉往后一倒，似从梦中惊醒。

　　宝玉又一次活过来，再次走了趟鬼门关。此时，宝玉一心发愤学习，为科举考试做准备，希望一举中第。然而，当时的他话不多，对一切都态度淡然。无论是功名还是利禄，他都毫不放心上。最令人不解的是，宝玉对身边的一众女子也全然不顾。这段时间他似乎一心沉浸在佛法中，并且时常与宝钗探讨皈依佛门常伴青灯的益处。但科考前，宝玉竟将所藏的佛法永生之书付之一炬，一门心思放在考前准备上。

　　科考的日子来临，在同是考生的侄子贾兰的陪同下，宝玉出行赶赴考场。此时，贾政已经离家，前往南方安置贾母的灵柩，并且欲将其埋进祖坟。宝玉遂向母亲王夫人辞行。临别时，王夫人嘱咐并鼓励了宝玉一番，对宝玉满是期望。宝玉跪下，请求王夫人原谅自己给父母家人带来的麻烦，并且说道："我只希望自己科考能中榜，好报答父母的恩情，让您高兴。"在家人的多次祝福声中，宝玉与贾兰挥泪告别，奔赴考场。考场中共有上千人，并且考试持续数天。考试期间，考生不得与外人接触。

考试时间一晃而过。考场内，考生们奋笔疾书。考场外，考生的家人朋友更是焦躁不安。等到考场的门一打开，考生们早已疲惫不堪，蜂拥而出，去见在外等候多日的家人朋友。在汹涌的人潮中，宝玉与贾兰失散。贾兰先回到家。家中早已备好宴席等待二人归来，酒壶也正放在火上温着。不时有人外出查看宝玉是否回来。慢慢地，家人们开始担心宝玉的安危。于是，他们派人四处打听宝玉的下落，但始终不见宝玉人影。日子一天天过去，但家人们不见宝玉回来。宝玉突然消失不见，并且没有留下一丝痕迹，他的家人们自是无处可寻。随后，科考放榜，宝玉高中第七名，贾兰一百三十名。贾家人顿觉扬眉吐气，家门振兴似乎指日可待，但他们仍然没有宝玉下落。

贾府的欣喜始终被愁云笼罩，但稍后发生的事又令贾府众人充满希望。科考时，宝玉写下的文章受到皇帝的关注。皇帝降旨要在宫中召见这篇文章的作者。皇命不可违，贾府众人热切希望宝玉听闻圣意后能立即归家，这可是贾府振兴家门的绝好时机。他们甚至感到之前遭受的变故到如今算是到头了。与此同时，被发配边疆的贾家人也因反抗流窜各处的劫匪扬名。宝玉及其侄子贾兰科考高中。这都是老天爷有眼。贾府的罪行得到赦免，被没收的财产也被送回。荣宁二府再次得沐圣恩。宝钗正在期盼小生命的到来，贾府世袭的爵位也算后继有人。但宝玉人在何处，仍然是一道难题，即使皇帝下旨他也没有出现。

返家途中，贾政听闻儿子宝玉科考高中，以及宝玉失踪。贾政心中着急，快马加鞭赶到家，想尽快找回宝玉。一个明亮的月夜，贾政的船泊在岸边。前一天的暴风雪为船裹上银装。当时，贾政正伏案写作。透过半掩的门，他突然发现船头有个身影正向自己靠近，周围白茫茫一片让这个身影变得更清晰。贾政看清这个身影是位和尚。这位和尚跪下来,朝贾政磕了四个头。随后,和尚一声不响地离开。这位和尚不远处,有一僧一道等着他。如同他们到来时那样,这三人悄无声息地离开。当贾政意识到向自己磕头的僧人正是宝玉时,三人早已不知所踪。

第 2 章

康乾盛世时的文学

清朝入关后第二位皇帝，人称康熙皇帝。公元1662年，康熙皇帝即位。当时，康熙皇帝年仅八岁。公元1667年，他开始亲理朝政。康熙皇帝喜欢所有彰显男性气概的运动，差不多每年花三个月时间狩猎。他有一双炯炯有神的大眼睛，但脸上有着因出天花留下的痘印。人们称

康熙皇帝

颂康熙皇帝高超的智慧和理解力，以及自由的思想。他处理国事孜孜不倦，对自己的臣子们要求甚严。不过，对臣民的热爱使他更注重发展经济而不是增加税收。在私底下，康熙皇帝比较节俭，但在公共事务上，他出手大方。康熙曾支持天主教教徒的传教活动，并且利用天主教教徒深入帝国各个角落，了解天文学知识，学习铸造大炮……不过，后来，他发觉有必要限制传教士的传教活动。康熙皇帝执政时期，战争和叛乱不断。他将一生中很大一部分精力都挥洒在战场上。不过，在闲暇时间，他乐于组织当时一批一流学者展开文学活动，并且取得文学方面的不少丰功伟绩。康熙皇帝统治时期的文学杰作有：《康熙字典》——最标准的汉语词典；《佩文韵府》——一部文学索引巨著，充满密密麻麻的文字，共计四十四大卷；《骈字类编》——一部文学索引，共计三十六卷；《渊鉴类涵》——一部四十四卷的百科全书；《古今图书集成》——一部配图的百科全书，其1628年版本每册有两百页之多。除了上述作品，我们还需提及一部包含诗歌和散文的文学选集，因为这部选集内是康熙皇帝自己的作品。中国人称这部作品集为《庭训格言》。除了个别作品，这部作品集内的诗文不一定是上乘佳作，也不一定是大众熟知的作品。最初，《庭训格言》包含十六首康熙皇帝在1670年以诏书形式发布的道德训诫。当时，康熙皇帝年仅十六岁，刚刚成年。或许是觉得当时人们的道德水平不如上古先皇时期，年少意气风发的康熙皇帝力图为臣民的福祉努力做出贡献。这也是他以后多年的责任和担当。这部作品集的格言其实很常见，但由于是至高无上的天子为他钟爱的臣民所作，这些格言便带上神圣的色彩。下面列举其中几条格言：

> 训曰：凡人尽孝道欲得父母之欢心者，不在衣食之奉养也。惟持善心、行合道理以慰父母，而得其欢心，斯可谓真孝者矣。

训曰：读书以明理为要。理既明则中心有主，而是非邪正自判矣。遇有疑难事，但据理直行，则失俱无可愧。

训曰：古圣人所道之言即经，所行之事即史。开卷即有益于身。

公元1722年，康熙皇帝驾崩，在位六十一年。康熙皇帝的儿子及继位者雍正皇帝召集一百多位优秀学者，将康熙皇帝的格言扩充成文章，并且从中挑出最好的十六篇文章。1724年，雍正皇帝下诏每月一日和十五日

雍正皇帝

将文章朗读给天下的百姓。清朝统治时期,这道诏令一直沿用。后来,这十六篇文章变成相应的口语体文字。最后,格言、文章还有口语体文字一起编成一册书,内容涉及成为一个人应该承担的所有责任。

公元1735年,雍正皇帝驾崩,乾隆皇帝继位。作为一位颇具才能的帝王,乾隆皇帝充满对知识的渴望,管理国家更是孜孜不倦。乾隆皇帝经常被拿来与他的祖父康熙皇帝比较。实际上,康熙皇帝与乾隆皇帝都

乾隆皇帝戎装像

书房中的乾隆皇帝

极具帝王风范,并且十分推崇文学。乾隆皇帝曾下诏修订重要的历史著作,编撰百科全书,并且亲自监督编纂工作。公元1772年,乾隆皇帝开始搜寻所有值得珍藏的文学作品。公元1782年,《四库全书》问世,其中包含很多《永乐大典》中出现的罕见图书。公元1772年到公元1792年,《四库全书总目》整理完成。存放在皇家藏书楼的《四库全书总目》的目录总览包含经、史、子、集四个名目下的三千四百六十部著作。另外,《四库全书总目》描述了每部作品的历史源流,并且给予相应的评论。《四库全书总目》内容如此之多,以至于后来出版了一个改编版。改编版删掉所有没有收藏在皇家藏书楼内的作品。乾隆皇帝自己的作品也数目繁多,其中包含大量古今著作的读书笔记,为各类书作的前言,以及一部诗集。在乾隆皇帝的诗作中,创作于1736年到1783年的诗曾结集出版,共收三万三千九百五十首之巨。不过,乾隆皇帝的诗都很短。当然,这一数字已经是一个惊人的纪录,这还没有考虑到乾隆皇帝有不少战乱需要处理。乾隆皇帝统治时期,缅甸和尼泊尔向大清臣服,大清在西藏确立统治权,伊犁和喀什也并入大清版图。公元1795年,乾隆在执政六十年后,让位给自己的儿子嘉庆皇帝。公元1799年,乾隆皇帝驾崩。

乾隆皇帝虽然诗艺不俗,但从总体上说,他的诗作平庸。下面的诗歌《圆明园初夏即景》虽然符合作诗的所有要求,但缺少创作绝句的核心,即"词尽意不尽"。

绿荫轩庭昼影移,清和时节午薰吹。
巢残旧燕衔泥补,声涩新蝉度柳迟。

这首诗虽然嵌入诗人的思绪,但读者读后,会忍不住问"然后呢"。

下面是一首更有活力的作品。乾隆皇帝的这段戏文,选自戏曲《拾金》,又名《花子拾金》①。戏中的乞丐范陶幸运地撞见一大块金:

范陶(数板)　　天寒饥饿,天寒饥饿。一根竹梢手内拖。
我见了那年老的,叫声爷爷爸爸。我见了那年少的,叫声叔叔哥哥。
每日里,在那十字街前,唱了一会莲花落,莲花落。
(念)　　一年三百六十日,春夏秋冬和几时。
冬寒夏热最难当,汉子时到是谁知。
(白)　　小人姓范名陶,字明平,本性好耍,爱乐食酒,以至如此。

---

① 根据《戏考》第三册整理。

这几日风雪交加,未曾出门,幸喜今日天气晴和,待我提了竹竿,挂了口袋,去至长街,唱会儿莲花落。就此上街走走。

咳,出得门来,好一派雪景也。

(西皮慢板)　　想当年进中原何等侥幸,

不料那偶然间面南称尊。

传至那无能辈更换国政,

换特别,换维新,男女不分,时装通行。

米如珠,薪如桂,生灵涂炭,

害得我孑然一身,片瓦无存,无处栖身,吞饥受冷。

没奈何上长街求乞活命,

天又寒雪又深道路不平。

(范陶滑。)

(白)　　呀,险些儿滑跌了一跤。哦,是个什么?我且捡起来瞧瞧。

呵呵,不要是锭金子。哎,只怕是块铜,待我丢了罢。

且慢,闻听人说,金子是甜的,黄铜是苦的,我且来尝尝看。

哈哈哈,是甜的,甜的吓!

(西皮慢板)　　我摇首摆尾呼呼笑,

雪里埋金没个根苗。

我贫人也有个时来到,

(白)　　那有钱的,你老跟着他,这没钱的,连你的影儿多瞧不见。

咳，我把你这忘恩负义之徒，无知耻颜之辈，呵，呀呀呸！

（昆腔）　亲戚们为你丧和气，
　　　　　朋友们为你绝了交。
　　　　　夫妻们为你家庭闹，
　　　　　弟兄们为你将家私分了。
　　　　　小人们为你就犯了律条，

（白）　　哎，眼前唱昆腔不时了。哦，我来唱回京
　　　　　调儿吧。
　　　　　吓，吴相公，这银子是好宝贝吓！

（二黄摇板）　救你急救你羞救你贫困，
　　　　　全你义全你节全你婚姻。
　　　　　绝后嗣也是我命中造定，
　　　　　我岂肯破人婚落个骂名。

（白）　　咳，人生在世，全被这金银累极了。

第 3 章

清代经学、杂学和诗歌

清代最知名学者有顾绛，他对已经灭亡的明王朝仍然忠心耿耿。后来，他改名顾炎武，并且花很长时间周游全国各地。他拒绝为清王朝服务，并且自行耕种力争自给自足。根据一位学生的记载，顾炎武在周游

顾炎武

途中都用马、骡子载着书,方便随时查询忘记的知识。他在经学、历史学、地形学和诗歌方面的成就仍然为人称道。他的《日知录》在西方为人熟知,其中的经学和历史笔记,时间横跨三十多年。此外,他还写过不少有关古代语音和韵律的作品。

朱用纯在孩童时身体羸弱,他的母亲送他学习道家的延年益寿之术,其实是一套呼吸吐纳的系统练习方法。朱用纯是明末清初江苏省昆山县人,其父朱集璜是明末学者。清顺治二年,即1645年,朱集璜驻守昆城抵御清军,城破,投河自尽。朱用纯自幼致力读书并曾考取秀才,志于仕途。清军入关导致明王朝的统治被推翻,朱用纯遂不再求取功名,乃居乡间教授学生,并且潜心程朱理学,主张知行并进,一时颇负盛名。他曾为《大学》《中庸》及其他一些经书作注,但最知名的作品

朱用纯

还是《朱子家训》。《朱子家训》是本仅有五百零六字的小册子，曾经一度被误传是理学大家朱熹的作品。下面两句是其中的两条训言：

> 施惠无念，受恩莫忘。
> 守分安命，顺时听天。为人若此，庶乎近焉。

朱用纯的名言还有：

> 知所当知，行所当行，足矣，无暇顾其左右。

朱用纯死前三天挣扎着来到祠堂，并且在先人牌位前请求先祖见证自己一生从未在言行方面使他们蒙羞。

蓝鼎元的别名蓝鹿洲更被人熟知。年轻时，蓝鼎元致力于学习诗歌、文学和经世之学，并且曾随族兄蓝廷珍前往台湾，担任其军事助理。他记录下这段经历，并且著成《平台纪略》。后来，《平台纪略》广泛流传。受到雍正皇帝召见后，蓝鼎元得到赏识，随后被任命为广东省普宁县知县。在任上，他因刚正不阿，以及文学才能闻名于世。然而，由于与上司不和，蓝鼎元三年后因不服从命令惨遭弹劾。随后，他被投入大牢。他的案件被呈送到雍正皇帝跟前，但雍正皇帝没有立即释放他。不过，不久，雍正皇帝任命他暂理广州知府事务，并且赏给他一些珍贵草药、一封圣笔题写的诗、一件貂皮长袍、一些焚香和其他贵重物品。但一切都是徒劳，一个月后，蓝鼎元突发心脏病，卒于任上。蓝鼎元的所有作品被集结成二十册八开本的著作集，其中最知名作品当推《女学》，共计两册。《女学》分为四个部分，即妇德、妇言、妇容、妇功。不过，妇女智识方面的进步不在蓝鼎元的写作范围内。《女学》中每个章节的内容都比较短，很多章节都以中国古代的格言开头，方便

蓝鼎元

更好地进行道德说教。蓝鼎元多次引用东汉班昭的事迹。《女学》序言部分有不少特别言论:

> 天下之治在风俗,风俗之正在齐家,齐家之道当自妇人始……降及郑卫,帷薄不修,祸延家国。闺门风化之原,自开辟以迄于今,不可易也。妇人善恶不同,性习各异,比而齐之,宜莫如学。古者男女皆有学……今其书不传,其详不可得闻矣!……夫女子之学,与丈夫不同。丈夫一生皆为学之日,故能出入经史,淹贯百家。女子入学,不过十年,则将任人家事,百务交责,非得专精未易殚究。学不博则罔有获,泛滥失归,取裁为难,《女学》一书,恶可少哉。

妇德部分引用下面的一则事迹：

> 齐人斗死于道，吏捕杀者，遇二子，执讯之。兄服曰："我杀之。"弟曰："非兄也，我也。"争不决，言之相，相不能决。言之王，王命召其母问焉。母泣而对曰："杀少者。"相曰："少子人所爱，云杀之何也?"母对曰："少者妾子。长者，妾夫前妻子也。夫且死，嘱妾曰：'善视之。'妾诺之矣！今许人以诺而不信，杀其兄而活弟，是以私爱废公义，而欺死者也。子虽痛，可奈何？"泣下沾襟。相言于王，王高其义，并赦之，而尊其母，号曰"义继母"。

蓝鼎元的二十册全集中有两册是他任广东省潮州府普宁知县，后兼署潮阳县两年间的审案记录。这些审案记录原名《蓝公案》，也称《鹿洲公案》。雍正七年春，即1729年，蓝鼎元的朋友旷敏本为《蓝公案》作的序可以让我们一窥这本书在当时的影响力：

> 先生听讼如神，果有包孝肃遗风，每当疑狱难明，虚公静鞫，似别有钩致之术。虽狡黠讼师、积年老贼，词说不能难，吏责不能服者，一见先生即鬼诈不知何往，不待刑而毕输其情。余每怪世人谳讼，全以刑法推敲。三木之下，何求不得，万一有差，九原怨痛，宁有极乎？先生听断，唯恐小民不得尽其词，怡色和声，从容辩折，俟其无所逃遁，而后定其是非。是以刑者不冤，死者无恨，民不能欺，而亦自不敢欺，此吾夫子所谓"大畏民志"者也。使天下司刑之官皆如先生之公明详慎，宇内岂有冤民哉！

下面的案件关于惩治封建迷信这一大危害：

潮俗尚鬼，好言神言佛。士大夫以大颠为祖师，而世家闺阁结群入庙，烧香拜佛，不绝于途。于是邪诞妖妄之说竟起，而所谓后天教者行焉。

后天一教，不知其所自来。始于詹与恭、周阿五，自言得白须仙公之传。经前任王令访拿，挈家逃匿，后复还故土，亦称白莲，亦称白杨教主。大抵系白莲教是实，而变幻其名尔。妙贵仙姑，即詹与恭妻林氏也，诡言能呼风唤雨，役鬼驱神，为后天教主。其奸夫胡阿秋辅之，自号笔峰相公。相与书符咒水，为人治病、求嗣，又能使寡妇夜会其夫。潮人笃信其术，举国若狂，男女数百辈，皆拜以为师。澄海、揭阳、海阳、惠来、海丰之人，无不自远跋涉，举赀奉束、牲酒香花，叩其门称弟子者如市。

丁未仲冬十日，余自郡旋署，始知之。则已建广厦于邑之北关，大开教堂，会众数百，召梨园子弟，鼓歌宴庆两日矣。急遣吏捕之，则隶役皆畏得罪神仙，恐阴兵摄己。而势豪宦屑，又从而左袒庇护，乘风兔脱，竟不能勾获一人。余乃亲造其居，排其闼，擒妙贵仙姑，穷究党羽。则卧层之中重重间隔，小巷密室，屈曲玲珑，白昼持火炬以入，人对面相撞遇，侧身一转，则不知其所之，但藏奸之薮也。余不敢惮烦，直穷底里。于仙姑卧榻之上，暗阁幽密之中，擒获姚阿三、杨光勤、彭士章等十余人。复于仙公卧房楼上搜出娥女娘娘木印、妖经、闷香、发髻、衣饰等物，尚不知其何为者。

余追捕仙公益力。势豪知不可解，因出胡阿秋赴讯。夹鞫之下，神奇百出。其实无他技能，惟恃闷香、衣饰，迷人耳目而已。盖愚夫愚妇闻神仙之名，先以惶悚慑服，又见妙贵女流，无所顾畏。而阿秋发髻、脂粉，衣裙翩翩，亦且左右仙姑，共作妖狐妩媚，遂以为真娥女娘娘，不复疑其为男子也。迨入卧房，登邃阁，拜弥勒佛，诵《宝花经咒》，燃起闷香，则在座者皆昏迷睡倒，恣所欲为。其闷香，亦名迷魂香，闻之则困倦欲卧。有顷，书符，饮以冷水，则迷者复醒。所谓求嗣、见夫，皆得之梦魂倘恍之际。按其滔天孽恶，虽悬首藁街，犹不足以山川之恨。因念岁歉之后，乡民以解累为忧。且党羽多人，必至世家大族，牵连无已。余体恤民情，为息事宁人之计，凡所供之姓名，一尽烧灭免究。将林妙贵、胡阿秋满杖大枷，出之大门之外，听万民嚼齿唾骂，裂肤碎首，并归仙籍。其纵妻淫孽之詹与恭，及同恶姚阿三等十余徒，分别枷杖创惩。余党一概不问，使皆革面为人焉，足矣。籍其屋于官，毁奸窦，更门墙，为棉阳书院，崇祀濂、洛、关、闽五先生，洗秽浊而清明。余亦于朔望、暇日，与阖邑人士讲学会文。其际，出文会张陂租谷百余石，为春秋丁祭、师生膏火之资。正学盛，异端息，人心风俗，蒸然一变。

　　镇帅尚公、大中丞扬公闻之，再三嘉叹，且曰："此教不除，害不在小，通详正法，厥功为大。令除民之害，不忍沽一己之名，使缧绁遍及于邻封。深夜室内，自经沟渎，则保全人名节多矣。善夫！"

目前，虽然蓝鼎元的影响力没有以前大，但他作品中的一些观点与时俱进，如与外国人交往的问题没能逃脱他的注意。他生活的年代，罗马天主教的传播帮助有知识的中国政治家更好地了解了国际事务。于是，《蓝鼎元全集》中有两篇短文专门讨论与各国通商及贸易事务。看

到1732年,中国的一位伟大学者有这种自由的思想和观点很有意思。下面引文选自《粤夷论》:

粤东居夷非计页,自明嘉靖间,割澳门,畀红毛,种类不一,源源而至。筑城楼,设炮台,蜂房猬聚,以长其子孙,奄有斯土,广州香山郊关之外,遂为鬼国异域之区矣!红毛乃西岛番总名,其中有荷兰、佛兰西、大西洋、小西洋、英圭黎、千丝蜡诸国,皆狡黠异常,到处窥占,图谋人国。如噶罗吧,本巫来由地方,缘与红夷交易,遂被占踞为红夷市舶之所。吕宋亦巫来由分族,缘国人习天主教,遂被西洋占夺为市舶之所。今天主教盛行于中国湖广、河南、江西、福建、广西,无处无之。雍正元年,浙闽总督满保,以西洋人行教惑众,丈为地方之害,请将各省天主堂,改作书院义学。各省西洋人,俱送澳门,俟有便船归国。广东督抚市恩,奏请彝人老病不愿回者,听其在省天主堂居住,不许招致本地男妇,行教诵经,违者治罪逐回。功令煌煌,曾几何日,今省城天主堂,八处招集一万余人矣!又有女天主堂,亦八处招集二千余人矣,羞辱中国,伤风败化。凡有人心,罔不切齿,此岂待教而后诛之乎?

万里经商本为求财,无故而轻数百千万之银钱,买人归附,此其意欲何为哉?今日万人,明日万人,不胥全省而买遍不止,岂尚可掩耳闭目,阳为不知而不问。先民有言,防微杜渐,涓涓不息,将为江河。而况狂澜四溢,人心荡漾,在省郡者既实繁有徒,在澳门者又居然天险。内外交通,铳炮非常,脱有前此吕宋、噶罗吧之谋,不知何以待之。今圣德方盛,威灵暨讫于遐荒,自万万无所容其痴想,然曲突徙薪,亦有心者所宜熟筹也!

下面引文是蓝鼎元1724年写给友人的书信《与友人论浙尼书》，其中提到他反对天主教，亦不能容忍佛教：

> 天下尼僧，惟浙中最盛，即杭嘉湖三府，已不下数十万人。其系本人自愿出家无十分之一也，皆因少时父母贫寒，为老尼所惑，鬻典为徒。洎乎长大，不能自脱。而凡为尼者，又皆多购致闺女，欲使教门兴旺，长养禁锢，终其身无婚姻之日。夫人情不甚相远，男欲婚而女欲嫁，虽在圣贤必不能易。今无故驱此数十万人长吁短叹，于清冷寂寞之中，即使果守戒律，尽属冰清玉洁，其怨气已足以干天地之和，召水旱之灾，况其逾闲荡检，多有不可问乎！
>
> 愚尝过苏杭之间，见街巷标榜下胎神药，绝孕奇方，不胜惊叹，谓风俗之坏，何为一至此极。市人为余言，皆为兰若尼僧而设，然则兰若之名，乃青楼之别号也。以此兰若之人，往来士庶人家，小则耗人财物，大则辱人家声，其为风俗之害，可胜言耶！

撰写《明史纲目》始于公元1689年。最初的撰写工作由五十八位学者组成的团体合作开展，但最终只由张廷玉一人在1742年将成书呈现给乾隆皇帝。张廷玉是位博学的文人，也是一位政治家，曾参与考订或编纂《礼记》《周礼》《十三经》《二十四史》《皇清文颖》《大清会典》《亲征平定朔北方略》等史书。然而，《明史纲目》没有得到乾隆皇帝的赞许，该书后来被张廷玉主编的《通鉴纲目三编》取代。在与张廷玉一道编书的学者中，值得一提的还有经学大家朱轼和满族学者鄂尔泰。

陈宏谋是清代很有影响力的思想家。他的思想充分体现在他的著作之中。在繁忙的政务之余，他一生笔耕不辍，著作甚丰。他主攻《四

陈宏谋

书》，著作题材广泛，并且曾为古代经典作注。与此同时，他还是一位名臣。陈宏谋曾居高位，并且以在其房内悬挂任职省份的地图为人称道。这样，他可以详细了解该地的地形地势。然而，任职两广总督时，他由于应对蝗灾不力被革职。

袁枚无疑是清朝最知名的一位文人。九岁时，他就对诗歌产生浓厚的兴趣。后来，他成为一位诗歌行家。公元1739年，袁枚参加朝廷科考，得中进士，后被派往江南，担任江宁县知县。在任江宁县知县期间，袁枚推行法制，不避权贵，政绩突出。但后来，他生了一场大病，只能赋闲在家。病愈后，袁枚被派往另一个县为官，但他与总督吵了一架。于是，年仅四十岁的袁枚早早辞官归家，避居在江宁他曾购置的隋氏废园，改名"随园"，以诗书自娱。他的书信都收录在《小仓山房尺牍》中。他文笔诙谐幽默，成为时人模仿的范本。其中，不少佳作都关乎生活中的琐事，甚至可与西方17世纪的散文媲美。下面引文是《戏答庆都统》中的片段：

来札念我"今岁有秋，可免饥寒"等语，具见相爱之深。

惟札尾有"荷包业已制就，专等诗来再寄"之言，则山人不以为然。夫周、郑交质，衰世之文也；朋友先施，圣人之训也。世兄不法圣人，而学衰世，何耶？

若寄一荷包，必索一诗；倘寄一冠一靴，必索一赋；再如四世兄之寄我一袍、一褂，必索我万言书矣！征求无已，山人比受饥寒更苦矣。

昔淳于髡笑以一盉饭一鲋鱼，而祝得谷百车，以为所持者约，所望者奢，岂不闻古人有献一字而索千缣，得一诗而赠二婢者，较之荷包，其厚薄不太相悬殊乎？在世兄身为都统，阅武操兵，军士射中一箭，即赏一银牌。此赏罚严明之号令，平时用惯，故以待军士者移以待故人乎？

须知有挟而求，孟子所戒；挟贤挟贵且不可，而况于挟荷包乎？且荷包虽华，不过妾婢之手爪；诗虽劣，恰是老叟之精神。世兄以老叟之精神，易妾婢之手爪，是重妾婢而轻朋友也。若使世兄竟能舍都统之长枪大剑，而手执女子之一针一线，亲绣荷包见赠，则虽换随园十首诗，亦下情所愿。然而名将用兵，知己知彼。在仆不敢强男作女工，贻世兄以巾帼妇人之愤；在世兄岂可以阿瞒相待，欣欣然于一小鞶囊也哉？

闲居无俚，戏作驳数行，干犯麾下。如怒之，则荷包永远绝望；如悔过，则荷包作速飞来。诗之有无，问荷包便悉。

袁枚

袁枚的诗名气更大,拜读的人更多。他是少数在清朝统治下仍享有盛名的汉族诗人。下面是他的一首讽刺作品《绝命诗》:

赋性生来本野流,手提竹杖过通州。
饭篮向晓迎残月,歌板临风唱晚秋。
两脚踢翻尘世路,一肩担尽古今愁。
如今不受嗟来食,村犬何须吠不休。

袁枚的笔调有时很伤感,这在他写给五岁女儿的墓志铭中可以窥见。其中,袁枚曾提到女儿婴孩时曾手执毛笔,或者用纸剪出衣服的模样。此外,他的女儿经常端坐看自己父亲写作。与所有的中国诗人一样,袁枚热爱自然,喜欢冬天盛开的梅花,或者横扫落叶的秋风。这些意象能激发他的诗兴。除了是位散文家、诗人，袁枚一本有关烹饪的著作《随园食单》让他名气更盛。这听上去令人意外，但是真的。袁枚是中国的让·安泰尔姆·布里亚·萨瓦兰①，虽然中国菜不如法国菜。袁枚的烹饪书是典型的文人作品，共一卷，文字简单清爽，至今仍受人青睐。

在《随园食单》开篇，袁枚提到，"凡物各有先天，如人各有资禀。人性下愚，虽孔孟教之，无益也。物性不良，虽易牙烹之，亦无味也"。

> 指其大略：猪宜皮薄，不可腥臊；鸡宜骟嫩，不可老稚；鲫鱼以扁身白肚为佳，乌背者必崛强于盘中；鳗鱼以湖溪游泳为贵，江生者槎枒其骨节；谷喂之鸭，其膘肥而白色；壅土之笋，其节少而甘鲜；同一火腿也，而好丑判若天渊；同一台鲞也，而美恶分为冰炭。其他杂物，可以类推。大抵一席佳肴，司厨之功居其六，买办之功居其四。②

> 谚曰："相女配夫。"《记》曰："拟人必于其伦。"烹调之法，何以异焉？凡一物烹成，必需辅佐。要使清者配清，浓者配浓，柔者配柔，刚者配刚，方有和合之妙。其中可荤可素者，蘑菇、鲜笋、冬瓜是也。可荤不可素者，葱、韭、茴香、新蒜是也。可素不可荤者，芹菜、百合、刀豆是也。③

> 一物有一物之味，不可混而同之。犹如圣人设教，因才乐育，不拘一律；所谓君子成人之美也。今见俗厨，动以鸡、

---

① 让·安泰尔姆·布里亚·萨瓦兰（1755—1826），法兰西政治家和美食家，著有《口味生理学》。
② 引自《随园食单·先天须知》。
③ 引自《随园食单·搭配须知》。

鸭、猪、鹅，一汤同滚，遂令千手雷同，味同嚼蜡。吾恐鸡、猪、鹅、鸭有灵，必到枉死城中告状矣！善治菜者，须多设锅、灶、盂、钵之类，使一物各献一性，一碗各成一味。嗜者舌本应接不暇，自觉心花顿开。①

上菜之法：咸者宜先，淡者宜后；浓者宜先，薄者宜后；无汤者宜先，有汤者宜后。且天下原有五味，不可以咸之一味概之。度客食饱，则脾困矣，须用辛辣以振动之；虑客酒多，则胃疲矣，须用酸甘以提醒之。②

冬宜食牛羊，移之于夏，非其时也。夏宜食干腊，移之于冬，非其时也。辅佐之物，夏宜用芥末，冬宜用胡椒。③

切葱之刀，不可以切笋……良厨先多磨刀、多换布、多刮板、多洗手，然后治菜。至于口吸之烟灰，头上之汗汁，灶上之蝇蚁，锅上之烟煤，一玷入菜中，虽绝好烹庖，如西子蒙不洁，人皆掩鼻而过之矣。④

味要浓厚，不可油腻；味要清鲜，不可淡薄……若徒贪肥腻，不如专食猪油矣。清鲜者，真味出而俗尘无之谓也。若徒贪淡薄，则不如饮水矣。……则调味者，宁淡毋咸，淡可加盐以救之，咸则不能使之再淡矣。⑤

---

① 引自《随园食单·变换须知》。
② 引自《随园食单·上菜须知》。
③ 引自《随园食单·时节须知》。
④ 引自《随园食单·洁净须知》。
⑤ 引自《随园食单·疑似须知》和《随园食单·补救须知》。

何谓耳餐？耳餐者，务名之谓也。贪贵物之名，夸敬客之意，是以耳餐，非口餐也。不知豆腐得味，远胜燕窝。海菜不佳，不如蔬笋。

余尝谓鸡、猪、鱼、鸭，豪杰之士也，各有本味，自成一家。海参、燕窝，庸陋之人也，全无性情，寄人篱下。尝见某太守宴客，大碗如缸，白煮燕窝四两，丝毫无味，人争夸之。余笑曰："我辈来吃燕窝，非来贩燕窝也。"①

何谓目食？目食者，贪多之谓也。今人慕"食前方丈"之名，多盘叠碗。是以目食，非口食也。

不知名手写字，多则必有败笔；名人作诗，烦则必有累句。极名厨之心力，一日之中，所作好菜不过四五味耳，尚难拿准，况拉杂横陈乎？就使帮助多人，亦各有意见，全无纪律，愈多愈坏。余尝过一商家，上菜三撤席，点心十六道，共算食品将至四十余种。主人自觉欣欣得意，而我散席还家，仍煮粥充饥。②

事之是非，惟醒人能知之；味之美恶，亦惟醒人能知之。伊尹曰："味之精微，口不能言也。"口且不能言，岂有呼呶酗酒之人，能知味者乎？

往往见拇战之徒，啖佳菜如啖木屑，心不存焉。所谓惟酒是务，焉知其余，而治味之道扫地矣。万不得已，先于正席尝菜之味，后于撤席逞酒之能，庶乎其两可也。③

---

① 引自《随园食单·戒耳餐》。
② 引自《随园食单·戒目食》。
③ 引自《随园食单·戒纵酒》。

袁枚很不赞同强劝客人吃菜,以及主人夹菜堆满客人盘子,甚至给客人喂食的愚蠢举动。这样做如同将客人视作儿童、新媳妇,主人觉得客人怕羞甘愿忍受饥饿一样。

袁枚的著作曾记载一个长安人,特别好请客,但他家中的菜肴不算太好。某天,他的朋友问道:"我与您算是朋友吗?"

主人说:"当然是好友啊!"

客人跪下请求道:"如果真是好朋友,我有一个请求,你答应后我才起来。"

主人惊问:"什么请求?"

客人答:"以后您家请客,别再叫我了。"听此言后,同座的人都大笑不已。

在《随园食单·戒苟且》中,袁枚认为,"凡事不宜苟且,而于饮食尤甚。厨者,皆小人下材,一日不加赏罚,则一日必生怠玩。火齐未到而姑且下咽,则明日之菜必更加生;真味已失而含忍不言,则下次之羹必加草率。且又不止空赏空罚而已也。其佳者,必指示其所以能佳之由;其劣者,必寻求其所以致劣之故"。

> 余性不近酒,故律酒过严,转能深知酒味。大概酒似耆老宿儒,越陈越贵,以初开坛者为佳,谚所谓"酒头茶脚"是也。①

陈淏子住在杭州西湖岸边,并且自称为"西湖花隐翁"。公元1783年②,他的一本关于园艺和田园乡趣的小册子《花镜》出版。对中国读者来说,这类文章和题材并不陌生。下面是作者陈淏子的自序:

---

① 引自《随园食单·茶酒单》。
② 《花镜》成书于公元1688年,此处乃作者考证失误。

> 余生无所好，惟嗜书与花。年来虚度二万八千日，大半沉酣于断简残编，半驰情于园林花鸟；故贫无长物，只赢笔乘书囊。

中国人擅长园艺，中国各阶层人士都喜欢花，我们甚至可以将对花的喜爱视作中华民族的民族品格。不过，中国人对花有自己的偏好。粗俗的花束或者雍容的花束都不受中国人喜爱。对中国人来说，一朵花就能满足他们的需要。在中国，最好的花瓶只放一小束花，大花瓶都有带孔的盖子，以便将花分开插进去。对诗人来说，河边一朵报春花就是一首完整的诗歌。如果作者被迫禁闭，那么他们唯愿桌上有朵花相伴。他们往往能从花瓣中得到愉悦，甚至灵感。散步时，他们会带上一朵花，并且会不时停下来观察花朵的生长。作者还喜欢小鸟。在晴好的傍晚，我们经常会碰到提着鸟笼的中国人，他们会在城边某个宜人的地方驻足，畅听鸟儿的歌声。在《花镜》中，陈淏子提到自己的空竹枕中经常放着喜欢的书本，尤其是花经和药谱。

> 世多笑余花癖，兼号书痴。噫嘻！读书乃儒家正务，何得云痴！至于锄园、艺圃、调鹤、栽花，聊以息心娱老耳。渊明有云："富贵非吾愿，帝乡不可期。"
> 余栖息一尘，快读之暇，即以课花为事。

首先，陈淏子介绍了四季的独特魅力，这些单纯的趣味足以对抗老年的无聊。随后，他进一步解读时间和季节，说明每个月适合做什么，这与常见的园艺书一样。接下来，一些短一点的章节介绍了中国的主要花木、花果、藤蔓、花草……并且暗示在不同境况下如何照料它们。最后，陈淏子通过单独章节介绍禽鸟、兽、鳞介、昆虫。他介绍的动物有鹤、孔雀、画眉、鸢、鹌鹑、鸳鸯、燕、鹿、猴、猫、蜜蜂、蟋蟀、金钟儿、萤，以及苏舜钦首次提到时就写下"沿桥待金鲫，竟日独迟留"的金鱼……总之，从《花镜》中，我们可以了解到很多中国的生态知识。《花镜》的作者陈淏子堪比大不列颠博物学家吉尔伯特·怀特。读者放下书本，想着作者写到过，如果一家没有一个院子和一棵老树，那么人们看不出这家人的日常生活趣味来自何处。这样，他们会更觉作者就在身边。

三岁时，赵翼就已经认识几十个字。同样在三岁时，英国政治哲学家约翰·斯图尔特·密尔已经开始学习希腊语。然而，直到1761年，三十四岁的赵翼才参加科考高中进士。殿试拟赵翼第一，但乾隆皇帝以

赵翼

陕西未有状元,为鼓励陕西考生为由,将陕西考生王杰列为本次科考第一名,赵翼遂列第二。王杰由于被钦点为状元,而不是留给后人的两部散文集被人记住。赵翼写过一部记录当朝战争的著作《皇朝武功纪盛》。这是本集当时热点问题分析、历史评论,以及其他内容于一体的著作。赵翼还是一位诗人,其诗后来收录成一大册诗集。从下面这首《偶书所见》中,我们可以感受到赵翼的诗风:

> 堕地第一声,开口便是哭。
> 可知有此身,即是苦所伏。
> 维苦斯身活,手足供口腹。
> 其理本公平,习劳以养欲。
> 乃厌四体勤,专想饱且燠。
> 试问从何来?召苦必更速。
> 世上苦人多,总为贪享福!

赵翼特别喜欢创作绝句。从下面这首《野步》,我们或许能一窥赵翼的诗艺:

> 峭寒催换木棉裘,倚杖郊原作近游。
> 最是秋风管闲事,红他枫叶白人头。

赵翼的《生事》更具一抹幽默色彩:

> 生事渐萧然,年荒剩石田。
> 薪烧连叶树,饭待作碑钱。

总体而言，19世纪的中国诗歌更多人工雕琢的痕迹，但对百无聊赖的读者来说，这些诗歌十分新奇。1857年，一部收录两千多位代表性诗人的作品集出版，但这些诗大部分为平庸之作，读者读之无味，相反有思想的诗歌少之又少。与类似诗歌选集一样，这部诗集也收录女诗人的诗作。其中，明末女诗人方维仪的诗作是一个很好的例子。方维仪家庭出身良好，但新婚后不久，她前途无量的丈夫去世了。她成为一位哀伤的寡妇。黑暗生活中的光明来自她不顾父母亲的反对执意出家，她的余生便伴着青灯古佛度过。下面是她出家前写下的诀别诗《死别离》：

昔闻生别离，不言死别离。
无论生与死，我独身当之。
北风吹枯桑，日夜为我悲。
上视沧浪天，下无黄口儿。
人生不如死，父母泣相持。
黄鸟各东西，秋草亦参差。
予生何所为，死亦何所辞。
白日有如此，我心徒自知。

19世纪的主要诗人还有阮元。他在1789年的会试中取得第三名，并且在随后的殿试中令年迈的乾隆皇帝感叹，"阮元人明白老实，象个有福的，不意朕八旬之外又得一人"。于是，阮元在殿试中高中榜首。接下来，他步入仕途，并且逐渐官居高位。在浙江巡抚任上，阮元政绩卓越，其最大功绩是平定安南海盗及歼灭了海盗头目蔡牵。此外，阮元建立什一税制度，兴建书院、学校、施粥场，并且致力于保护古代碑文。在两广总督任上，他频繁与英国人发生冲突，并且尽力严密控制英国商人的活动。阮元少年早达，仕途平顺，并且个人志趣高雅，喜欢著书立

阮元

说。他的著作涉及内容广泛，包括经学、天文学、考古学等方面内容，以及不少他主持或者参与编撰的著作。另外，他的《皇清经解》值得一提。《皇清经解》共一千四百卷，共收七十三家，一百八十三种著作，汇集儒家经学解经之大成，也是对乾嘉学术的一次全面总结。《畴人传》是中国第一部数学家和天文学家传记，共四十六卷，传主二百八十位，并且以欧几里得、艾萨克·牛顿、利玛窦、汤若望等三十七位外国科学家作为附录。阮元还修订了《广东通志》。这是这本通志历史上第六次修订，其中收录了五千多位潮汕诗人的作品，以及大量钟鼎文……阮元还参与编撰皇家图书目录，即前面提到的大型百科全书《太平御览》——清代版本称作《仿宋刻太平御览》，以及其他不少重要图书。

接下来，我将介绍两部19世纪盛行于中国的宗教著作。这两部作品都与道教相关，但在书店里买不到。不过，人们可以在寺庙道观内免费得到这两部著作，因为很多乐善好施者资助刻印这两部书。其中，第一部书是《感应篇》，其作者曾被很多人错误地认为是老子本人。《感应篇》成书的确切年代不详，但很多人认为它于宋代成书。不过，《感应篇》的成书时间或许晚于宋代。虽然《感应篇》源自道教，但其编撰方式有明显佛教的影子，或许由于佛道两家的界限已经有些模糊，人们已经不能确切区分佛道两家。正如朱熹所言，佛教从道教偷得好处，道教却从佛教偷得了坏处。《感应篇》的前言提到，阅读这本书前要先洗净双手甚至洗澡。这正是佛教的礼节，是人们参拜弥勒佛或者观音菩萨前的准备。未婚和已婚妇女都不建议经常前往庙里参拜，以免被男性看见，"如果要参拜菩萨，那么在家拜两位活菩萨，即父母足矣。如果要烧香，那么在自家神龛烧拜亦可"。我们还读到，任何时间、任何地点都能读这本书。读过这本书后，任何人都能从中受益。《感应篇》还建议读者可以在斋戒时读。读该书时，人们无须大声诵读让他人听见，这部书可能更适合默读静思并用心记住。《感应篇》开篇即是老子的训诫，告诫众生不要行任何一种恶行。随后，这部著作介绍各种记录人行为好坏的神明，以及介绍行好事可以延年益寿，行恶事会消减阳寿的劝诫。接下来，这部书罗列了一长串会遭报应的恶行。这些恶行有人类道德观念中都憎恶的行为，包括不公、压迫、欺骗、偷盗，以及一些在西方人看来可以宽恕的行为，如掏鸟窝，从食物上方或者从别人头顶跨过，用不干净的柴火做饭，对着流星吐口水，用手指指彩虹，甚至指太阳、月亮、星星……所有这些行为都会导致寿命不同程度的减少。如果一个人的寿命被减少到不足以抵消他的恶行，那么他的后代子孙会继续接受惩罚。

第二部要介绍的书书名为《玉历钞传》，一本描述阴间地府十殿的作品。《玉历钞传》成书于清雍正年间，是一本传抄已久的"阴律"善书。一名法号"淡痴"的修行者游历地府，将此书从地府带出。经过十殿的审判，每个罪孽的灵魂都只能以另一种形态投胎，或者免去罪孽转而得到只有善人才享有的永久福气。

第五殿里有阎罗天子，罪恶的人会被有着牛头马面的怪兽驱赶到著名的望乡台。在这里，仅看一眼罪人们以前住过的房子就能判定他们将遭受的处罚：

> 望乡台的面，半圆形，朝向东、西、南三向。此台的弯面有八十一里；台后平直，如同弓弦。北方，以剑树立为城墙。台高四十九丈。以刀山为山坡，砌成六十三级的阶。善良的人，不用登上此台；功过相半的人，已发放往生轮回去了。只有作恶多端的人，才登台一望：

> 家乡如在眼前；所有的男女家人，亲友的言语、行为，都能看见、听见。看见老老少少，再也不遵从自己死亡前的吩咐与教训；所有自己以前决定的事全变换了，一件件地改掉。辛苦挣来的财物，被搬运一空。先生再娶小老婆；太太也再改嫁。田地、财产，被乱瓜分了。原本清楚的帐目，被贪污得混淆不清。死人欠活人的账，分文都难少；活人欠我的，由于失去证据，一概要赖，恶形恶状地搪塞掉。所有的错误、罪恶，全推给死人。所有父亲、母亲、妻子的族人，全怀怨地评论自己。儿女个个心怀私心；朋友则失去信用。略有几个亲友，想念自己在世的情份，抚棺哭几声；一回头，马上又冷笑两声。

以前在世时所造的罪恶，逐渐出现恶报：儿子因犯罪，被系入狱；或被坏朋友带坏了。女儿则生了怪病，或被奸淫。事业瓦解了，房屋被火烧了。大大小小的家产，很快地消耗光了。——这些都是恶有恶报。

第六殿是卞王城，"掌理大海之底，正北方沃燋石下的大叫唤大地狱。宽广八千里——五百由旬，四周另设十六小地狱"。

一名常跪铁砂小地狱。二名屎泥浸身小地狱。三名磨推流血小地狱。四名钳嘴含针小地狱。五名割肾鼠咬小地狱。六名棘网蝗钻小地狱。七名碓捣肉浆小地狱。八名裂皮口擂小地狱。九名衔火闭喉小地狱。十名桑火烘小地狱。十一名粪污小地狱。十二名牛雕马躁小地狱。十三名针窍小地狱。十四名击头脱壳小地狱。十五名腰斩小地狱。十六名剥皮揎草小地狱。

世人若犯以下罪事，即入此地狱：（一）怨天尤地；讨厌风，咒骂雷；喜欢晴，厌恶雨。（二）对着北方（天空）大小便，哭泣。（三）偷窃神佛装塑法身时内藏的宝物。（四）刮取神圣佛像法相上的金银宝物。（五）随便乱呼叫神佛的名讳、圣号。（六）不尊重、爱惜有字之纸、与经书。（七）在寺庙、道观、宝塔的前后，泼洒、堆积污秽的东西。（八）家中供养神佛的法像，于厨中灶中煮食荤、肉等不洁的东西；尤其吃牛肉、狗肉，对佛、神更是大不敬。（九）家中保存、收藏违背正理的书，或黄色书刊。（十）烧毁涂损劝善的书籍、文章、器物。（十一）雕刻、图绘神圣的图、像，例如：太极图、日月、七星、和合二圣、王母、寿星，所有的上仙，三世诸佛的形相，或卍字花样等，在一切衣服、器具上。（十二）

在衣裙上绣有龙凤的图案。（十三）浪费、糟蹋五谷。（十四）囤积米粮，期待卖高价钱。犯以上的罪事，都发入大叫唤大地狱。再查出所犯的事件性质，分发至小地狱受苦刑。期满再转解第七殿，考查有无第七殿管辖的罪恶。

第十殿是人投胎转世前经历的最后一道关口。似乎在经历了之前的阴间审判后，人们还记得自己生前的情形，有些坏人甚至可能会在转世后利用这些记忆。针对这点，第十殿建造了醧忘台，所有人的生前影像都会传到这里。人们还会在投胎前在第十殿喝下孟婆汤，忘却所有前世的记忆。

> 所有奉令押解到的男女鬼魂，在各廊房中，都有杯子，招各鬼饮下此汤，多饮少饮不论。假如有刁蛮、狡猾的鬼魂，不肯吞饮此汤的话，脚下就会现出钩刀，将他绊住；并以铜管刺喉，令其受尽痛苦后，强迫灌吞。所有鬼魂饮下醧忘汤后，各派鬼役、鬼卒，搀扶着从通道送出，推上麻绳扎的苦竹浮桥。桥下是红水横流的山涧。由桥中向前一望，对岸的赤名岩上，有斗大的粉字四行，写着：
> 为人容易做人难，再要为人恐更难。
> 欲生福地无难处，口与心同却不难。
> 鬼魂们正在看读之时，对岸跳出又高又大的二个鬼。分别扑到水面，令两旁的鬼魂个个吓得站立不稳：一个是头戴乌纱帽，身穿体面的礼服、锦袄，手拿着纸笔，肩上插着利刀，腰上挂着刑具，睁着圆滚滚的大眼睛，哈哈大笑。他名叫"活无常"。一个是面上污垢、流血，身穿白衫，手捧算盘，肩上背着米袋，胸前悬挂银纸钱，愁眉紧锁，声声长叹。他名叫"死

有分"。此二大鬼,催促推落鬼魂们,落于红水横流之内。根器道行浅薄的,欢呼可以幸运地得生人身;根器道行深厚的,则悲伤哭泣,自恨在世时未修出世的功德,以致痛苦的根身,身体难以断除。男女鬼魂等,如醉如痴地,纷纷各依因缘,投生各房舍中将生的胞胎之内。由于阴间、阳世的改变,气闷昏昏。再加上胎身颠倒,不能自由,于是双脚用力一踢,蹬破胞胎,奔出娘胎,"哇"地一声落地,开始一生的形形色色。

第 4 章
清代墙上文学、新闻文学、幽默文学和名言警句

1849年，阮元去世。他去世时，中国正抵抗西方的军队。1842年，中国开放了五座通商口岸，并且逐渐开放越来越多的通商口岸，甚至北京在1860年向西方国家开放。中国与世界交往增多，中国的官员们也经历了前所未有的外交冲突。中国的诗人可能会抱怨鲁莽成性的英格兰人不怀好意地将新闻带进中国。在他们看来，新闻造成的一系列破坏远比外国商品和疾病的传播造成的破坏巨大。

从很早开始，墙上文学就成为中国城市一项极具特色的文学形式，并且其覆盖的范围和形式的多样性远超其他国家。实际上，墙上文学在整座城市的群体生活中充当了一个十分危险的角色。总体而言，一篇墙上文学作品的篇幅与一份普通英国报纸的篇幅相似，其内容包括英语报刊中登载的寻人、寻物、离婚等启事的私事广告栏，或者贩卖各种商品的广告，如任何城市的招贴广告中能看到的东西，对抗某种疾病新发现的神奇治疗方法，治愈堕落的鸦片烟鬼的靠谱药物，为庆祝某个节日慷慨解囊的一长串捐助名单，或者为修复当地寺庙捐款的长长的虔诚信徒名单，大段指责人们滥用纸张的说教，指斥妇女杀婴的训诫，新千年到来的警示，恶人因其恶行会受到佛道阴曹地府描绘的恶报……偶然

针对一个令人讨厌的人时，其他人会通过张贴匿名公告的方式，建议其停止冒犯行为。比较少见的是，某位官员的行为被严厉批评和指责。官方就公共事务发表的声明不能归为墙上文学，除非这些内容是以打油诗的形式写成，旨在引起不识字的老百姓们注意，但这并不多见，如《天津论》：

> 天津卫，好地方，
> 热闹繁华胜两江，
> 河陆码头买卖广。
> 看风光，人疑是广积银两，
> 哪知道内里空虚皆无实在项。
> 不种田，不筑厂，
> 赤手空拳即可把钱想。
>
> 第一是走盐商，
> 走久接地方，
> 一派纲总更气象。
> 水晶顶，海龙裳，
> 大轿玻璃窗儿亮，
> 跑如飞蝗，把运司衙门上。
> 店役八九个，围随在轿旁，
> 黑羔马褂是家常，
> 他的来头可想。
> 卖的盐，任意铺张；
> 赔累了，还须借帑账。

其次粮字号买手最吉祥,
年深也把船来养。
一年四趟,锦州牛庄,荒年一载大沾光,
一只可赚三只粮。
钱来得涌,职捐得狂,
蓝顶朝珠皆可想。

又次开粮店,洋货杂货行。
认客有主,有帖应行,拿佣也够加一账,
稳定是当铺利久长。
此外别行,总是本大利广。
一种风气不可当,
铺子一荒,
即请光棍来较账。
敬治彩觞,三成五成较妥当,
分年分月还上。

至于讲声势,书办可当:
经承到了手,诸事任主张,
不但告状趋跄,
阖郡人人景仰,
三年五年报满,
议叙候选吏目堂。
再为当衙役,也见重于乡:
一得班头,开贺收银几百两;
执签执票,气吐眉扬;

差账烦好朋友来讲，

不用费周张，片时得银多少两。

……

最可悲是教书匠，命苦作何商？

既不肯调词讼，又不会说地说房，

更不能争房夺市把光棍创，只好把馆商量。

大馆六十金，小馆三十两，

不够吃饭，只可吃糠，半饥半饱度时光。

家有三担粮，不当孩子王，

如虫进落网，如驴进磨房。

偶然有点事，人说工不长；

学生不用心，就与先生来算账。

几个铜钱事儿，一年一更章。

交冬至把心慌，定了馆方才坦荡荡。

如何是长方，如何是长方？①

几乎无需解释，我们就明白墙上文学经常被用来针对外国人，特别是外国传教士。然而，题写匿名招贴的处罚很重，配图的传单有时候很令人厌烦。

对清王朝来说，新闻像一根可怕的刺。新闻最初由一位英国人带入，他也是《申报》的主要编辑。19世纪下半叶到20世纪中期，《申报》一直是上海一份极具影响力的报纸。很长一段时间内，当局都试图捣毁这份令其不快的日报，因为《申报》会不时披露一些令当局尴尬的

---

① 这篇《天津卫》由乾隆皇帝统治时期的举人杨一昆作，并且已经成为口传心授的歌谣。翟理斯所译的原文亦与天津卫有关，但聚焦于船务衙门的公务说明。原文已不可考。

真相，其中很多优秀文章都由中国本土一流学者们撰写。后来，官方建立了一个针锋相对的机构，很多报纸随之诞生。很多上海人的周末都从一份配图的周报开始，但不幸的是这份报纸后来充斥很多迷信、偏狭、粗俗的内容。

很多人致力于将西方优秀的作品翻译成中文。其中，值得一提的有《天路历程》。汉译版《天路历程》配有图画，书中很多人物都身着中式服装。赫伯特·斯潘塞的《论教育》开篇第一句就很遗憾地被翻译错了。另外，《吹牛大王历险记》及一些其他西方文学作品都被翻译成中文，但这类译作都不太符合中国人的欣赏习惯，并且被中国人认为文笔欠佳。然而，一个例外是1840年，罗伯聘翻译的《伊索寓言》出版。汉译本《伊索寓言》在中国广泛流传，甚至引起中国官方的警觉。中国官

赫伯特·斯潘塞

方曾下大力气压制汉译本《伊索寓言》的传播。后来，《瓦塞克》受到中国人欢迎。还有一位杰出的文人为它作了客观评论，大意是说《瓦塞克》风格奇特，但主题与内容乏善可陈。

事实上，要迎合有文化的中国读者的品位，最重要的是作品文笔上乘。《聊斋志异》是一个很好的例子。《聊斋志异》的例子说明只要故事写得好，中国人对任何文学作品都会感兴趣并愿意读。他们不会仅仅因为一部作品是外国人写的就会去读这部作品，除非这部作品符合我们前述的要求。

18世纪末的中国没有出现伟大的文学家，抑或值得人们秉烛夜读的伟大作品。朝廷的主要官员们都有在其生前或者死后出版文集的习惯。他们一般会出版一些散文及一些诗歌。这些作品都有一个简短的自我评价式序言，作品的装订也都十分古朴雅致。一些殿试高中的考生们会将自己的成功之作出版，并且分享给好友。19世纪，一些驻外大臣写下的日记或者图书大量涌现。其中，这些日记或图书记录了很多在异域流行的令他们吃惊且不同寻常的社会习俗。但那时，想读书的中国人已经不用坐下自己著书。实际上，他们被已有的大量文学作品淹没。他们觉得要与已逝的前人对立是徒劳的，并且对超越前人深感绝望。

很多时候，中国人的笑话故事令西方人找不到笑点。因此，许多西方人说中国人缺乏幽默感。这明显有失公允。有些在西方人看来十分可笑的事情，中国人却不觉得好笑。下面的例子是典型的中国式幽默，并且都记述在相关人员的传记里。

淳于髡，我们曾在本书第一部分提过他。他曾试图将孟子绕进自己的话里。根据《史记·滑稽列传》记载，公元前349年，楚国派军攻打齐国。作为齐国的赘婿，齐威王派淳于髡出使赵国请求救兵，并且令他携带礼物黄金百斤，驷马车十辆。淳于髡仰天大笑，将系帽子的带子都笑断了。齐威王说："先生是嫌礼物太少吗？"淳于髡说："怎么敢嫌少！"齐威王说："那你笑有何说辞？"淳于髡说："今天我从东边来时，看到路旁有个祈祷田神的人，拿着一个猪蹄、一杯酒，祈祷说：'高地上收获的谷物盛满篝笼，低田里收获的庄稼装满车辆；五谷繁茂丰熟，米粮堆积满仓。'我看见他拿的祭品很少，祈求的东西太多，故而笑他。"于是，齐威王将礼物增加到黄金千镒、白璧十对、驷马车百辆。淳于髡告辞起行并来到赵国。赵王拨给他十万精兵、一千辆裹有皮革的战车。楚国听到这个消息，连夜退兵。

陶谷是北宋时期名臣，但他的名字更多与下面这则故事联系在一起。陶谷有位小妾，曾是党进的家姬。在雪天中，陶谷以雪水烹茶，

陶谷（左）

并且问小妾道:"党家会欣赏取雪烹茶吗?"小妾道:"党太尉是个粗人,怎知这般乐趣?他只会在销金帐中浅斟低唱,饮羊羔酒。"她意在讥讽陶谷,认为比起党家富贵奢华的生活,取雪烹茶的风雅太寒酸。陶谷听罢,默然不语。

李家明是南唐元宗李璟宫中的伶人。一次,李璟看到天上乌云密布,便说这是将要下雨的迹象。于是,李家明说:"雨是会下,不过不会下到国都。"李璟问为何不会。李家明说:"因为雨也怕征税,所以不敢进京。"随后,李璟下令将所征赋税减免一半。另一次,李璟正跟手下一起钓鱼,其他人都或多或少钓到一些鱼。李璟气愤不已,因为他竟连半条鱼都没有钓到。于是,李家明提笔写下下面的诗《元宗钓鱼无获,进诗》,顿时龙颜大悦:

玉甃垂钩兴正浓,碧池春暖水溶溶。
凡鳞不敢吞香饵,知是君王合钓龙。

刘几由于好为怪险之语为世人诟病,尤其在遭到欧阳修斥责后,刘几更广为人知。据《梦溪笔谈·人事一》记载,欧阳修做主考官时,一位考生奉上如下打油诗:

天地轧,万物茁,圣人发。

欧阳修认为,"这一定是刘几写的"。他用大朱笔将刘几的文章从头到尾横抹一道,并且称为"红勒帛"。接着,欧阳修又批上"大纰缪"三个字,张贴在墙上,让各位考生参观。最后,欧阳修还在试卷后面添上两句:

秀才刺，试官刷。

公元1060年，欧阳修仍然是"御试考官"。这次，他对一位考生的文章大加称赞，并且将这位考生擢为这次科举考试的第一名。放榜时，欧阳修才发现第一名考生正是刘几，只不过这次他将名字改成刘辉。

张玄之是东晋时的一位大臣。当他还是八岁的孩童时，有人嘲笑他掉了几颗牙，便说："你嘴巴里怎么生出狗洞来了？"他回答说："我嘴里的狗洞，是为方便你这样的小狗崽爬进爬出啊。"《世说新语·排调》记载：张吴兴年八岁，亏齿。先达知其不常，故戏之曰："君口中何为开狗窦？"张应声答曰："正使君辈从此中出入。"人莫能答。

大不列颠出版的《笑话集》之类的幽默故事集在中国有很多读者。我们经常看到中国人手中捧着这类书阅读。这类书能在任何一家书店内寻到。除了前面提到的小说巨作，这类幽默故事集与很多下层人看的小说一样，不太容易翻译成外文。所有中国的文学作品都很纯朴，小说故事之类都不被归在文学门下。很多文学作品没有将作者名字放在书页，导致这些作品质量参差不齐。即使是《红楼梦》也包含有损作品整体美感的情节，原因之一是小说与真实生活有关。如果删去普通人生活的脆弱之处，那么这部作品会变得不完整和不真实。

下面是从《笑林广记》中摘录的一些奇闻逸事。《笑林广记》共有四册，分十二部分，每部分皆有其独特主题：一古艳，即官职科名等，二腐流；三术业；四形体；五殊禀，即痴呆善忘等；六闺风；七世讳，即帮闲娼优等；八僧道；九贪吝；十贫窭；十一讥刺；十二谬误。

一人娶一老妻，坐床时，见面多皱纹，因问曰："汝有多少年纪？"妇曰："四十五六。"夫曰："婚书上写三十八岁，依我看来还不止四十五六。可实对我说。"曰："实五十四岁矣。"夫复再三诘之,只以前言对。上床后,更不过心。乃巧生一计曰:"我要起来盖盐瓮,不然,被老鼠吃去矣。"妇曰:"倒好笑,我活了六十八岁,并不闻老鼠会偷盐吃。"①

一妇人与人私通,夫归叩门,妇即将此人藏入米袋内,立于门背后。丈夫入见,问曰:"袋中何物?"妇心忙着,不能对答,其人从袋中答曰:"米。"②

无赖子怒一富翁,思所以倾其家而不得。闻有茅山道士法力最高,往诉恳之。道士曰:"我使天兵阴诛此翁。"答:"其子孙仍富,吾不甘也。"曰:"然则,吾纵天火焚其室庐。"答曰:"其田土犹存,吾不甘也。"道士曰:"汝仇深至此乎!吾有一至宝,赐汝持去,朝夕供奉拜求,彼家自然立耗矣。"其人喜甚,请而观之。封缄甚密,启视,则纸做成笔一支也。问:"此物有何神通?"道士曰:"你不知我法家作用耳。这纸笔上,不知破了多少人家矣。"③

一医生医坏人,为彼家所缚,夜半逃脱,赴水遁归。见其子方读《脉诀》,遽谓曰:"我儿读书尚缓,还是学游水要紧。"④

冥王遣鬼卒访阳间名医,命之曰:"门前无冤鬼者即

---

① 引自《笑林广记·闺风部·藏年》。
② 引自《笑林广记·殊禀部·米》。
③ 引自《笑林广记·术业部·法家》。
④ 引自《笑林广记·术业部·游水》。

是。"鬼卒领旨，来到阳世。每过医门，冤鬼毕集。最后至一门，见门首独鬼彷徨。曰："此可以当名医矣。"问之，乃昨日新竖药牌者。①

一武官出征将败，忽有神兵助阵，反大胜。官叩头请神姓名，神曰："我是垛子。"武官曰："小将何德，敢劳垛子尊神见救。"答曰："感汝平昔在教场从不曾伤我一箭。"②

有写真者，绝无生意。或劝他将自己夫妻画一幅贴出，人见方知。画者乃依计而行。一日，丈人来望，因问："此女是谁？"答云："就是令爱。"又问："他为甚与这面生人同坐？"③

有盗牛被枷者，亲友问曰："汝犯何罪至此？"盗牛者曰："偶在街上走过，见地下有条草绳，以为没用，误拾而归，故连此祸。"遇者曰："误拾草绳，有何罪犯？"盗牛者曰："因绳上还有一物。"人问："何物？"对曰："是一只小小耕牛。"④

有留客吃茶者，苦无茶叶，往邻家借之。久而不至，汤滚则溢，以冷水加之。既久，釜且满矣，而茶叶终不得。妻谓夫曰："茶是吃不成了，不如留他洗个浴罢。"⑤

---

① 引自《笑林广记·术业部·冥王访名医》。
② 引自《笑林广记·古艳部·垛子助阵》。
③ 引自《笑林广记·术业部·写真》。
④ 引自《笑林广记·殊禀部·盗牛》。
⑤ 引自《笑林广记·贫婆部·留茶》。

一猴死见冥王，求转人身。王曰："既欲做人，须将身上毛尽行拔去。"即唤夜叉动手，方拔一根，猴不胜痛楚，王笑曰："畜生，看你一毛不拔，如何做人。"①

　　有自负棋高者，与人角，连负三局。次日，人问之曰："昨日较棋几局？"答曰："三局。"又问："胜负何如？"曰："第一局我不曾赢，第二局他不曾输，第三局我本等要和，他不肯罢了。"②

　　如果漏掉格言和警句，那么对中国文学的介绍是不完整的。格言警句不但散落在古今文学形式之中，而且被集结成册，有着统一的音步形式。在中国，一本格言警句集《名贤集》，在任何地方花几个铜板就能买到。《名贤集》大概三十页，每行呈四、五、六，或者七个字的对联格式。孩子们要将这些格言熟记在心，因为普通中国人是用格言思考的。对外国人来说，熟记大量格言无疑能训练记忆力。如果能合理运用格言警句，那么他们会更顺利地与人谈话。下面仅从中选取一小部分格言警句以飨读者：

　　但行好事，莫问前程。
　　与人方便，自己方便。
　　言多语失，食多伤心。
　　礼下于人，必有所求。
　　得人一牛，还人一马。
　　敏而好学，不耻下问。

---

① 引自《笑林广记·贪吝部·一毛不拔》。
② 引自《笑林广记·术业部·讳输棋》。

人间私语，天闻若雷。
积善之家，必有余庆。
积恶之家，必有余殃。
财高语壮，势大气粗。
金用火试，人用钱试。
善与人交，久而敬之。
在家敬父母，何须烧远香。
上山擒虎易，开口告人难。
山上有直树，世上无直人。
有钱能解语，无钱语不听。
既在矮檐下，怎敢不低头。
家贫君子拙，时来小儿强。
常将好事于人，祸不临身害己。
一马不备双鞍，忠臣不事二主。
人将礼乐为先，树将枝叶为圆。
运去黄金失色，时来铁也争光。
怕人知道休做，要人敬重勤学。
人有旦夕祸福，天有昼夜阴晴。
马有垂缰之义，狗有湿草之恩。
既读孔孟之书，必达周公之礼。
泰山不却微尘，积少垒成高大。
常想有力之奴，不念无为之子。
人道谁无烦恼，风来浪也白头。
青草发时便盖地，运通何须觅故人。
人见利而不见害，鱼见食而不见钩。
良言一句三冬暖，恶语伤人六月寒。

山寺日高僧未起，算来名利不如闲。
蒿里隐着灵芝草，淤泥陷着紫金盆。
猛虎不在当道卧，困龙也有升天时。
酒不醉人人自醉，花不迷人人自迷。
劝君莫做亏心事，古往今来放过谁。
妻贤何愁家不富，子孝何须父向前。
心好家门生贵子，命好何须靠祖田。
草怕严霜霜怕日，恶人自有恶人磨。
无名草木年年发，不信男儿一世穷。
雨里深山雪里烟，看时容易做时难。
白马红缨彩色新，不是亲者强来亲。
一朝马死黄金尽，亲者如同陌路人。
但能依理求生计，一字黄金不见人。
若不与人行方便，念尽弥陀总是空。
少年休笑白头翁，花开能有几日红。
月过十五光明少，人到中年万事和。
人情好似初相见，到老终无怨恨心。

参考文献注释

学习16世纪到20世纪初期中国文学的外国学生可以翻阅亨利·考狄，即高第，1878年出版的著作《中国学书目》，即《中华帝国文献总书目》，以及1895年在巴黎出版的增订版。《中国学书目》全面准确地记录了中国在这段时期内所有的文学作品。

20世纪初，在《中国学书目》中提到的所有作品里最重要的，当推儒家经典。已故理雅各博士翻译过所有这些儒家经典，并且命名为《中国经典》。这部译作的出版是1861年到1885年英国汉学圈内最具影响力的学术成就。

《中国文学教程》是晁德莅神父1879年到1882年间在上海出版的一部翻译著作。该书囊括了中国文学领域内所有类型的作品。当然，这本书被翻译成拉丁文，其主要目的是为基督教的教士们使用服务的。

另一部几近完成的重要译作是《司马迁和史记》。本书曾在第二部分第三章介绍过《史记》。《司马迁和史记》的译者是法兰西学院的教授沙畹。这部译作第一卷标注的时间是1895年，地点是巴黎。

《中国文献纪略》1867年在上海出版，作者系伟烈亚力。《中国文献纪略》包含二千余部中国文学作品的详尽介绍。另外，《中国文献纪略》分经、史、子、集四部分。这与中国皇家目录一致。鉴于其成书时间，《中国文献纪略》很有可能是截至20世纪初，汉学领域里十分重要的一部作品。对汉学研究者来说，《中国文献纪略》有着非凡的价值，当然不排除其有有待改进之处。

下面的书目是欧洲汉学领域近年来已经出版的著作：

《大英博物馆馆藏中文书籍、手稿、书画目录》，罗伯特·肯纳韦·道格拉斯，1877年。

《大明三藏圣教目录》，南条文雄，1883年。

《克劳福德勋爵所藏中国书籍、手稿目录》，J.P.埃德蒙，1885年。

《剑桥大学馆藏中文满文文献目录》，翟理斯，1898年。

《国家图书馆馆藏中文、韩语、日语等文献目录》，巴黎，1900年。本书已经引用过这部著作第一卷的第7页和第148页。

主要的中国文学研究期刊有：

《中国丛报》，1832年5月到1851年12月每月在广东出版。

《皇家亚洲文会北华支会会刊》，1858年到1884年每年在上海出版，此后这一期刊每年不定期发行多册。

《中国评论》，1872年6月到1901年在香港发行的双月刊。

《教务杂志》，1868年创刊，并且在上海发行的双月刊。严格来说，《教务杂志》是一本传教期刊，但其中常有中国文学及相关学科的珍贵文章。

《汉学丛书》是有关中国的一些专著。1892年起，在华耶稣会在上海不定期出版汉学丛书。《汉学丛书》所选文章的作者以其博学和提供内容准确享有盛名。